南开百年学术文库

陈晏清哲学文集

第七卷

社会政治哲学论集

南开大学出版社

天　津

图书在版编目(CIP)数据

陈晏清哲学文集. 第七卷,社会政治哲学论集 / 陈
晏清著.—天津:南开大学出版社,2017.5
(南开百年学术文库)
ISBN 978-7-310-05361-2

Ⅰ.①陈… Ⅱ.①陈… Ⅲ.①社会哲学—文集②政治
哲学—文集 Ⅳ.①B—53

中国版本图书馆 CIP 数据核字(2017)第 078784 号

南开大学出版社出版发行
出版人:刘立松
地址:天津市南开区卫津路 94 号　邮政编码:300071
营销部电话:(022)23508339　23500755
营销部传真:(022)23508542　邮购部电话:(022)23502200

＊

三河市同力彩印有限公司印刷
全国各地新华书店经销

＊

2017 年 5 月第 1 版　2017 年 5 月第 1 次印刷
230×155 毫米　16 开本　23 印张　6 插页　267 千字
定价:80.00 元

如遇图书印装质量问题,请与本社营销部联系调换,电话:(022)23507125

（2015 年，《人民画报》记者 王蕾摄）

陈晏清（1938—　　），湖南省新化县人，南开大学教授，马克思主义哲学家。1962 年于中国人民大学哲学系毕业后分配至南开大学任教。1985 年晋升教授，1986 年经国务院学位委员会批准为博士生导师。曾任南开大学哲学系系主任、人文学院院长、社会哲学研究所所长、当代中国问题研究院学术委员会主任，以及中国辩证唯物主义研究会常务理事、顾问，中国人学学会学术委员会委员、顾问，天津市哲学学会会长、名誉会长等。

本卷说明

本卷收录的是 20 世纪 80 年代末期以来写作的关于社会政治哲学研究的四十来篇论文，分为三个部分：（一）哲学研究的实践转向；（二）社会哲学的兴起与意义；（三）政治哲学的当代复兴。

从 20 世纪 80 年代中期开始，在突如其来的市场经济大潮的冲击下，传统人文学科被迅速地边缘化。经济效益被视为衡量事物的基本价值准则，理论以及文史哲一类人文学科知识被当作一些无用（即无效益）的东西遭到了社会的冷落，哲学这类纯理论学科遭受冷落的情况更为严重。对于这种局面，我深感忧虑，于是写了"民族的振兴亟须鼓舞理论探索精神"的文章（即本卷收录的第一篇文章），从人们价值观念的混乱、对以往那种虚假的理论兴趣急剧衰落的现象缺乏批判性的思考以及包括理论工作者在内的知识分子状况未能获得根本改善等方面，分析了当时理论兴趣低落的原因，并指出了它的危害。在这篇文章里，强调的是改造理论活动的环境，调整相关的政策。后来我意识到，这篇文章看问题表浅，没有抓住事情的根本，把造成哲学困境的原因主要归于外部环境，明显地表现了一种认识上的片面性。在后来的一篇文章"哲学应是根植于现实生活的终极关怀"（即本卷收录的第三篇文章）里便补充和修正了上一篇文章的观点。文章里说："平心而论，哲学不景气的原因不能完全归之于哲学自身，但我们的哲学在急剧变化的社会中未能充分履行自己的职责却是一个内在的根本性原因。"走出哲学困境的唯一出路，是在社会的变革中实现哲学自身的变革，实现哲学研究方式的"转型"。这是我们在思考哲学困境时得出的一个基本结论。这是本卷第一部分的基本思想，讲的是转向社会哲学研究的观念前提。其他几篇文章，如讲哲学生长点的探寻、哲学研究的问题意识等，都是围绕这一基本思想的。

本卷第二部分关于社会哲学的文章，除了少数几篇是对于一些具体的理论问题的阐述，基本上都是讲社会哲学的学科观念。社会哲学在我国是一个新兴的研究领域，在它的开创时期，澄清学科观念上的问题是绝对必需的。对于社会哲学的学科观念的研究，主要解决了以下三个方面的问题：第一是明确了社会哲学的学科定位，对于马克思社会历史理论中社会哲学和历史哲学这两个哲学维度之关系的把握，实际上是对社会哲学同马克思主义基础哲学之关系的把握，它为马克思主义社会哲学的建立提供了合法性的基础；第二是确立了以当代中国的社会转型作为研究的切入点，这实际上是社会哲学研究对象的具体化；第三是确立了以问题为中心的研究方法，反对从概念出发，反对体系先行。这些基本观念在"社会哲学研究丛书"中得到了比较集中的体现，因而在收录丛书中之一部的第六卷的卷首说明中已有所阐述，在此不再赘述。

在广义上，社会哲学包括了政治哲学。这里所谓"广义上"，即是在同历史哲学相区分、相对应的意义上。社会哲学研究的是人们的现实社会生活过程，当然包括政治生活。事实上，20世纪90年代中期以后，我们在社会哲学的框架内已经做了若干政治哲学课题的研究，如市民社会、公共领域、公共政策、权力规范、协商民主等。20世纪末、21世纪初，社会现实生活的变化和哲学自身的发展，都把政治哲学的研究飞快地推向了一种重要而显赫的地位。2003年，我们便决定把社会哲学的研究集中到政治哲学方面，政治哲学遂成为我所在学科的主要博士研究方向。

政治哲学的学科状况和正在开拓中的广义的社会哲学有所不同。政治哲学有其悠久的学术传统，研究的对象和范围比较确定，已有相对完备的学术规范。但是，政治哲学也是在经历了一个较长时期的衰落之后才在近几十年逐渐复兴的，就我国学界而言，由于长时期局限于传统历史唯物论教科书的话语体系，对马克思主义的政治哲学也曾有过一些不甚确切的解读，以至对于马克思主义有没有自己的政治哲学、马克思主义的政治哲学究竟研究什么这类"入门"问题都还有些疑惑和争论。因此，政治哲学的学科观念的澄明和重建，仍是研究工作的前提，仍是当前政治哲学研究的重中之重。

政治哲学不同于政治科学，它关注的是政治事物的价值指向和政治活动的应然规范，着重于政治事物的价值论研究。当然，任何一种政治哲学都是要求在理论上达成事实性与价值性的统一的，但就其知识形式来说，无疑是属于规范理论。而传统的历史唯物论教科书的话语体系却恰恰是排除了价值论维度的。局限于这样的话语体系，就很难同国际政治哲学界对话，在涉及公平、正义、平等、自由等基本社会价值的地道的政治哲学问题时，往往只能处于一种失语状态。因此，澄清政治哲学的学科观念，关键就是认可政治哲学是一种规范性研究，接受规范理论的话语体系。这样，就可以依据政治哲学的学术传统，从事实性与价值性的统一上，对马克思主义的政治哲学予以重新解读。

从这样的学科观念去看，马克思创立了自己的政治哲学，这是毫无疑问的。马克思看到工业革命后，资本主义在促进生产力高度发展的基础上开放了一种人类解放的可能性，并据此创立了以人类解放为价值目标的政治哲学。马克思依据的事实性是一种有着现实根据的理想的事实性，所以是一种理想性的政治哲学。当代的马克思主义者应当在承续理想性政治哲学的基础上，致力于建构一种基于现实的事实性与价值性之统一的政治哲学。这种现实性政治哲学，应以全球化背景下和社会主义市场经济条件下社会秩序的政治建构为主题。

本卷收录的政治哲学部分的文章，除了几篇直接讨论政治哲学的学科观念的论文以外，多是涉及当代世界范围内政治哲学研究进展情况的一些重要理论问题的探讨，如关于市民社会理论的当代形态，关于政治哲学在当代复兴的背景、原因和意义，关于当代政治思维方式的特点及其同哲学思维方式变化的关系，等等。这是为了把马克思主义政治哲学的研究置于政治哲学在世界范围内复兴的学术背景之下，也同澄清政治哲学的学科观念密切相关，是建构当代马克思主义政治哲学的准备性工作。此外，还收录了我在南开大学当代中国问题研究院主办的两次国际性协商民主讨论会上的发言（将两次发言整理为一篇文章）。关于协商民主问题的研究，是该研究院的一个规模较大的研究课题，我只是做了一些研究的组织工作，但我的已经十分有限的精力，也大部分投入了这项工作。收录这篇文章，只是为了表明我参与、策划和推动的当代中国问题研究院的研究工作同我所在学科的社会政治哲学研究有着直接的关联。

目　录

（一）哲学研究的实践转向

（二）社会哲学的兴起与意义

（三）政治哲学的当代复兴

（一）哲学研究的实践转向

民族的振兴亟须鼓舞理论探索精神[*]

　　人类生活之所以区别于动物生活，就在于它不仅有物质生活，而且有精神生活。而人类精神生活的最重要的内容就是理论的探索。人类在进行每一项活动之前，都要先在思想中预演这种活动，即先把这一活动的目的与实现目的的手段、步骤设想好。这种预先设想的活动，在广义上可以称之为思想实验。把这种思想实验集中起来进行，即是理论探索的活动。动物也有探索，但那是本能的，而人的理论的探索则是自觉的。正因为它是自觉的，它就能够对自己的活动进行批判性的考察，从而能够理论地和实践地扬弃自己的活动，这正是人类不断取得进步和发展的基本原因之一。不言而喻，对于一个民族来说，它对于理论探索的态度如何，标志着它的全部活动的自觉程度，也标志着它的发展、进步的可能程度。巨大的、执着的理论探索热情，是一个民族生命力旺盛的表现。一个蓬勃向上的民族，必然是一个理论兴趣浓厚的民族。

　　从历史上看，社会的巨大进步总是与理论探索热情的高涨相伴随的。中国春秋战国时期的百家争鸣，不仅反映着当时社会的急速发展，且亦为其后强盛的秦汉帝国之先导。古代希腊文明的辉煌成就乃世所公认，它不仅为西方文明奠定了基础，

　　*本文分析了我国曾出现理论兴趣一度低落的原因和危害，呼吁进行积极的理论探索，为社会主义现代化提供理论的支持。原载《教学与研究》1988 年第 5 期。

且极大地影响了整个世界文明，而古希腊文化中最精粹的东西正是希腊人那种令人惊叹的理论探索精神。古希腊贤哲们的思想锋芒几乎扫及人类生活的每一领域，为后人留下了丰厚的精神财富。近代欧洲文明的崛起，同样有强大的理论运动为之开道。文艺复兴、思想启蒙运动中涌现出了一批又一批的思想巨人，他们提出的一个又一个看似枯燥的理论体系凝聚着何等的创造激情！至于当代共产主义运动的成败、中国社会主义事业的兴衰是怎样维系于马克思主义理论活动的得失，则是我们这一代人时刻在以自己的欢欣和忧患所亲身体验到的事情了。

中国人民经过世所罕见的艰难曲折，终于有可能在一个正常的环境中使自己的国家发达强盛，步入现代世界先进民族的行列。我们正在进行的现代化建设，是中华民族走向全面振兴的伟大历史转变。完成这个转变，多么需要强大的理论力量的支持！然而，正是在这样一个时刻，却有一种轻视理论的风气在日益弥散，在其影响之下，人们的理论兴趣日益低落。对于此等情状，许多有识之士每每为之扼腕叹息。这种叹息不仅发之于理论本身的命运，而是表现着对于民族前途的深切关注。可以毫不夸张地说，这种状况如不迅速扭转，任其下去，终于有一天人们会发现，拖住中国现代化后腿的正是这种目光短浅的非理论精神。

造成目前理论兴趣低落的原因是复杂的、多方面的，我以为主要有以下几个方面。

首先，这种现象同一种非正常的经济行为的普遍存在有密切关系。有些人认为，目前理论兴趣的低落是因为整个社会转向以经济活动为中心，民族兴趣转向务实，人们关心的只是自己活动的经济效益，而把理论当作一种无用（即无效益）的东西抛向了视野之外。这种看法是非批判的。经济活动本身有两种情形：一是正常的经济活动，一是非正常的经济活动。一切正常的经济活动都有其相对稳定的运行秩序，其规律性可以为科学理论所把握，且只有当人们理论地把握了这种规律性，才能指导经济活动的正常运行，因而在正常的经济活动中，人们越是富有务实的精神，就越会激起理论探索的兴趣。问题在于，在目前新旧体制转换的过程中，产生了一些非正常的经济运行的条件，使得投机性的经济活动成为可能。一切投机行为都以崇拜偶然性为其思想特征，它使任何理论研究成为多余。因为既然是投机，便只依靠"运气"和正常经济活动之外的东西，这些东西是不能也无须为理论所把握的。在投机活动盛行的时候和地方，谈论什么"理论兴趣"，自然显得迂腐和滑稽。可见，目前理论兴趣的低落只是同某种投机发财之风有关，而不是一般地同社会重视经济的活动有关。

其次，这种现象也与前此持续多年的虚假的理论兴趣的急剧衰落有关。在"以阶级斗争为纲"的年代，整个民族在频繁的政治运动中生活。许多政治运动，特别是像"文化大革命"这样的运动，根本不是客观的历史需要，因而它除了指望某种"理论"的支持，得不到任何支持。在这种情况下，圣洁的理论殿堂成了政治的回声壁，轰轰烈烈的理论活动只是轰轰烈烈的政治运动的衍生物，人为地膨胀起来的理论热情并不是一种真正的理论热情，因为它所关心的完全是理论以外的事情。当历史公正地抛弃了这种恶劣的政治，政治运动的时代成为过去之后，与之伴随的虚假的理论兴趣也就无可挽回地衰落下去。照理讲来，这本是使真实的理论兴趣得以兴起的转机。但是，当人们对于那种虚假的理论兴趣发生、膨胀和衰落的历史现象尚缺乏深刻的批判性思考，而且那种以政治需要代替理论探索的做法作为一种根深蒂固的恶习尚未在实际上完全退出历史舞台的时候，过去时期理论活动的恶果就仍然会给人们的心灵蒙上浓重的阴影，严重地败坏着人们真正的理论兴趣。

最后，还应看到，理论是人的一种活动，理论兴趣的高低同理论活动的执行者即作为理论创造者的知识分子的状况有着更为直接的关系。由于种种原因，目前我国包括理论工作者在内的整个知识分子状况未能得到根本的改善，他们未能被如实地视为民族的精英而处在社会的正常地位上。在一种轻视知识、轻视知识分子的社会风气下，是谈不上民族的真正的理论兴趣的。另外，就知识分子队伍自身的主观条件来说，我国现代知识分子虽然在知识结构上已与传统知识分子大不相同，但在心智结构上却仍有某些相同之处。处在长期封建统治下的传统知识分子通常地和普遍地存在的一个重大缺陷，就是对现实缺乏一种积极的批判精神，其心智结构大多具有"达则兼济天下，穷则独善其身"的儒道双面特征。他们尽管在顺境中可以积极地参与现实生活，但在逆境中却往往不能积极地批判现实，而是消极地逃避现实。这种东西作为一种传统力量不能不给现代知识分子以重大的影响。理论的最重要的功能正是它的批判的功能。我国知识分子在心智结构上的这种缺陷，无疑也不能不是影响理论兴趣的一个重要因素。

我们的国家是一个经历了长期封建社会的国家，自然经济、半自然经济的小生产一直在社会经济生活中占据主导地位，因而轻视理论的经验主义影响十分深厚。再加上上述种种现实的原因，目前理论兴趣低落的现象便是不难理解的了。

现在我们面临的就是这样一幅极为矛盾的图景：一方面，我国现代化的进程亟须有一个巨大的理论探索热情相伴随，亟须有理论研究的蓬勃发展；另一方面，民族的理论兴趣却在日渐低落。这一矛盾不极力克服，现代化的目标势难实现。

在我看来，要克服这一矛盾，激发人们的理论热情，主要地不应是直接着眼于理论活动自身，而是要从经济、政治、思想文化各个方面改造理论活动赖以进行的环境。在经济生活中，必须迅速改变那种允许非正常的投机性的经济行为存在的状况。这里，充分的竞争是消除投机现象的基本条件。在充分竞争的条件下，机会均等得以实现，商品经济才可能处于一种正常的运行状况之中，从而才有可能使人们认识到理论的效用。在政治上，要保障理论探索活动有自己的独立性，从根本上克服理论作为政治附庸的状况。这显然不是要求理论脱离政治，而是要求理论在保持自身独立性的前提下去关注政治，即要使理论能够以理论的方式去关注政治。在思想上，要在全民族大力提倡批判精神和进取精神，提倡科学的、包含远见卓识的务实精神，而反对那种浅薄的乃至庸俗的"务实"精神，提倡尊重知识、尊重知识分子的社会风气，等等。从我国目前的情况看，恐怕可以说，这种对于理论活动环境的改造比理论活动本身要艰难得多，也重要得多。其道理很简单：不从根本上改变理论活动的环境，不能激发人们的理论热情，则一切理论活动都缺乏最基本的前提。

我们的民族是一个有着极其深厚而独特的文化传统的伟大民族，它不仅完全有必要也完全有能力进行独立的理论探索，探索自己民族发展的道路。只要我们对于目前的理论活动状况有了高度的自觉，采取切实的措施消除上述及本文未能论及的其他种种阻碍人们理论热情的因素，就一定能够造成全民族理论兴趣的高涨，从而极大地加速我国现代化的进程。

理论应以理论的方式为改革服务[*]

理论应当以理论的方式为改革服务,这似乎是不言而喻的。但是,多年来理论常常是采取了非理论的方式在活动,即常常把理论同政治、政策、决策等混淆起来,理论做了不需要它去做的事情,而需要它去做的事情却没有做,或没有做好。一句话,理论常常没有发挥它应有的功能。

一、认识理论的探索功能和批判功能

理论的基本功能是探索功能。人的活动与动物活动的最根本的区别,就是人在进行每一项实际活动之前,都要先在思想中预演这种活动,即先要把这一活动的目的和实现目的的手段、步骤等设想好。这种预先设想的活动,在广义上可以叫作"思想实验",把这种在头脑中进行的思想实验集中起来进行,就是理论的探索活动。动物只能用躯体、四肢去探索,相比之下,人用思想去探索显然优越得多,安全得多。因为用躯体去探索会造成事实上的危险,而先用头脑去探索则有可能避免危险或

---

　　* 本文为作者 1988 年 12 月在时任天津市委书记李瑞环召开的理论工作者座谈会上的发言稿。文章阐述了理论的基本功能和基本品格,表述了作者的理论观(当然也是一种哲学观)。原载《求是》1989 年第 5 期。

化险为夷。理论的活动既然是人类趋利避害的探索活动，当然就不应当划定什么禁区。什么地方、什么领域、什么问题理论都应当去碰，凡是人类活动的领域都应当允许理论去探索。只有让理论担当风险，才有可能避免或减少实际工作中的风险。这个理论和实践的辩证法本来是再明白不过的道理，但我们过去在一个长时期里，却宁可在实际工作中承担很大的风险，而不允许理论工作去冒点风险。结果是，理论工作找了避风港，什么方式最安全就选择什么方式，实际工作却因为缺乏正常的理论探索而冒了一次又一次的大风险。我们现在的改革中有没有同样的问题、同样的教训呢？改革中发生的困难和问题，除了其他原因以外，是否与不大重视理论的探索有关系呢？这是很值得思考的。不重视理论的探索，无异于主张事事要用自己的躯体去探索，这在多数情况下是很危险的。在实际行动上，在没有看准以前，步子应迈小点、迈慢点，而在理论探索上，步子则应相对地迈大点、迈快点。前头有什么风险？怎样才能避免或减少风险？先让理论去探一探，探清楚了再大规模地行动。这就叫作发挥了理论的功能。所谓理论的方式，首先就是这种探索的方式。

理论的另一个重要功能是批判的功能。批判什么？批判现实，也批判理论自身！

理论要指导实践，就要有超前性，要超越现实。而要超越现实，就必须批判现实。如果对于现实的一切都认可下来，只是去颂扬现实的尽善尽美，那理论还怎么超越现实？还怎么能够前进？任何一种办法，即使真的是很好的，也不可能没有一点问题，一点副作用。发挥理论的批判功能，至少可以帮助人们发现实践方案的副作用。改革在本质上就是要改变现实中不合理的东西，因此，改革本身就是以批判现实为前提的。总结经验也是一种批判。找出改革的成功地方在哪里，失误在哪里，取得成功和造成失误的原因是什么，这也就是批判。

由于理论具有批判的功能，因而真正的深思熟虑的理论家常常会说点同大多数人的看法不相同的意见，在人们习以为常的东西里发现不正常。领导同志与理论工作者打交道，要准备多听逆耳之言，要善于辨别什么是真帮忙、什么是假帮忙。领导同志说好，别人也跟着叫好，这未必都是真帮忙。

批判现实，也必然要批判理论自身。理论的自我批判，就是要揭露和解决理论同现实的矛盾以及理论自身的内在矛盾。比如，作为我们改革的理论支柱、理论依据的东西是不是真的可靠？是不是已经很完备？对此随时都要加以审查，而不应当有任何盲目性。社会主义商品经济理论是改革理论的核心，提出这个理论确实是一个重大的突破。但它是不是已经很完备？是不是已经完全克服了理论自身的内在矛盾？恐怕未必。商品经济和社会主义究竟是一种什么关系？在商品经济条件下，公有制、按劳分配怎么坚持、怎么实现？计划经济究竟处在一种什么地位？在发展商品经济的条件下，如何进行民主政治建设？如何保持政府工作人员的清廉？如何保证社会道德文明的进步或至少不至于崩溃？这都是社会主义商品经济理论应当解决的问题。又比如，"生产力标准"的提出对于解放思想确实起了很大的作用，但这个问题在理论上并不是很清楚的，这就难免带来某些副作用。有人说，生产力标准是实践检验真理的标准的具体运用，这个说法就是不正确的。你把生产搞上去了，就保证真理一定在你手里吗？实践标准是检验认识的真理性的标准，而生产力标准则是检验实践、行为是否合理的标准。恩格斯曾经论证过奴隶制度代替原始公社制度是历史的巨大进步，肯定这种代替的历史合理性，他用的就是生产力标准，但他并没有以此论证奴隶制度的什么"正确性"。生产力标准和实践标准是两种不同的标准，适用于两个不同的领域，不可混淆。如果把生产力标准当作认识的真理性的标准，那么，只要把生产搞上去了，就可以证明所做的一切都是对的，支配去做这一切的思想也都是合乎真理的，这就没有什么真理与谬误之争、是非对错之争了，这不就是说可以不择手段了吗？有的人把生产力标准简单地等同于经济效益的标准，还有的甚至把生产力标准简单地变成了干部标准、道德标准，如此等等，去写文章，做宣传。作为理论工作者，这样对待理论是不应该的，是一种不负责任的态度。生产力标准是用来衡量和评价什么事情的？它本身又应当如何规定？这都是应当从理论上弄清楚的问题。

所以，理论的批判功能也包括对理论自身的批判。这个批判就是要审查理论本身的结论是否正确和明确，它的根据是否可靠，论证是否充分。通过这种自我批判，去剔除理论中不正确的部分，对于理论中的正确的部分则是规定它的合理性的限度，同时，不断地用新的理论结论去加以补充。这种批判的态度，才是一种严肃的、科学的理论态度。

二、保持理论的基本品格

为了真正发挥理论的探索和批判的功能，使理论真正能够以理论的方式为改革服务，就应当使理论保持它自身的基本性质或基本品格。主要是以下三个方面。

一是理论的独立性。

长期以来，关于理论和政治的关系问题，一直是理论工作者和许多真心实意想把理论工作搞好的领导者们感到困惑的问题。总结多年的实际教训，现在应该有一个比较清楚的答案了。理论必须关心现实生活，不然就不会有生命力。理论要关心现实生活，当然也就要关心政治，这是毫无疑问的。理论为改革服务就是对政治的关注。但是，理论只能以理论的方式去关注政治、关注改革。而要做到以理论的方式去关注政治、关注改革，就必须以保持理论的相对独立性为前提。

理论作为人类活动、作为我们党的活动的一种探索和批判的工具，按其本性来说，它只能服从真理，因为理论活动的直接目的就是探寻真理。如果要求理论还去服从另外一些不需要它服从的东西，那么理论就会失去自己的独立性，它就将不成其为理论，也就谈不上以理论的方式去为实践服务。这里，应把理论同政治、政策、决策等区分开来，让理论去干它自己应当干的事情。理论要为改革服务，必须解决好这个问题。

毫无疑问，决策必须依靠理论，但理论不等于决策，由理论转化为决策还必须经过许多中间环节。首先，决策者必须正确地选择理论。现在理论工作者提出各种理论观点、理论主张，并且都希望能为决策者采纳。其中，有自己的"土特产"，也有不少是从西方引进来的。比如，从比较高的理论层次上讲，有各种各样的社会发展理论，有主张以经济增长为中心目标的，有主张以人的发展为中心目标的；在经济工作中，例如股份制、"大循环"、高消费，以至于通货膨胀有害还是无害，赤字有害还是无害，等等。那么，哪一种理论主张，或者某种理论主张的哪些方面适合于解决我们的问题？显然有个选择的问题，总不能兼收并蓄或者模棱两可，更不能今天听这个的，明天听那个的。要正确地选择，当然要有必要的理论素养，同时，决策者、领导者不仅要鼓励和提倡各种理论主张之间的自由讨论，而且应当平等地以一个理论家的身份参加到这种讨论中去。选择并不意味着做出非此即彼的判决，而在多数情况下是综合各家意见中的合理成分。从这点上说，决策的过程也是一个理论探索的过程，决策和理论是难以截然分开的。其次，决策固然必须有理论依据，但理论只是决策的根据之一，而不是它的全部根据。即使经过正确的选择而认定某种理论是可行的，要把理论化为决策，也还必须研究在我们国家或我们这个地区运用理论的条件，正确地选择提出或实施决策的时机与具体方式等。不能因为欣赏某种理论，就立即直接地把理论当作决策去对待。这种做法，在许多情况下都是不可靠的，甚至是危险的。

理论与政策，理论与其他各种实践方案的关系，都应当是这样的。

理论保持自己相对独立性的条件主要来自两个方面。一是领导者、决策者要把理论当作理论去对待，要让理论工作者去进行独立的理论探索，而不只是要求理论工作者去解释自己已经确定和实施的实际主张。另一方面，理论工作者也要把理论当作理论去对待。理论工作者当然要有强烈的参与意识，但理论只能以理论的方式去参与。强调理论的相对独立性，当然决不能误解为理论工作者、理论活动不要党的领导。这里讲的是理论对于政治、政策、决策等的独立性，也就是理论对于实践的独立性。肯定和尊重理论的独立性，对于理论的繁荣和发展，对于保证领导与决策的正确，都是必要的。

二是理论的系统性、全面性。

理论本身应当是系统的、全面的，即使是对某一个具体问题的理论解决也都应当是系统的、全面的。那种片面的、仅仅从某一个侧面提出的见解，严格说来，还不足以称之为科学理论。改革是一项非常复杂的系统工程，必须是配套进行的，它更加要求理论的系统性。我们现在发生的问题，总起来看是严重的失控、失衡。失控或失衡的原因很复杂，有体制上不完善的问题，有长期积累的因素在起作用，但从主观上讲，不可否认，同缺乏系统性的理论指导有直接关系。要达到理论的系统性，要对改革的各个方面做整体性的理论思考，没有哲学的帮助是不行的。例如，改革和建设、发展和稳定、破和立、管和放、计划和市场、供给和需求、积累和消费、收和支，以至于经济和政治、经济政治和思想文化各个方面的协调，以及所有各种因素之间的相互制约，对于这些关系的把握都要靠哲学。

这里顺便谈一点，就是要深入研究社会协调发展的规律性。过去一个长时期里不讲竞争，这些年讲竞争了，而且讲得很多，但又不大讲协调了。实际上，协调是竞争的对立面，双方有着不可分割的依存关系。任何一个社会都不可能只有竞争（即不协调）而没有协调。在发展商品经济的条件下，竞争规律的作用更为强烈，相应地，协调规律的作用也会表现得更为强烈。竞争的发展使社会不断地产生新的因素、新的关系，从而造成新的不平衡，这就要求在更广泛的领域和更高的程度上实现平衡或协调。任何一种协调关系被人为地长久地破坏，都可能造成社会局部的乃至全局的混乱、停滞或畸形发展。这种情形，在改革中表现得更为突出。所以，协调发展规律是一个十分重要的规律，必须尊重，必须研究。显然，把握社会协调发展的规律，更需要系统化的理论研究。

三是理论的彻底性。

理论应当是彻底的。理论的彻底就是抓住事物的根本，而不能停留于枝节之论，停留于表浅的解释。理论的彻底性要求把理论自身内在的逻辑贯彻到底，不能因理论之外任何因素的干扰而中途止步，使理论探索不敢深入应当深入的层次，不敢做出应当做出的理论结论。只有彻底的理论才能给改革指明方向，给改革者以信心。从对改革经验教训进行理论总结的角度说，理论的彻底性要求对改革中发生的问题不停留于某些现象的分析，而是去寻找它的最深层的原因。就说通货膨胀的发生，有历史的原因，更有现实的原因；有客观的原因，也有主观的原因；在客观原因里，既有经济的原因，又有经济以外的原因；在主观原因里，既有认识上的原因，又有心理上的原因；等等。通货膨胀是多种因素综合起作用的结果。对于所有这些因素都应进行分析，并找出它们的内在联系，弄清楚最根本的原因是什么，不能因为担忧会触犯什么而对某些情况不敢揭示。只有达到理论的彻底性，这样的理论解决才是有力量的。

要真正坚持理论的独立性、彻底性，真正实现理论的探索和批判的功能，真正使理论能够以理论的方式去为改革服务，除了理论工作者自身要有必要的理论素养、政治思想素养外，还依赖于理论活动的良好的环境，特别是政治环境。应当相信，作为中国当代理论工作者的总体来说，这些都是可以逐步做到的，也是基于这一点，应当相信中国的改革是有希望获得成功的。

哲学应是根植于现实生活的终极关怀
——关于哲学研究的现状和出路的对话[*]

石：再过不多几个年头，我们将跨入 21 世纪。历史的经验告诉我们，世纪之交往往并非简单的百年更替，而是经常伴随着社会、文化等方面的巨大变化。种种迹象表明，我们正面临着的这个世纪之交更可能是一个巨变的时期，对于中国来说，尤其是这样。处在这样一个特殊历史时期的人们被推上了一个特殊的位置，必须对即将过去的世纪与正在来临的世纪后顾前瞻，进行一种可称之为世纪末的思考，以便在新的世纪中行进得更好。在这种后顾前瞻中，由于哲学在人文科学中所处的特殊重要位置，因而如果我们能对哲学研究的状况进行一些总结性的回顾，并因此而对于哲学在新世纪的可能走向进行某种探讨，我以为将会是特别有意义的。陈先生，您能否谈谈您对此问题的看法？

陈：关于我们的哲学的状况和出路问题，是我近年来一直在思考的问题，因而很愿意将自己的意见发表出来，与同行们一起讨论。

石：那么，我们从什么地方开始谈起呢？

陈：要谈哲学，便不能回避这么一个事实，那就是我们的

---

* 本文通过与石楠对话的形式阐述了作者对于当时哲学研究状况和走向的看法，认为哲学的最重要的功能是为人类生活提供意义支撑，提供终极关怀，但应是一种包容了现实情景在内的具体的终极关怀，并由此认为，繁荣和发展哲学的根本出路是面对现实，积极地回答现实生活所提出的哲学问题。原载《南开学报》1997 年第 3 期。

哲学眼下正处于很不景气乃至深刻的危机之中。我以为，这一现象应当是我们世纪末哲学思考的出发点。哲学的不景气向我们提出一个严峻的问题：哲学有什么用处？其使命或社会功能是什么？如果哲学本身并不是无用的话，那么，其现状无疑表明了我们的哲学并未有效地执行其使命，没有发挥其应有的功能。因此，澄清哲学的使命，将使我们看清以往的迷误所在，摆脱危机的出路又何在。

　　石：容我插一句。我注意到近期有不少人以不同方式谈到了哲学的用处问题，如张世英先生一篇文章的题目就叫"论哲学何为"，还有人提出应当把"为什么人们需要哲学"作为哲学的元问题。看来，这真是智者所见略同了。

　　陈：其实，这并不奇怪。许多人不约而同地思考同一个问题，无非表明这一问题具有了相当的紧迫性，若不首先解决，思想便无法继续前进。哲学不仅是一门知识体系，而且首先是一种人类活动，作为一种特定的人类活动就不能不具有特殊的目的或功能以及为达到其目的或实现其功能的途径。当这种活动不再令人满意时，人们转而从具体的活动中抽身出来，从根本上追问其目的或功能，是极其自然的事情。当然，重要的不是一般地追问这一问题，而是从追问中得到了什么样的答案。

　　石：那么，您得到的答案是什么呢？

　　陈：哲学当然有认识论、方法论的功能，它应为人类活动（首先是认识活动）提供观念框架和逻辑基础，但它的最本质的方面应是对于人类生活的终极关怀。它的认识论、方法论的功能也是体现在这一个方面，或从属于这一个方面的。因此，我想着重谈谈这一个方面，而恰恰是这一方面，我们以往注意得很不够。这几年谈终极关怀的文字多起来了，这说明很多人意识到了哲学的这一本质特征。无疑，认识到这一点是非常重要的。从某种意义上说，哲学的不景气在很大程度上应归因于这一本性的失落。问题是我们不应当对哲学的终极关怀做泛泛的理解。可以说，泛泛地谈论终极关怀的哲学是没有生命力的。哲学无疑是一种终极关怀，但是这种终极关怀必须根植于每一时代的现实生活。哲学的这一本性根源于人类存在的两重性。人是一种很特别的存在物，一方面，他直接地是一种有限的生物存在，作为生物体，他不能不服从自然规律，受制于自然必然性。但人同时又是一种有意识的生命体，意识的出现使人超越了所有其他生物。意识活动的根本特征是借助于语言的象征性功能超越当下直接的现实存在，而进入一种可能性空间。正是意识以及语言，为人打开了事物的可能性领域，使人知道现实事物的存在不是唯一可能的，而不过是诸多可能性中的一种。这样，人就能够在诸多可能性中进行选择，以构筑自己的理想。所谓终极关怀，按我的理解，也就是对人类存在的终极理想、终极意义的探求。有了选择的能力，人因此也就有了自由，自由的基本含义正是选择的自由。但是有在可能世界中构筑理想的能力，并不等于具有在现实世界中实现理想的能力。人固然能够以象征性的语言符号为中介去构筑理想，但要实现理想却必须借助于现实的物质性工具。人的理想能在多大程度上实现，从根本上说取决于物质性工具亦即技术的发展水平。这样，人的超越于现实的理想便双重地受制约于现实。首先，作为理想存身之所的可能世界并不直接呈现于人，人并不是直接存在于可能世界，而只是借助语言的象征作用从其所处的现实世界突入可能世界的。现实世界是现实化了的可能世界，可能世界是蕴含于现实世界之中的。因此，人从对于可能世界的把握和选择中构筑的理想也必定是基于现实世界的。其次，既然理想的实现须借助于现实的手段，那么，也就只有基于现实世界的理想才是可以实现的。显然，终极关怀作为一种对于终极意义、终极理想的追求，只有基于现实世界才可能是有意义的。将普遍的终极意义与现实生活汇通，这便是辩证哲学所要求的具体性。哲学所追求的应当是一种包容了现实情景在内的具体的终极关怀。

石：您刚才的谈论中使用了一些思辨性语言，这对于准确地表达思想当然是非常必要的，但您能否较为通俗地解释一下呢？

陈：可以。粗略地说，人与动物的一个根本不同之处在于人总要为自己的生活、自己所做的事寻找一个意义，如果找不到，他就会觉得生活无意义或没意思，甚至失去生活下去的欲望。因此，人总是会对自己提出这样的问题：我的所作所为、我的生活有什么意义？而哲学正是从根本上解答这一问题的学问。但既然不同时代、不同民族的人们的生活或所作所为是很不相同的，那么他们对于生活的意义的追问也必定是大异其趣的，因而他们所期待于哲学的解答自然也是各不相同的。显然，真正有意义的回答只能是根据具体的境况所做出的，而不可能是千篇一律的东西。同为哲学，为何有古今中外之不同，其根本原因就在于古今中外的人过着不同的生活，由之产生出了不同的问题，使得哲学不得不给出不同的解答。

石：那么，根据您对哲学功用的理解，我们是否可以认为，导致当今我国哲学不景气的原因乃在于它未能充作根植于现实生活的终极关怀？

陈：平心而论，哲学的不景气的原因不能完全归之于哲学自身，但我们的哲学在急剧变化的社会中未能充分履行自己的职责却是一个内在的根本性原因。自改革开放以来，我们的社会已经发生了和正在发生着巨大的变化。这些变化使得国人在当今获得了全新的生活境况，面对这新的生活境况，以往的理论已在很大程度上显得捉襟见肘，难以圆满回答现实生活中所提出的问题。毫无疑问，这十几年来，我们的哲学也发生了很大的变化，获得了相当大的发展，其中最有意义的莫过于对主体性维度的阐发，以实践概念为基础对于马克思主义哲学的重新解释。但这些变化发展仍然未能适应现实生活的巨变，因而，哲学的危机就仍未能获得根本性解决。我们可以回想一下，原来我们所讲的马克思主义哲学是一种基本依据斯大林解释的理论体系，正如许多研究者所指出的那样，这种解释体系是有着重大缺陷的，它并未能确切地表达马克思主义哲学创始人的思想实质。其中最重要的问题是它不能阐明马克思所进行的哲学变革的实质之点，即把实践视为客观的活动，看作一种客观的存在，未能完全理解实践活动的存在论意义，从而也就不能不取消了马克思思想中的主体性这一维度，而只是片面地强调一种纯粹的客观性，将马克思的哲学解释成与旧唯物主义没有多少差别的东西，而这正是马克思所严厉批评的。随着改革开放的进展，当哲学改革被提上议事日程之时，人们便自然而然地转向了对于马克思哲学中主体性与实践论思想的阐发，并在深入阐发的基础上重构马克思主义哲学的解释体系。近年来出版的一些教科书和专著充分地体现了这一倾向。应该说，无论人们是否意识到，近十多年来对于马克思哲学中的主体性与实践论思想的阐发，都在实际上顺应了中国社会现实的变化。正如许多学者所指出的那样，作为现代性哲学之根本特征的主体性维度，是与世界范围内的现代化大潮相应的。现代化是一种全新的生活方式，它必然要求有与之相应的思想观念作为其精神支撑，而这种思想观念的核心便是哲学中称之为主体性的东西。马克思主义哲学作为一种现代性哲学，其建立于实践论基础之上的主体性维度是无可置疑的。因此，这种表现为突破斯大林解释的严重局限性，向马克思本人的回复，表面上看起来是后退，实质上却是一种真正的前进，一种适应于中国现代化进程的观念上的前进。有人说过，回到马克思实际上就是前进到了马克思，我以为这是很有道理的。然而，即便有这些重大的进展，我们的哲学仍然面临着严重的困难，仍然未能适应变化了的社会生活的需要。

石：陈先生，容我再插一句。您所提到的"回到马克思"的做法我以为可称之为一种原教旨主义倾向。但既然如您所言，这一倾向尚未足以解决我们的哲学所面临的问题，那么，这是否可一般地视为原教旨主义的局限性呢？

陈：把这叫作"原教旨主义"的倾向不一定很恰当，但你的意思我很理解，而且你提的问题也正是我要进一步说明的问题。即使在比喻的意义上，所谓"原教旨主义"的情况也很复杂。表面上看，都是要回到学说创始人那里，但一种情况是要简单地回到往昔，这是一种消极的向后看的怀旧情绪；另一种则是积极地以退为进。一般说来，一种学说的创立之初都是生气勃勃、富有活力的，这是因为一种学说的初创必定是从现实生活中获得激情，适应现实的需要应运而生的。而随着其大行于世，后人为了当时某种特定的需要，往往将其固定为某种程式化的东西，从而不免使之失去与现实生活的关联，失去活力。因此，一种积极的向创始人的回复便是打破后人所附加于原创性理论的种种限制，将原创性学说的真精神剥离出来，释放出来，并进而根据变化了的现实生活予以发挥、发展，使之再度焕发青春，恢复活力。如果我们不限于原教旨主义的本来意义，而将其加以宽泛的理解的话，那么，在人类思想史上，文艺复兴与新教改革当视为两个成功的范例。前者以向西方文明之源头的希腊文化的回复而打破了僵固化了的中世纪文化，由之开启了现代西方文化；后者则以向原创性的《圣经》本身的回复而冲击了正趋于腐败、僵化的天主教会及其信条，并创立了适应于新生资本主义的基督教新教。我们看到，回复到创始人的原创性学说，从僵化了的解释体系中剥离或释放出创始人的真精神，是通向成功的第一步，而随后的一步则须以创始人为范例，直面现实生活，从中汲取灵感，并创造性地将原创学说予以发挥、发展。借一句现成的话来说，第一步可称之为"返本"，第二步则为"开新"。显然，如果停留在第一步，那当然是不足以解决问题的。从解决问题的角度来看，第二步是更为重要的一步，而第一步仅仅是一个预备阶段。就中国的马克思主义哲学研究而言，我以为，到目前为止，在恢复学说创始人的真精神方面，我们已取得了显著的成绩，经过一大批学者的努力阐发，作为马克思哲学之精髓的实践的观点以及建基于其上的主体性思想已广为人们所接受。因而，尽管在这方面还有许多细致、复杂的工作需要我们去做，但总的来说，我认为理论界应当将其目光转向现实生活，转向现实生活对哲学所提出的问题，即主要地由"返本"转向"开新"。应该说，"返本"本身并不是目的，开创马克思主义哲学的新局面，才是我们的根本目的。只有这样，我们才能够真正克服哲学的危机。

石：您关于"返本""开新"的阐发，极富启发性。那么，按照您的思路，我们哲学现今在"开新"方面主要地应做些什么呢？

陈：一句话，积极地回答现实生活所提出的一切哲学问题。"返本""开新"是克服哲学危机的一种努力。哲学危机的最根本表现，我以为是哲学的"缺失"或"不在场"，即对于现实生活所提出的一系列问题，理应回答却没有给予回答，或者答非所问。有些人的研究兴趣仍囿于一些脱离现实生活的纯概念分析、纯逻辑推演，或者就是重复那些已经重复了多年的条条。哲学不在现实生活中发生作用，当然人们也就会觉得不需要哲学。其实，现实生活中发生的许多现象都需要哲学来关心，但往往在这时候哲学"不在场"。哲学不在场，就总会有别的什么东西在场。我举个例子来说吧。"文化大革命"后兴起的"气功热"可以说是当今中国最可注意的文化现象之一。但我们的哲学却未能真正理解这一现象的深层意蕴，从而给出正确的解答。不错，关于气功以及人体特异功能等问题，人们已写了许多文字进行了描述和讨论，甚至还爆发过十分激烈的争论。有人将其斥之为封建迷信、伪科学，有人则将其誉为中华文化之瑰宝。关于气功的功效问题，无疑是应该讨论的，但这仅仅是一个科学问题；从神秘文化的角度去探讨气功亦不无意义，但这仍非这一现象的本质之所在。"气功热"在中华大地的兴起，其真正要紧之点是在"终极关怀"问题上向我们的哲学提出了挑战。应该看到，许多人参与练功活动，甚至以异乎寻常的热情投身于传播某一派别的功法的活动，其主要目的似已不是强身健体，而是要在这种活动中寻找生命的意义。对于虔信者而言，气功已具有了准宗教的意义。许多敏锐的观察者已注意到，自气功在"文化大革命"后流行以来，随着时兴门派走马灯似的更替，已越来越离开了起初的类巫术取向（如宣称用气功改变物质分子结构之类），而具有了越来越多的关注人的精神生活的高级宗教的性质。这种情形表明，在社会生活急剧变化之际，往日为人们的生活提供终极意义的哲学已在很大程度上不能行使其功能，而人总是要寻求某种生活意义以为安身立命之所的，因而，哲学的不在场便为气功留下了发展空间。但气功以及种种其他类似活动所倡导的精神境界，就其总体而言，显然是与现代化进程所要求的主体心态相去甚远的。

石：我注意到近一个时期各类宣传物上都很强调科学知识的普及，这是否能够有助于人们接受适合于现代化要求的人生意义呢？

陈：科学知识的普及当然是有助于培育现代性意识的，但属于有限的经验层面的科学知识并不解答超越性的终极关怀问题。罗素曾说过，哲学是以科学的语言表达的宗教神学问题。这说明宗教与哲学所关注的内容在本质上是属于同一层面的问题，而科学则处于另一层面上。前者是超越我们的有限经验的，而后者则是经验性的。因此，我们不能指望经验性的科学能够代替哲学解决超越性的终极关怀问题。提供一种现代性的终极关怀，或者说，根植于现实性的终极关怀，只能是哲学的使命。

石：我现在明白您强调哲学是一种根植于现实生活的终极关怀的良苦用心了。您力主哲学的现实性，又坚持其终极理想性，是既要避免流于空洞玄虚的终极关怀，又要避免哲学的实证化倾向所造成的"失职"。那么，您能不能具体地谈一谈一种根植于现实生活的终极关怀在现今意味着什么呢？

陈：这意味着我们所说的终极关怀、终极意义或终极理想必定是针对着现实生活的，是对于现今现实生活的具体的超越。不要把"终极关怀"或"终极意义"误解为某种历史的终极目标所具有的意义。历史是没有终极目标的，终极意义作为理想的意义，体现于对于直接现实的具体超越，因此，每一种趋向于理想目标的对于现实的超越，都包含着某种终极意义。就一般意义而言，终极意义总是同自由的理想联系在一起的，或者可以说，一般的终极意义在于实现自由之终极理想，尽管对自由之理想可以有不同的解释。就马克思主义哲学而言，它所理解的终极意义就是人的自由全面发展。马克思主义哲学创始人全部理论活动的目的就在于探究如何达于人的自由发展之理想境界，使他们所设拟的终极理想能深深地根植于现实生活的土壤中。具体地说，马克思当年所设想的自由发展观念是针对资本主义市场经济而言的，是对于扬弃异化劳动的社会形态的一种构想。但一则这些解答在后人的解释中受到了某种误解，更为重要的是一百多年来社会生活发生了极大的变化。因此，必须针对改变了的社会现实来探究新的进路。当以公有制为基础的计划经济体制在中国大地建立之时，人们以为从此就告别或超越了市场经济，扬弃了异化劳动及私有财产，步入了理想社会之大门。然而，与人们的简单化的愿望相反，现实历史却选择了一条复杂得多的道路。市场经济并没有被超越，它实实在在地来到了我们的生活中。市场经济作为一种基本的社会现实，破坏了已有的信念之网，它给我们的哲学提出的严峻挑战是：如何在这一现实条件下重建自由发展之理想？面对这一严峻挑战，重复一种僵化了的斯大林式的解释体系，自然无用；企图借助于新儒学之类来补救亦只能是事与愿违。唯一可行的方式只能是从马克思的真精神出发，在现代市场经济的汹汹大潮中重建指向自由发展之理想的"通天塔"。当然，这是一项极其艰巨的理论任务，但唯有知难而进，我们才能从根本上克服哲学的不在场状况，帮助处在现代化进程中的国人建起一个可供选择的安身立命的精神家园。

　　石：您近年来大力倡导社会哲学的研究，请问，您的这一学术倾向是否便是您所力主的哲学应是一种根植于现实生活的终极关怀的具体体现，或者说，在现今市场经济条件下重建终极理想的一种努力呢？

　　陈：只能说是一种很初步的努力。我们近年来着力于社会哲学的研究，其目的就是想从总体上把握住中国社会的变化。

市场经济是当今中国社会的最基本的现实，而中国的市场经济有着一系列自身独有的特色，如它的社会主义前提，它的独特的文化背景，它所处的时代的国际环境，它的独特的地理、人口、资源条件，等等。要想使我们的终极理想、终极关怀深深地根植于现实生活之中，便必须把握住这一现实。但我们的根本目的，并不是仅仅把握住现实，而是要从对现实的真实把握中超越现实，寻找出具体的达于终极理想的进路来。作为对于现实社会之总体把握的社会哲学的研究无疑还会对我们的知识体系产生重要影响，例如关于社会结构及其变迁的某些观念可能有助于经验社会科学在中国的重建，但就哲学自身看，其意义只能在于为终极理想奠定现实的基础。就此而言，社会哲学研究中的实证化倾向与浮泛化倾向都是不利于这一研究的健康发展的。前者忘却了哲学自身的使命，是为"失职"；后者离开了对现实社会生活的具体把握，满足于从经典著作中寻章摘句，拼凑浮泛的缺乏时代精神的体系，是为"渎职"。真正的哲学，应当如黑格尔所言，是把握在精神中的时代。我们的研究就主观意图而言，是力求避免上述两种偏向，以便能为终极理想在新的条件下的重建而贡献一点力量的。最后，我想说：社会哲学在现今中国是一个新的哲学研究领域，因而需要有更多的人投身于其中，以尽快使我们的哲学成为真正根植于现实生活中的终极关怀，重新焕发其青春。

马克思主义哲学中国化的
实践版本和理论版本*

19 世纪末至 20 世纪初，马克思和恩格斯的名字开始在中国媒体上出现，从那时起直到今天，经过一个多世纪社会变革的坎坷历程，马克思主义哲学已经深深地植入中国的文化土壤中，不仅成为中国新民主主义革命、社会主义革命和建设的指导思想的理论基础，成为中国社会转型发展过程的灵魂，而且在学术上成为中国现代哲学的主导理论。一种在西方文化土壤中孕育出来的哲学理论，竟能与一个几乎完全异质的社会机体及其文化系统相融合，这在社会文明发展史上无疑是一个令人震惊的重大历史事件。因此，马克思主义哲学的中国化本身就是一个值得从哲学层面提出和思考的问题。

一、实践版本和理论版本及其关系

马克思主义哲学的中国化，同时也就是中国哲学的现代化。这个过程既包含着运用马克思主义哲学的基本理论改造、更新中国传统哲学的思想和理论，也体现着中国哲学的现代追寻。

* 本文提出了中国化马克思主义哲学"实践版本"的概念，阐述了"实践版本"与"理论版本"共生互动的关系，同时提出了理论版本的"现实化形态"和"学术化形态"的概念，阐述了二者之间相互推动又须保持一定的张力。与杨谦合作，原载《哲学研究》2006 年第 2 期。

当然，马克思主义哲学的中国化不仅是一种学术旨趣或文化策略的选择，更是一种与改造中国的社会实践主题密切相关的理论选择。因此，马克思主义哲学的中国化或中国哲学的现代化，不能停留在思想理论的范畴，而是要在这个过程中创造出足以把握我们这个时代"生活世界"变迁的普遍语言，为解决中国社会变革、发展过程所遭遇的各种困难问题提供理论支撑。马克思主义哲学中国化的过程，同时就是一个运用马克思主义哲学的理论武器解决中国问题的实践过程。马克思说过："工业的历史和工业的已经产生的对象性存在，是一本打开了的关于人的本质力量的书，是感性地摆在我们面前的人的心理学（指认识论——引注）。"[①]我们同样可以说，自马克思主义哲学传入中国以后，中国共产党人运用马克思主义哲学解决中国问题的伟大实践过程及其成就，就是一本打开了的、感性地摆在我们面前的中国化马克思主义哲学的书，这本书可以称之为马克思主义哲学中国化的实践版本。任何一个研究马克思主义哲学的中国学者都应该首先成为这个实践版本的毫无偏见的解读者。马克思主义哲学的中国化是否可能，是否应当成为当代中国哲学发展的主流，或者是否成为中国哲学的现代追寻，如何推进马克思主义哲学的中国化，这一系列问题都只有在这个立足点上才能得到根本的解答。

相应于马克思主义哲学中国化的实践版本，并作为这个实践版本的理论显现的，就是马克思主义哲学中国化的理论版本。"实践版本"是"理论版本"赖以形成的基础，而从中国社会改造的实践过程的理论自觉上说，又只有在这个理论版本的观照之下，才能有"实践版本"的形成和不断完善。因此实践版本

---

① 马克思：《1844年经济学哲学手稿》，《马克思恩格斯全集》第42卷，人民出版社1979年版，第127页。

和理论版本是共生的、相互推进的，这就使得马克思主义哲学在其中国化的过程中，既能产生辉煌的实践果实，又能产生丰硕的理论果实。

马克思主义哲学中国化的理论版本是马克思主义哲学基本理论与中国革命和建设的具体实际相结合的产物。用现代解释学的话语说，这也是一个"视界融合"的过程，只不过这个"视界融合"发生在异质文化的交流中。从最一般的意义上讲，"视界融合"可以被视为民族文化消化和吸收外来先进文化并使之本土化的核心环节或机制，它意味着读者的视界与作者的视界融为一体，形成民族文化与外来文化相互交融的新的文化视界。然而在异质文化的交流互动中，我们不难发现，身处一个文化体系中的文本作者与身处另一个文化体系中的文本读者之间，不仅存在着时间间距，而且存在着文化意义上的"空间间距"即"文化间距"。对于理解外来文化文本的读者来说，他所处的文化传统、语言和社会系统以及他所面临的并试图在文本中寻求答案的种种问题，都与作者有着极大的文化和社会差异，这就使跨文化的视界融合较之同质文化中的视界融合要困难得多。因此，要在异质文化之间实现视界融合就必须以问题体系为先导。而这个问题体系所包含的问题并不是读者个人的主观问题，而是读者所处的时代和社会现实向读者提出的客观问题。如果说历史是由人的活动创造的，那么创造历史的人怎样理解他置身于其中的历史问题和社会问题，便决定着他采取怎样的创造历史的活动。历史理解和历史创造必然是历史主体和历史客体相统一的过程。在对外来文化文本的理解中，读者在寻求问题的答案的努力中与作者实现的视界融合，也就在于建构出一种能够实际地解释和解决实践活动所遭遇的困惑或问题的理论。这种理论虽然源于外来文化的文本，但着眼点却在于解决那些问题。这种理论虽然在民族文化的话语系统中得到表述，但却使民族文化得到了系统的改造，使之能够胜任社会变革实践的伟大使命。

马克思主义哲学中国化的理论版本以其实践版本为基础，实际上就是以中国社会改造的"问题域"为主导内容。所谓"问题域"是指一系列彼此相关的问题所构成的有着内在逻辑结构的问题体系。以中国新民主主义革命来说，中国社会革命的问题域，就是指涉及中国社会和中国革命的性质、状况、结构关系、内在矛盾、发展动力和规律等一系列彼此相关的问题所构成的问题体系。其主要问题包括：如何理解和把握中国社会和中国革命的性质，如何理解和把握中国革命的进程和转变，如何理解和把握中国社会的阶级结构和革命动力，以及如何把握中国革命战争的特点和规律。中国共产党人在革命实践中对这四个方面问题的理论解答，系统地构成了中国共产党有关新民主主义革命的一整套理论。显然，这一理论体系没有马克思主义理论和方法的指引是不可能形成的。但是仅仅依靠马克思的理论文本也是不可能形成的，它只能是中国共产党人的视界与马克思主义理论文本的视界在实践中相互融合的结晶。中国共产党人运用马克思主义哲学的基本理论和方法，提出这些问题并努力在革命实践中寻求这些问题的理论解答，由此构成了对中国社会革命的性质和过程的总体把握。同时，问题域本身不是封闭的体系，而是一个开放的体系。随着中国社会改造过程的发展，新的矛盾、新的问题不断地涌现出来。在解决这些新的矛盾和新的问题的过程中，中国共产党人的理论视界与马克思主义理论的文本视界实现着不断深化的融合，这也就是马克思主义不断中国化和深度中国化的过程。

二、理论版本的现实化形态和学术化形态
及其关系

马克思主义哲学中国化的理论版本的建构是沿着现实化和学术化这两条相互关联的路径进行的，因而，它有着"现实化形态"和"学术化形态"这两种不同的存在形态。

所谓马克思主义哲学中国化的理论版本的"现实化形态"，是以将理论化为现实为旨趣、以指导具体的实践过程为直接目的的哲学理论形态。它作为指导思想、理论根据存在于对总体实践过程的理论把握中，并通过实践的纲领、策略、方针和行动目标体现出来。"哲学家们只是用不同的方式解释世界，问题在于改变世界"。[①]马克思主义哲学中国化的"现实化形态"正是直接地在改变中国社会的实践中形成，并直接地以改变中国社会为实践目的的。在这个实践过程中，中国共产党人运用马克思主义哲学的基本理论和方法，研究和解决中国社会的一系列问题，从而不断实现着与马克思主义理论文本的视界融合。这个理论版本的"现实化形态"忠实地、直接地体现了马克思主义哲学"改变世界"的精神。

所谓马克思主义哲学中国化的理论版本的"学术化形态"，则主要是指马克思主义哲学理论在中国学术领域中的发展和创新。这种"学术化形态"是中国的马克思主义哲学工作者，从学术研究的角度，运用学术研究的方法，结合中国社会的具体实际，吸收中国传统文化的思想资源和世界范围内哲学文化发

---

① 马克思：《关于费尔巴哈的提纲》，《马克思恩格斯选集》第 1 卷，人民出版社1995 年版，第 19 页。

展的积极成果,推进马克思主义哲学理论在中国语境中的发展,由此形成了中国化的马克思主义哲学理论。同其"现实化形态"一样,马克思主义哲学中国化的"学术化形态"也是在中国共产党领导下的中国社会变革的历史过程中形成和发展起来的,同样是马克思主义哲学理论与中国具体实际相结合的产物,体现着中国社会改造的实践对马克思主义哲学理论的需要和中国社会先进文化发展的要求。

尽管这两种形态都是马克思主义哲学在中国的发展,具有共同的理论性质,但二者的发展方式和起作用的方式却是有所不同的。

"现实化形态"的形成和发展,与中国共产党在中国革命和建设中的领导地位密切相关。这是因为,所谓"现实化形态"就是以理论的现实化为目标的,它所突出的是一种必须走向"定在"的实践理性,而不是仅仅在书斋里或头脑中发生的"思想革命"或"学术革命"。面对改造中国这样一个巨大的、复杂的社会实践过程,马克思主义哲学理论必须是一个能够直接转化为实践的纲领、策略、方针和行动目标的思想体系,因而也就必须能够与有能力动员全社会的政治权威联系在一起,它必须通过政治权威的运作成为动员社会的思想力量。因此,理论版本的"现实化形态"是在政治的交往领域中形成的,其交往的媒介是政治活动的规范。被政治权力的核心所确立、认同或接受的思想体系,一旦转化为实践的纲领、策略、方针和行动目标,在其适用的时期和范围内就具有不可动摇地贯彻下去的性质,除非实践的后果证明它是错误的。正如我们已经看到的那样,在中国,这一"现实化形态"始终具有一种政治权威性,它在社会实践中的贯彻往往要借助于党的组织原则,这是中国共产党领导下的社会变革实践的必然要求。

　　"学术化形态"则有着与"现实化形态"不同的要求。无疑，这两种形态的理论都必须贯彻马克思主义哲学"改变世界"的基本精神。但是，如果说"现实化形态"的理论是必须要转化为实践的纲领、策略等的思想体系，那么"学术化形态"的理论则应当是对这种思想体系的学术反思，即从学术的角度对这种思想体系是否具有科学性、合理性、合法性进行理论上的辨析和研究。而要使这种研究能够达到真理性认识，就必须贯彻学术民主和学术自由的原则。因此，理论版本的"学术化形态"所推崇的是学术的权威性，这种学术的权威性是政治的权威性所不能取代的。此外，学术的发展不仅要面对现实经验，而且要面对历史地积累起来、传承下来的思想资料，因而只有经过良好的学术训练的哲学工作者才有可能对哲学的理论做出系统的研究。由此可见，"学术化形态"是在学术的交往领域中形成的，其交往的媒介是学术规范和学术语言，而不同于政治活动的规范。在这个领域中，不能实行下级服从上级、少数服从多数的原则，而是必须强调真理面前人人平等。应允许不同的学术观点之间展开争论，并随时注意到真理可能掌握在少数人手中。

　　由于两种形态的上述不同，在发展中两种形态之间就需要保持一定的张力。一方面，不能用"现实化形态"所要求的政治权威性侵害或代替"学术化形态"所要求的学术权威性，更不能用前者所贯彻的政治原则取代后者所贯彻的学术原则，也就是不能用政治的权威性和政治原则不正当地干预正常的学术研究和学术争论，以防止学术异化。"现实化形态"的发展应当把"学术化形态"视为思想的发源地和仓库。学术越是自由，思想资源就越是丰富，从而在复杂的现实经验中，理论的"现实化形态"的确立就越是有广阔的选择空间。另一方面，也不能把"学术化形态"所要求的学术权威性和学术规范完全贯彻到"现实化形态"的运作过程中。"现实化形态"的理论实际上已经成为实践意志的理论，必须毫不迟疑地贯彻下去，而不受无休止的学术争论的影响或干预，更不能用学者个人的不同学术观点来对抗它的实行。在一定意义上可以说，"现实化形态"的理论既是理论版本的一种存在形态，又是马克思主义哲学中国化的理论版本和实践版本联结和统一的中介。

马克思主义哲学中国化的实践版本和理论版本，马克思主义哲学中国化理论版本的"现实化形态"和"学术化形态"，它们①从根本上说是相互支持、相互推动的。在中国革命和建设的历史上，它们之间相得益彰的事例不可胜数。当年，毛泽东写下的《矛盾论》和《实践论》，既推动了中国革命实践的发展，也推动了中国哲学学术的发展，而李达、艾思奇等马克思主义哲学理论家对毛泽东哲学思想的形成也产生了十分重要的影响。今天，党中央提出的"以人为本"的科学发展观，无疑是当代中国马克思主义哲学的"现实化形态"，是中国现代化建设的根本指导思想，但它却是汲取了学术界关于社会发展理论的长期研究和讨论的积极成果的。

三、马克思主义哲学中国版本的民族性与世界性

马克思主义哲学的中国化重在一个"化"字，它不是把一种在西方文化土壤中孕育出来的哲学直接地移植到中国社会，而是一个从中国社会需要出发的艰巨的理论创造过程。从哲学

---

① "马克思主义哲学中国化理论版本的'现实化形态'和'学术化形态'，它们"等字在《哲学研究》发稿时曾被删去。

自身的发展来说，这同时也是一个中国哲学的改造过程即中国哲学现代化的过程。哲学的发展不论采取何种形式，它总是密切相关于自己民族的哲学文化传统并总是以此为根基的。因此，在这个"中国化"的过程中，中国的马克思主义者不仅要与马克思主义的理论文本相遇，而且必然地要与源远流长的中国传统文化相遇。也就是说，构成马克思主义哲学文本的读者视域的，不仅是中国社会的现实问题，而且是凝结在读者头脑中的中国社会的历史、文化和语言。中国传统文化历经数千年的发展，在经济、政治、科学技术、宗教、艺术、伦理等各个方面世世代代积累起来的经验、知识和思想，是中国哲学智慧的重要源泉和载体，是中国哲学获得发展的重要思想资源。割断了同中国哲学文化传统的关联，哲学就会失去它的民族性，亦即失去它的生命力的根基。

与此同时，还须强调问题的另一面，即对于马克思主义哲学中国化不能做单向度的思考。马克思主义哲学中国化固然是把世界的东西变为中国的，但这种"中国化"的理论结晶同时又应当成为世界的。哲学本应具备普遍性的品格，它应当是民族的，但不应当只是民族的。尤其在现代条件下，中国的事情与世界的事情是紧密关联的。马克思主义哲学的中国化的视野不能停留于中国的范围，不能关起门来搞"中国化"，而是要面向整个世界，研究世界范围内经济与社会发展的新事实、新经验，吸收人类文化的一切积极成果，探索和回答经济与社会发展过程所面临的普遍问题，建造足以引导当代中国以至世界文明进程的新理念。因此，就马克思主义哲学中国化的理论版本来说，它固然是一种中国版本，但却是一种世界哲学的中国版本。

发展马克思主义哲学与
代表先进文化的前进方向[*]

哲学可以说是文化的灵魂。中国共产党要代表先进文化的前进方向，就必须有先进的哲学来武装。这个先进的哲学当然是马克思主义哲学，但必须是发展了的或发展着的马克思主义哲学。原本是先进的东西，如果停止了发展，也会变成落后的东西。因此，在新的历史条件下发展马克思主义哲学，对于我们党能不能做到代表先进文化的前进方向，至关重要。

发展马克思主义哲学，就是要探寻哲学的新的生长点，建构马克思主义哲学的新形态。关于如何发展，想谈三点看法，其中多属老生常谈，但又不可不谈。

一是哲学必须与时代同行。

哲学的生长点只能发生于现实实践的土壤中，发生于时代的现实生活中。学习书本，研究历史，这都十分重要，但是那里不会有什么新的生长点。学习书本、研究历史只是占有和积累哲学文化资源，也就是占有和积累解决问题的手段。

哲学要解决的问题就是时代遇到的问题。我们这个时代遇到的问题很多，很大，很复杂。中国的社会转型是整体性的社会变动，新的问题从社会各个领域全面发生，且层出不穷。中国问题又和世界的问题紧密相联系，经济全球化进程的加速，

---

* 本文为作者 2001 年 7 月在首届中国人文社会科学著名学者高级论坛上的发言稿，阐述了关于如何发展马克思主义哲学的原则性意见。

恐怕不一定像有些人设想的那样只是促进世界文化的融合，而是同时会有另一面，即会使各种文化冲突、价值冲突更加激烈，更加面对面。网络化所引起的人们交往方式的根本变化，会带来社会生活方式乃至社会结构方式的根本变化。其他科技发展中也将提出许许多多的社会问题和认识问题。这些问题都是马克思没有遇到的问题，都必须由现在的马克思主义者去解决。这些问题就是哲学的新的生长点所在。对于这些问题所做的马克思主义的理论探索和理论解决，也就集中地体现着先进文化的前进方向。对于时代提出的这些重大现实问题视而不见或无能为力，还谈论代表先进文化的前进方向，那是不可思议的。

我们面临的是一个历史时代的转折，因此，哲学的生长点也就不是单一的、局部性的。我们必须从自己时代的现实生活中，从哲学自身发展的逻辑中，全面地探寻哲学的生长点。显然，要把这些新的生长点把握住，把握得准，把握得深，要把新时代的经济、社会、科技、政治、文化等各方面的内容概括得充分、系统，并能具备哲学所应具的超前性，这谈何容易！但若无此基础，无此前提，要建构马克思主义哲学的新形态则是不可能的。

二是哲学研究活动要与人类知识体系发展的趋势相适应。

哲学是人类知识体系的一部分，并且是最重要的部分。哲学和其他知识部门的关系，特别是哲学和科学的关系历来是制约哲学发展的基本因素。

在古代，学科边际不清。到了近代，学科分化，各门具体科学从作为"知识总汇"的哲学中分化出去，学科边际越来越清晰，也就出现了一批"纯粹的"哲学家，黑格尔是最典型的代表。现代，特别是20世纪下半叶以来，学科边际又开始模糊。学科之间在分化的基础上又实现综合，各学科相互渗透。这也必然反映到哲学和科学的关系上来，又使哲学和具体科学达成了越来越紧密的结合。更重要的是，社会生活的急剧变化，需要新的观念和理论去引导人们的社会生活，而新的观念和理论，往往是在各学科的综合研究中形成的，对于社会领域的研究尤其如此。对于现代的西方哲学，人们熟悉的是它的社会哲学、历史哲学、政治哲学、道德哲学、宗教哲学、科技哲学、语言哲学等，越来越少有那种只能叫作"哲学"的哲学。许多哲学家也"身份不清"，他可能同时是社会学家或历史学家、政治学家、心理学家，等等。哲学"落实"到具体领域，或者说结合于具体领域去研究哲学，这可以看作一种趋势。

在我国，马克思主义哲学是中国共产党的指导思想的理论基础，是要在全社会倡导的世界观，应当向广大干部和群众普及马克思主义哲学的基本理论和基本知识，因此，把它的基本原理抽取出来，构建成一个准确的、相对完备的解释体系，以有效地进行教学和宣传，这是完全必要的，有重大意义的，但是，若把它作为一个研究框架，就原理去研究原理，这恐怕未必可取。我本人自称是"研究原理"的，但几十年下来很难感受到有切实的收获，近几年转向社会哲学的研究之后，倒是开始感受到多少有些收获了。当然，我们研究社会哲学也不只限于当前现实实践问题的兴趣，我们最终关注的也还是社会哲学对于第一哲学的意义。所以，这里说的不是要不要研究第一哲学或所谓"哲学原理"，而是采取什么样的路径去研究的问题。从原理入手去研究原理，看起来是一条直路，但也是一条走不出多远的路。我以为，要发展马克思主义哲学不能走这样的路。

三是要注重哲学理念的澄明和更新。

大家都在关心新的世纪哲学将是什么样的走向。哲学的走向归根到底是哲学家的走向。哲学研究新局面的开创，包括新的哲学生长点的探寻，哲学新形态的建构，都是由哲学家们去做的，而哲学家总是带着各自的哲学理念去从事哲学活动的。众多哲学家对于哲学理念或哲学道路的选择，也就决定了哲学的走向。因此，马克思主义哲学的研究者们选择和确立什么样的哲学理念，这种哲学理念符不符合马克思主义哲学的实质，这对于发展马克思主义哲学（包括能不能发展和怎样发展）至关重要。

前面两点讲哲学与时代的关系、哲学与科学的关系，也都涉及哲学理念。我这里要讲的，主要是哲学的基本观念，讲哲学是什么、干什么的观念，也就是关于哲学的性质和功能的观念。这个问题争论甚多，更是说来话长，这里只是亮明我的基本观点。我认为，哲学是对于人类自身活动的反思，它的基本功能是为人类提供生活意义的支撑，是一种根植于现实生活的终极关怀。

应当肯定，哲学是一种文化，或者说哲学首先是一种文化，而且是文化的核心和灵魂。因此，哲学的功能首先是文化的功能。那么，文化的功能是什么呢？

人类生活有三大基本的需要：一是生存的需要或物质生活资料的需要；二是社会秩序的需要；三是意义的需要。满足物质生活资料需要的活动是物质生产活动或广义的经济活动，满足社会秩序需要的活动是广义的政治活动，而满足生活意义的需要的活动便是广义的文化活动，它们构成人类活动的三大基本领域。物质生活资料的需要是人和其他动物共有的，秩序的需要也为其他某些动物所具有，唯有生活意义的需要是人所独有的，无怪乎有人将人定义为会自杀的动物，因为人感到生活没有意义、活下去没有意思的时候就可能自杀。所以，不仅要说人是社会的存在物，而且要进一步说人是文化的存在物。哲学作为一种文化的活动，它的首要的功能就是要生产出生活的意义，来满足人们的意义需要。若问人类为什么需要哲学，这就基本上等同于问人类为什么需要文化，它的回答如同回答人类为什么需要物质生产一样地简单。当然，哲学还不同于一般的文化活动如文学艺术等，它同宗教类似，是要给人们提供生活的终极意义的支持，即提供终极理想、终极关怀。

毫无疑问，哲学具有认识论、方法论的功能，它要为人们的活动（首先是认识活动）提供观念框架和逻辑基础。但这种功能只具有从属的意义，它是从属于提供生活的终极意义的关怀这一根本功能的。有学者说，本体论追求的是一种终极存在，认识论追求的是一种终极知识，价值哲学或广义的实践哲学追求的是一种终极价值。不论终极存在、终极知识还是终极价值，都是思想的设定。设定这些东西，都是为在思想中设定一种终极的理想奠定逻辑的基础。可以这么说，一切哲学活动都是为了开拓思维的空间，以安放人类的理想。就中国的哲学来说，一切哲学活动都是为了开拓思维的空间，以安放我们民族的理想。这是马克思主义哲学的根本任务所在，也是发展马克思主义哲学与代表先进文化前进方向之间的真正的内在联系所在。

哲学的基本功能是为人类提供生活的终极意义的关怀，这历来如此。而在现代条件下，这一功能更显其重要了。工业革命以来科技理性的恶性膨胀，市场经济的负面影响等，都使人类文明发生严重的倾斜，即向物欲倾斜。社会因素的复杂多变，也使人们难以弄清生活的最终意义，甚至怀疑最终意义。所谓"意义失落""信念迷茫"是许多社会成员中存在的现象。生活在这样的社会历史条件下的人们，最需要的是生活意义的支持，是生活的终极意义的关怀，最需要的是哲学去阐明新生活的意义，帮助人们建立起新的正确的价值观念。就拿"法轮功"来说，它作为一种邪教，当然是一个严重的社会问题、政治问题，而从思想层面说，它提出的主要不是一个科学的问题而是一个哲学的问题。它的要紧之点正是在理想信念的问题即终极关怀的问题上向我们提出了挑战，向马克思主义哲学提出了挑战，它正好告诉我们哲学家要干的最重要的事情是什么。

诚然，如何发展马克思主义哲学，还会涉及许许多多的方面和问题，这里谈的只是一孔之见，且未必正确，望各位批评指正。

开启马克思主义哲学的新视野
——评《马克思主义哲学的当代论域》[*]

在当代条件下，如何推进马克思主义哲学的研究？如何坚持和发展马克思主义哲学？这是时代提出的重大无比的课题。陶德麟、汪信砚教授主编的《马克思主义哲学的当代论域》（人民出版社 2005 年 8 月出版；以下简称《论域》，引述时仅注页码）正是为了回答这个重大问题而写的。拜读之后，深受多方面的启发。

一

马克思主义哲学是一个开放的体系，它总是与时俱进的。但马克思主义哲学的发展从来不是封闭在头脑中和书斋里的"思想革命"或"学术革命"，而是人们在"改变世界"的活动中并且为着"改变世界"的需要而不断进行的理论创造过程。推进哲学的发展，首先就要探寻哲学的新的生长点。这个"生长点"不在书本里，不在历史上，而只能存在于时代的现实生活的土壤中。这是哲学发展的真正基础。诚如陶德麟先生所言：

---

　　[*] 本文是对陶德麟教授等主编的《马克思主义哲学的当代论域》一书的评论，通过对这部著作的评论发表了作者关于如何发展马克思主义哲学的意见。原载《哲学研究》2006 年第 10 期。文章发表时做了删改，依照作者意见，本文集按原稿收录。

"任何哲学产生的最深层的原因和动力并不是以往哲学中的理论矛盾，而是人类现实生活的客观矛盾。从表面上看，一部哲学发展史似乎是抽象体系的更迭史、逻辑范畴的演进史；但从根底深处看，真正推动哲学家思考和创造的动力却是哲学家所处时代的现实生活提出的课题。"（《论域》第669页）陶先生的这番话语，表述的是地道的马克思主义的哲学史观。可以说，这种哲学史观是《论域》这部著作的灵魂。正是从这种哲学观念出发，这部著作不是把目光首先投向马克思主义哲学自身，而是投向作为马克思主义哲学新形态赖以建构的真正基础的当代实践和当代科学。

　　《论域》系统地阐述了当代人类实践的性质和特征，指出它的最基本的方面是大技术、大规模、大效应，一句话，是一种"大实践"。当代实践的"大"化，表现在人与自然的关系上，主要是"全球问题"的形成；表现在人与社会的关系上，主要是"世界历史"的真正形成。身处"大实践"时代的人们，他们的活动环境、生存环境改变了，他们的历史使命改变了，他们自身也改变了。总之，在这种"大实践"的背景下，人类生活的外部社会秩序和内在的心灵秩序都经历着巨大的震荡和变动。这种震荡和变动无疑会产生许许多多的新问题，也还会使本来潜伏的问题凸显出来，或使本来不甚尖锐的问题尖锐化，这些问题都需要哲学去解答。马克思主义哲学也就正是在寻求这些问题的解答中获得发展的。

　　实践与科学密不可分，在当代尤其如此。诚如《论域》中所说的，"技术中介系统的发展状况决定着实践的基本性质"（《论域》第5页）。当代的"大实践"主要是由"大技术"造成的，而"大技术"则是当代科学的物化。因此，不了解当代科学，也就不能真正了解当代实践及其对于哲学发展的影响。不仅如此，科学作为人类一种基本的认识形式，它自身对于哲学的发展就有直接的影响作用。恩格斯说过，随着自然科学的每一个划时代的发现，唯物主义也必然要改变自己的形态。探索马克思主义哲学新形态的建构，如果抛开当代科学的视野，那是显然不行的。这部著作对于当代科学的分析和论述是十分透彻的，其独到之处不仅在于对当代"大科学"的基本特征做了明确的概括，而且更在于它把人文社会科学放在与自然科学同等重要的地位，列出专章予以论述。这既是科学观念的澄清，也是哲学观念的澄清。在考察当代哲学的科学知识基础时，充分注意人文知识、人文背景的意义，这对于清除工业革命以来技术理性的膨胀给予哲学思维的影响，克服困扰哲学思维一个多世纪的科学主义和人文主义的对立，对于推进当代哲学的发展和哲学社会功能的真正实现，都有不可低估的作用。

《论域》对于当代哲学的梳理和分析也是十分清晰并富有特色的。它给人们最重要的启发是，不像有些著作那样按思想流派梳理，而是按领域梳理。这表明本书作者深刻洞察了当代哲学的一个极其重要的特征。近代体系化哲学解体以后，领域哲学或部门哲学的兴起成为一种必然的趋势，且已成为一种不争的事实。对于当代哲学，人们熟悉的是各种领域哲学，如本书重点介绍的自然哲学、历史哲学、人的哲学、科学哲学、道德哲学、宗教哲学、艺术哲学，此外还有影响越来越大的社会哲学、政治哲学等，而很少有那种只能叫作"哲学"的哲学。哲学家的身份也越来越不明确，他可能同时是历史学家、社会学家、文学家、心理学家等，而越来越少有那种"纯哲学家"。哲学越来越"落实"到各个科学和社会生活的领域，哲学家多是从各个不同的领域切入和深入，以达到对于人类生活、对于人与世界关系即人类世界的总体把握。领域哲学的兴起，同哲学的"实践"转向或"回归生活世界"的转向是密切关联的。把握当代哲学的这种特征，对于推进马克思主义哲学在当代的发展也无疑具有极其重要的启发作用。

实践、科学和哲学是人类把握世界的三种方式，它们是密不可分的，甚至可以说是三位一体的。马克思主义哲学的论域不是囿于自身，而是把它拓展到这三大领域，并注意把握这三大领域之间的内在关联。这便开启了马克思主义哲学研究的广阔视野。哲学视野的开启，也就是哲学思维空间的开拓，这是马克思主义哲学在当代获得发展的重要前提之一。

二

《论域》在全面考察了当代实践、当代科学、当代哲学及其相互关系之后，将马克思主义哲学置于这种时代背景下做了深入的自我反思，全面地阐述了马克思主义哲学的基本性质和理论品格、历史地位和当代价值以及它的未来走向和发展形式等，提出了一些很值得重视的见解。

首先，《论域》专列一章阐明马克思主义哲学的基本规定。这是非常重要的，在当前尤其显得重要。思考和谈论马克思主义哲学的发展，不能不牢牢地把握住它的基本规定性，因为马克思主义哲学在其发展中不是失去自己的基本规定性，而只是不断地丰富自己的规定性。这些年来，许许多多严肃的学者在发展马克思主义哲学方面做了令人敬佩的艰辛的努力，并取得了明显的成绩，但毋庸讳言，也存在一些值得检讨的不良现象，那就是在"发展"的名义下，做了并不利于马克思主义哲学发展的事。有的是把马克思主义哲学中最基本、最重要的东西当作"陈旧的教条"弃置一旁，不愿再提它了；还有的是热衷于把某种西方哲学理论作为解释马克思主义哲学的框架，随意地解释马克思。总之，本来是马克思的东西不算数了，本来不是马克思的东西却算在了马克思的名下。这就叫作没有把握住马克思主义哲学的基本规定性。

对于马克思主义哲学的基本规定性如何理解，如何表述，这一直是有所争论的，而且这种争论是马克思主义哲学研究中最具根本性和实质性的争论。这种争论的发生是正常的。但是，争论应当在严肃的学术研究的基础上开展，而不应当以这种争论的不可避免性为任何解释的随意性提供借口。在我看来，《论域》关于马克思主义哲学基本规定的论点，是从对于马克思主义哲学的文本、马克思主义哲学产生和发展的历史以及马克思主义哲学与其他哲学的比较等多方面的研究中得出来的结论，就其最主要之点来说无疑是正确的。《论域》首先明确肯定，马克思主义哲学的最基本、最重要的内容，是马克思创造的唯物主义历史观。全部哲学史说到底就是人认识自己的历史，认识人类社会就是直接地认识人自己，而马克思的唯物史观正是提供了揭示人类社会和人本身的生成规律和发展规律的正确途径。因此，唯物史观"是思想史上最具有全局意义和长远意义的伟大成果"（《论域》第 677 页），是马克思主义哲学之成为马克思主义哲学的最基本的规定。牢牢把握住马克思主义哲学的基本规定，主要的就是牢牢把握住唯物史观的基本原理。《论域》进一步阐明了马克思创立唯物史观的关键是揭示了人类社会生活的实践本质。"全部社会生活在本质上是实践的。凡是把理论引向神秘主义的神秘东西，都能在人的实践中以及对人的实践的理解中得到合理的解决。"①揭示了社会生活的实践的本质，也就把开启社会历史认识的"黑箱"的钥匙交给了人们。正是实践观点的确立，才使马克思能够对包括历史观在内的全部传统哲学实现根本性的改造和超越。因此，《论域》明确肯定："实践不仅是马克思主义认识论的第一的和基本的观点，也是整个马克思主义哲学区别于包括旧唯物主义在内的以往一切哲学的根本之点。"（《论域》第685页）可以说，这是《论域》全书的最核心的论断。不了解马克思的科学的实践观点，不了解实践对于理解世界、理解社会和理解人本身的决定意义，就不能了解整个马克思主义哲学的精神实质。

　　《论域》关于马克思主义哲学的理论品格的阐述也相当精彩。如果说，前面关于实践观点和唯物史观的论述是着重从内容方面阐明马克思主义哲学的基本规定性，那么，关于"理论品格"的论述则是着重从形式方面阐明马克思主义哲学的基本规定性，或许可以将它称为马克思主义哲学的形式规定性。这种形式规定性也是不能失去的，失去了它也同样使马克思主义哲学不再成其为马克思主义哲学。

　　《论域》从理论与实践的统一、阶级性与人类性的统一、原则性与开放性的统一、科学精神与人文精神的统一等四个方面阐述了马克思主义哲学的基本理论品格。乍一看，这似乎都是老话，但仔细读来，却可以看出它的明显的现实针对性。其实，即使是老话，如果它说的是真理，又如果长时期不提了，并且因此而造成了一些明显的不良后果，那么，再提起它时也会给人一种"久违了！"的新鲜感，有时甚至有振聋发聩的作用。譬如《论域》中关于阶级性和人类性的统一、原则性和开放性的

---

　　① 马克思：《关于费尔巴哈的提纲》，《马克思恩格斯选集》第1卷，人民出版社1995年版，第56页。

统一的论述就有这样的效果。《论域》关于这四个方面的统一的见解，对于我们防止和克服片面性，随时注意到一种倾向可能掩盖着另一种倾向，以推动马克思主义哲学沿着正常、健康的道路向前发展，是具有重要的启发意义的。

三

《论域》用较浓重的笔墨叙述了马克思主义哲学的发展是一个世界化和民族化相统一的进程。世界化和民族化都不只是马克思主义者的主观选择，而是马克思主义哲学发展的必然形式。马克思主义哲学之所以必然采取世界化和民族化相统一的发展形式，这也是由这个哲学的实践的本性所决定的。

马克思主义哲学是"改变世界"的哲学，是作为无产阶级解放自身、解放人类的斗争武器应运而生的。如同无产阶级的解放运动必定要超越民族的地域的界限一样，作为这个解放运动的"头脑"的哲学也必定要超越其创立时期的德意志民族形式和狭隘地域，传播到世界的各个民族和地区，成为真正的"世界的哲学"。同时，实践是具体的，不同时代、不同民族的生活是各各特殊的，马克思主义哲学要真正做到"和自己时代的现实世界接触并相互作用"（马克思语），就必须获得适合于不同民族生活、实践的特殊形式。世界化和民族化是相互促动、不可分割的。民族化要以世界化为前提，因为如果马克思主义哲学是一种没有生命力的哲学，不可能在各民族中传播开来，当然也就谈不上它的民族化；而世界化又必须以民族化为中介，只有经过民族化的过程，它才能在各民族中生根，才能切实成为一种"世界的哲学"。显然，这两个方面中，民族化是基础，是关键。在当今时代，马克思主义哲学已经在全世界许多民族中传播和生根，它的发展是一种再世界化、再民族化。在这种情况下，民族化就更加是基础，是关键。对于中国马克思主义者来说，就是要致力于马克思主义哲学的中国化，这是推动马克思主义哲学在中国语境中发展的唯一正确的途径。

诚如《论域》所阐明的，推进马克思主义哲学的中国化应当做到两个结合，即马克思主义哲学与中国社会的当前实践结合、马克思主义哲学与中国历史文化传统结合（见《论域》第753页）。马克思主义中国化的过程，是一个马克思主义文本作者与这个文本的中国读者之间的"视界融合"的过程。实现这种"视界融合"必须以问题为先导，即将双方的视线聚焦于一定的问题。这个"问题"当然是中国当前现实实践中的重大问题，并且当然是以中国方式提出的问题。这些问题的产生及其提出方式都是历史地规定的，都是与中国历史传统相关联的。因此，进入马克思主义文本的中国读者的视域的，就不仅是中国社会的现实问题，而且是凝结于读者头脑中的中国历史文化传统。马克思主义哲学与中国现实实践的结合当然是最基本的方面，也正由于这一方面具有明显的重要性，因而容易为人们所重视，至少在理论认识上是如此，而对于马克思主义哲学与中国历史文化传统的结合这一方面却常常容易为人们所忽视。但如果忽视了这一个方面，也不可能真正实现马克思主义哲学的中国化。不了解中国历史文化传统，就不能了解中国民族理解和接受马克思主义哲学的背景、心理以及思维习惯、话语习惯等方面的障碍，马克思主义哲学在中国的传播就会阻力重重，哲学理论的创造活动也会陷入盲目性。即使对于现实问题的解决来说，也会因为不能掌握几千年积累的民族文化精华这一重要的、独特的智慧资源而使任何哲学都显得苍白无力。记得陶德麟先生将这部大著的最初研究纲要向我征求意见时，我提出的主要建议，就是希望注意哲学和科学的发展方式的区别，更多地关注本民族的哲学文化传统对于哲学发展的影响（见《武汉大学学报》1996 年第 2 期）。令人欣喜的是，从这部大著中已经看到，这个意见被充分地吸纳了。

武汉大学马克思主义哲学学科的奠基人李达同志曾对马克思主义哲学的中国化做出了世所公认的卓越贡献。李达同志逝世以后，以陶德麟教授为首的武大的同行们坚持这个方向，经过长期的艰辛的努力，已形成了深厚的学术传统和鲜明的学术特色。《论域》中关于马克思主义哲学的世界化和民族化相统一的论述表明，武大同行们在这个根本问题上又获得了重要的新认识。

这部著作涉及面很广，思想材料极为丰富，为读者提供了多方面的启发，当然也就为读者留下了很多思考余地。

哲学的实践转向和领域哲学的兴起[*]

　　近十多年来，我国的哲学研究有一个明显的特点，就是十分注重现实问题的研究。同时，在哲学观上，许多人也在强调哲学应当面向现实生活，面向现实实践，有的人把这叫作哲学的"实践转向"。我赞成"实践转向"这个说法。其实，"实践转向"作为一种哲学转向，不是现在才发生的。马克思主义哲学的产生，就是哲学的一种重大转向，这个转向就是"实践转向"。只是马克思主义哲学的这种实践批判的本性一再地被遗忘了，这才使人们有必要重新强调。

　　在马克思以前的近代哲学，是完全闭锁在理性范围内的活动。哲学就是依靠理性，去设定前提和目标，运用理性的思辨去构造无所不包的体系。这种哲学是唯理智主义的，是"体系哲学"的哲学活动方式，脱离现实的人，脱离人的现实活动。这种倾向越来越强烈，以致走进了死胡同，走到了尽头。到19世纪中叶，黑格尔去世前后，整个欧洲哲学走向低谷，处于停滞、混乱的状态，于是纷纷寻找哲学的出路。出路何在？那就是打破唯理智主义的哲学传统，打破"体系哲学"的传统，面向人的生活，面向现实的人（现实的人的活动、人的世界）。这

　　* 本文是作者 2002 年 12 月在天津社联"理论创新"论坛所做主题发言的摘要。文章认为哲学的"实践转向"是一种世界性的哲学转向，马克思哲学是引领这一哲学潮流的，近十几年来我国领域哲学的兴起是重新强调哲学"实践转向"的结果和表现。原载《天津社联通讯》2002 年第 12 期。

就是所谓"实践转向"。马克思主义哲学就是在这样的背景下产生的，马克思的哲学革命干的就是这件事。

其实，除马克思以外，当时的以及后来的其他许多哲学家，如尼采、杜威、胡塞尔、海德格尔、维特根斯坦等，都是朝着这个方向寻找哲学的出路，他们都是以不同的方式强调哲学应当回归人的生活世界，应当从旧哲学所热衷的那种抽象的自在的世界，即脱离了人的生活、与人无关的世界（不论是纯粹的物质世界还是精神世界）回到同人相关联的、人生活于其中的、现实的生活世界。"找出路"这个说法极其恰当。因为不这样转向，哲学的生存都成了问题。可见，"回归生活世界"或"实践转向"，是世界哲学的共同走向，是由近代哲学向现代哲学的转向，是由一个哲学时代向另一个哲学时代的转向。马克思是引领这个哲学潮流的。当然，说"实践转向"是世界哲学的共同走向，并不是说马克思的哲学同其他哲学走的完全是同一条道。马克思哲学和其他西方哲学，它们的阶级基础不同，哲学旨趣不同，关于"生活世界"的内涵、关于人和这个世界的真实关系的把握和表述等也不同。因此，不可用"共同走向"的说法把它们又混为一谈。

按照马克思主义的理解，哲学的"实践转向"就是指哲学是对人类自身活动的反思，它不是指向与人无关的抽象的世界，也不是指向脱离现实世界的抽象的人自身，而是指向人的活动，人的生活，指向人生活于其中的现实世界。它的一个最重要的含义是哲学是人类生活的一个方面，是人类生活本身而不是置于人类生活之外的东西。马克思说："哲学不是世界之外的遐想，就如同人脑虽不在胃里，但也不在人体之外一样。"①如果把人

---

① 马克思：《第179号〈科伦日报〉社论》，《马克思恩格斯全集》第1卷，人民出版社1956年版，第120页。

类生活比作一个机体，那么哲学就是这个机体的头脑。哲学与人类生活是分不开的，就像头脑与身体分不开一样。哲学家首先是人，然后才是哲学家。所谓哲学思考，就是人在自己生活中、活动中已有所体验、有所领悟、有所认识的东西，在更深层上再加以思考，从而为人类的生存提供智慧和意义。除此以外，哲学家与其他人没有任何区别。哲学家能够思考的，只能是自己的活动，自己的生活，自己生活于其中的世界。这就是马克思的哲学观，是其哲学观的要点，是其推进哲学的"实践转向"的理由。用这种观念、这种理解，去指导哲学活动，那就是：哲学研究必须面向现实生活，哲学的新的生长点只能是在我们时代的现实生活中，哲学所要解决的问题只能是时代遇到的问题。

由此我们可以理解，最近十几年来，在我国领域哲学的兴起是重新强调哲学"实践转向"的结果和表现。

我国在哲学体系改革告一段落之后，20 世纪 90 年代初期，领域哲学纷纷兴起，如社会哲学、政治哲学、经济哲学、文化哲学、人的哲学、宗教哲学以及早有的科技哲学、道德哲学、艺术哲学，等等。兴起的原因很显然：市场经济的发展、社会生活的巨变，使现实生活中的问题层出不穷，因而需要更加贴近各个领域生活实际的哲学。同时，这也是哲学自身发展的需要。哲学的实践转向是哲学自身发展的一种趋势，也是自身发展的需要。哲学转向实践、转向人的现实生活，首先就要寻找走向现实生活的通道，这实际上是哲学视角的转换。如何实现这个转换呢？当然，哲学是一种总体性的思考，但现实世界直接呈现于哲学家面前的显然不是总体的，因而哲学思考的切入点不能是总体的，只能是某一点或某几点，只能是现实世界的某一个或某几个方面。浅白地说，哲学思考不能从总体入手而只能从方面入手，即不能从体系入手，而只能从问题入手。当然，哲学思考不能简单地停留于问题的层面，不能满足于对具体问题的理论解答，而是要追寻对世界对人生的总体性的理解，但要达到这个目的又只能从具体问题入手。这些具体问题只能存在于具体的领域，即便是各个领域都共有的普遍性的问题，也是分别存在于各个领域的，不会有任何游离于各个领域之外的问题。所以哲学研究不从头脑出发、不从概念出发，而要从实践和现实生活出发，就不能不深入到各个具体的现实生活领域。20 世纪 90 年代中期以后领域哲学的兴起确实是哲学实践转向的必然结果。哲学要与时俱进，必须寻找新的生长点，新的生长点只能存在于现实生活的土壤中。现实生活非常复杂，哲学的生长点也就不是一个点或几个点，而是全面的。只有从现实生活的土壤中，从哲学自身发展的逻辑中，全面地探寻哲学的生长点，才能从总体上推动哲学的前进。这就需要发展各个领域的哲学。哲学的与时俱进，首先就在于这种"领域"的与日俱增。

从现代西方哲学的状况也可以看出这一点。对于现代西方哲学，人们所熟悉的也只是它的各个领域的哲学，如社会哲学、历史哲学、科技哲学、语言哲学、道德哲学、宗教哲学，等等。哲学家的身份也越来越不清楚，他可能同时是社会学家、历史学家、心理学家、文学家。这种倾向贯彻下去到当代哲学，专业哲学的色彩越来越淡。这说明哲学视角转换以后，领域哲学的兴起是必然结果。

关于领域哲学，主要谈两点看法。一是领域哲学的兴起是哲学的大趋势，现在兴起是正当其时，这正是我前面讲的。归根到底，当前我国领域哲学的兴起是社会大变革的产物。变革时期旧的理论解释不了新的生活了，需要创造新的理论，所以现在是哲学研究最活跃的时期或者说真正需要哲学的时期。创造新的理论，过去那种就原理研究原理的办法是显然不行了。当然，创造新的理论就是要创造新的原理，否则就不是原创性的研究，但不能从原理出发。哲学理论的与时俱进，不仅包括个别理论原理也包括理论形态的更换，但绝不能以体系哲学的研究方式、思维方式去建构新形态。不能从某些自认为无可争议的、自明的、普遍的规定出发，用一些僵死的陈旧的概念范畴去编织，而应是面向现实生活、面向新的时代，对现时代的各个发展过程做出理论概括，再加以综合，而且必须从开始就认定，这样的概括和这样的综合都是历史的，永远不能把它看成是完成了的。当前最紧要的是把握住这个时代的问题，即把握住新时代新哲学的生长点，这就需要深入到这个时代社会生活的各个领域中去，先发展领域哲学，然后才有可能初步地建构马克思主义哲学的新形态。第二点，领域哲学只是哲学研究的入口或切入点，其最终关注的还应当是第一哲学，即本体论、价值论和认识论等，这是我千百次重复强调的话。领域哲学代替不了第一哲学，领域哲学的兴起能有力地推动第一哲学的发展，但它不是第一哲学；它有助于发挥第一哲学的社会功能但不能取代这个社会功能。人类之需要哲学最主要的是在于需要人类生活意义的终极关怀，所以人类永远不会停止形而上的追求，这是第一哲学的任务，领域哲学担当不了。当代西方领域哲学的兴起，它作为世界性哲学转向的一种表现、一种趋势，是应当肯定的。但它有一个重要思想背景，即"拒斥形而上学"的思潮，这对哲学发展的影响是很明显的。尤其是所谓后现代主义思想家提出取消"专业哲学"，以至于取消哲学本身，这是我们不能赞同的。我们的态度应当是，不拒斥形而上学，不拒斥第一哲学，不能没有终极关怀，但它应该是根植于现实生活的终极关怀，因此，应是由各个领域哲学切入，在各个领域哲学充分发展的基础上建立的第一哲学。这是就我们国家整个哲学事业来说，而非就每个哲学工作者而言。我们南开大学的社会哲学研究就是力求由此入手，为中国马克思主义哲学的发展探寻一条有效的路径。比如说，马克思哲学变革的一个重要环节，即是社会性维度的引入，这个维度在现代哲学里是很重要的。社会哲学作为对于社会生活的总体性把握，它对具体地理解社会性维度显然是极有意义的，由此探寻第一哲学的具体化、现实化的发展，探讨中国马克思主义哲学的发展应当是有益的。当然，其他领域的哲学都有各自的特殊意义，都有可能推进第一哲学的发展，社会哲学同其他领域的哲学应是合作的关系，不应有门户之见，不可互相排斥，而应互相补充合作。领域哲学更贴近现实，但它仍是哲学。不能用领域哲学代替第一哲学，更不能用具体科学代替哲学。以为"领域哲学"可以混同于具体科学，或者如某些后现代思想家说的可以用"直接叫作'理论'的书写"去取消哲学和科学的区别，那是极大的误解。哲学具有总体性、反思性，这是哲学的根本特点，也是其根本性优点，是哲学以外的任何"理论"所不能代替的。哲学的总体性、反思性，靠哲学思维所具有的思辨性来达到，没有思辨就没有哲学。哲学的思辨性是哲学的洞察力之所在。依赖于这种思辨，它可以达到事物的最深层次；依赖于这种思辨，它就可以寻根究底；它能寻根究底，也就可以瞻前窥远。所谓哲学的批判性、超前性都依赖于此。我们所反对的是脱离现实的抽象的思辨，然而对现实生活的深层把握却不能没有思辨。哲学的与时俱进应与其他理论不同，应具有超前性，能够引导现实活动，引导时代的前进。显然，只有经验的认识没有思辨是不行的。

增强哲学研究的问题意识[*]

20 世纪 90 年代以来，我国马克思主义哲学研究经历了从体系建构到问题解答的范式转换。这首先是研究出发点的转变，即从以体系、理论为出发点转向以时代问题、实践问题为出发点，可以称作哲学的"实践转向"。本来这个转向在马克思那里就已实现了，只是由于教条主义的影响，这种哲学精神后来被一些研究者所遗忘，这才有了今天的"再转向"。

马克思说过，"任何真正的哲学都是自己时代精神的精华"①。黑格尔也说过，"哲学是被把握在思想中的它的时代"②。哲学把握时代的精神，首先是把握时代的问题。时代的问题就是时代的矛盾。只有分析时代的矛盾，才能揭示时代的本质和发展趋势。这样的哲学才可以把握时代的精神实质，引导人们的价值选择，规范人们的思维方式和社会活动方式，引领时代、塑造时代。新的时代有新的问题。如果我们缺乏问题意识，不是从时代所面临的问题出发，不去面对时代的新问题，而是在旧理论内兜圈子，就不可能发挥哲学应有的功能，哲学也不可能前进。

所谓问题意识，首先是心中要"有问题"。哲学文章不能无

---

* 原载 2015 年 12 月 1 日《人民日报》。
① 马克思：《第 179 号〈科伦日报〉社论》，《马克思恩格斯全集》第 1 卷，人民出版社 1956 年版，第 121 页。
② 黑格尔：《法哲学原理》，商务印书馆 1961 年版，第 12 页。

的放矢、无病呻吟。有些文章用了很多哲学名词和理论，看上去很像哲学文章，读起来却没有什么"哲学味"，或者说没有"烟火气"，原因就在于远离火热的生活，抓不到实际问题，因而只能从概念到概念，只能是冷冰冰的概念堆砌，见不到问题本身，看不出它要针对和解决的是什么问题。有的文章似乎是在讲"问题"，但其"问题"是从理论出发自设的。这样的"问题"是假问题，而假问题就如同"没问题"。如果蓄意制造"问题"，那就是制造麻烦，会误导实践。从假问题出发进行研究，比"没问题"更糟糕。

　　哲学问题有其特殊性，因此哲学研究也有特殊性。实际生活是问题的发源地，但实际生活中的问题不是哲学直接研究的对象。必须把实际生活中的问题提炼或转换成哲学问题，即揭示出它所负载和包含的哲学意义后，才能作为哲学研究的问题。这个提炼或转换的工作，本身也是哲学研究的一部分。只有当我们找到了这样的问题，并且能够用哲学的理论和方法去解决这样的问题时，才算有了"哲学的"问题意识。社会生活中的实际问题往往不是按学科发生的，稍许复杂一点的问题，解决时都会涉及多个学科，需要进行综合研究。这更加凸显了哲学的重要性，因为哲学善于把握事物各方面的内在联系、具有综合的能力，可以为综合研究提供方法论、观念框架、逻辑基础。因此，哲学和其他学科的合作研究也是一种哲学研究，而且是值得提倡的哲学研究。

　　在当今时代讲问题意识，最应强调的是注重研究中国问题。如果中国的哲学研究者不研究中国问题，不努力把握中国社会变革发展的逻辑，那还谈得上什么问题意识，还谈什么真正的哲学研究？我国由改革开放和社会主义市场经济所推动的社会转型，是一种社会的整体性变革或结构性变迁，各种各样的问题会在社会生活的各个领域产生。与形形色色的社会问题相关联，人们的思想观念也空前复杂。而且，社会问题和思想问题互相缠绕、互相强化，使人们把握和解决问题的难度成倍增大。这正是需要发挥理论特别是哲学的作用的时代。因此，增强哲学研究的问题意识，不只涉及哲学研究的方式方法，同时意味着增强哲学工作者的责任意识、使命意识。

强调关注和研究中国问题，并不是说可以不研究外国和世界。中国的事情和世界的事情是紧密关联的，当今中国的许多问题已经上升为世界问题。在当今时代条件下，观察和思考中国问题，哪怕是"纯粹的"中国问题，也必须有世界眼光，善于从中国问题发生的世界背景出发，做到眼光是世界的、问题是中国的。就此而言，学习外国特别是发达国家的有益经验，学习和研究外国的先进理论和文化，说到底还是为了更好地把握和解决中国的问题。

哲学社会科学研究
应以我们正在做的事情为中心*

　　习近平总书记的讲话全面深刻地论述了哲学社会科学在坚持和发展中国特色社会主义事业中的重要地位，论述了马克思主义在哲学社会科学领域的指导地位，论述了构建中国特色哲学社会科学的指导思想、目标、途径和方法等，给了哲学社会科学工作者巨大的鼓舞，同时也指明了方向。总书记的讲话思想深刻，内容丰富，必须认真学习和消化。

　　习总书记说："我国哲学社会科学应该以我们正在做的事情为中心"，并且说"这是构建中国特色哲学社会科学的着力点、着重点"。①这就是要求我们的哲学社会科学研究面向现实实践，以现实问题为中心。这是总书记在论述中国特色社会科学应具有的原创性、时代性特点的时候讲的。当代中国的伟大社会变革，是在经历前无古人的大变动，它不是任何一种历史实践版本的再版。如何推进这场社会变革，如何解决社会变革中发生的种种问题，这在外国，在历史上，乃至在马克思主义的经典著作中都找不到现成的答案，找不到现成的教科书。都要靠现在的哲学社会科学工作者去研究、去探索。

　　* 本文为作者在天津市学习贯彻习近平总书记在哲学社会科学工作座谈会上重要讲话精神专题会议上的发言稿，原载于 2016 年 5 月 23 日《天津日报》、2016 年 6 月 24 日《南开大学报》。
　　① 习近平:《在哲学社会科学工作座谈会上的讲话》,《人民日报》2016 年 5 月 19 日。

　　哲学是时代精神的精华。哲学把握时代的精神，首先就是把握时代的问题即时代的矛盾。只有关注我们正在做的事情，研究现实实践中的问题，才能把握时代的矛盾，从而揭示中国社会变革发展的逻辑。各门社会科学的研究也是这样。社会科学作为经验科学，是受制约于它所解释的经验的。显然，依据西方经验建立起来的经济学，不足以解释中国的经济；依据于西方的经验建立起来的政治学也不足以解释中国的政治。同样，依据计划经济时期的经验建立起来的经济学、政治学，也不足以解释市场经济条件下的经济和政治，而必须研究正在做的事情，总结现实实践的新鲜经验，才能建构起新的适合现实实践需要的经济学、政治学。各门社会科学都是如此。习总书记说的"用发展着的理论指导发展着的实践"，就是说的这个道理。只有这样的哲学社会科学研究，才能给中国特色社会主义事业提供理论和智慧的支持。

　　当然，强调以现实问题为中心，以中国问题为中心，不是不要研究外国，也不是不要研究历史。关起门来研究，割断历史传承，都是不可能构建起有价值的哲学社会科学的。在当今时代条件下，中国的事情与世界的事情是联系在一起的，许多中国问题已经上升为世界问题。研究中国问题也必须有世界眼光，需要了解中国问题发生的世界背景。对于世界问题或人类问题，也必须给予应有的关注，提出解决人类问题的中国方案。这也是中国作为一个社会主义大国应有的担当。至于研究历史的意义更是不言而喻的。承续中国文化的血脉，从老祖宗那里吸取解决现代问题的思想和智慧，这本来就是哲学社会科学研究的重要任务。不懂历史、隔断历史还想建立起真正的哲学社会科学，这在任何时代都是不可能的。这些道理，习总书记都讲得很透彻了，强调以正在做的事情为中心，是哲学社会科学研究的"着力点""着重点",也是立足点。

习总书记说:"社会大变革的时代,一定是哲学社会科学大发展的时代。"①作为哲学社会科学工作者,不论老少,都应当响应习总书记的号召,肩负起推进哲学社会科学发展的光荣使命,努力做出无愧于时代、无愧于人民的贡献。

---

① 习近平:《在哲学社会科学工作座谈会上的讲话》,2016 年 5 月 19 日《人民日报》。

推进哲学研究的实践转向[*]

"哲学的实践转向"不是什么新鲜词儿。这个转向本来在马克思那里就已经实现了。马克思的哲学变革，就是实现哲学的"实践转向"。"哲学家们只是用不同的方式解释世界，问题在于改变世界。"①马克思这句彪炳于人类思想史的名言，就是一个哲学的实践转向的宣言。只是由于教条主义的影响，马克思开创的这种哲学精神，马克思主义哲学的这种实践批判的本性后来被我们一些研究者遗忘了，这才有了今天的"再转向"。我们今天讲哲学研究的实践转向，就是要把研究的眼光和精力转到现实实践上来，这就是习近平总书记讲的"应该以我们正在做的事情为中心"，以现实问题为中心，以中国问题为中心。当代中国的社会大变动，是中国历史的大转折，是实现中华民族复兴的伟大历史实践，具有空前的深刻性和复杂性，亟须哲学去关注，亟须创造性的哲学研究为它提供观念的引导。

推进哲学研究的实践转向，不仅是引导现实实践的需要，也是坚持和发展马克思主义哲学本身的需要。总书记说要"用发展着的理论指导发展着的实践"，这句话换过来说也是真理，那就是理论的发展必须在实践的发展中推进。对于马克思主义

 ＊ 本文为作者在天津市首届当代中国马克思主义论坛上的主题发言稿。原载《理论与现代化》2016 年第 5 期。
 ① 马克思：《关于费尔巴哈的提纲》，《马克思恩格斯选集》第 1 卷，人民出版社 1995 年版，第 57 页。

包括它的哲学，坚持和发展是不可分割的。不坚持，谈不上发展；不发展，也不能有真正的坚持。坚持马克思主义取决于两条：一是取决于坚持者有没有坚定的信念，坚定的马克思主义的理论信念，这是不言而喻的；二是马克思主义理论自身是不是具有能够坚持下去的力量。为什么在同样的国际环境下苏联、东欧国家坚持不下去了，而中国却能坚持下来？这原因就在于中国共产党人把马克思主义的普遍原理和中国社会主义初级阶段的具体实践结合起来，和新的历史条件与时代特征结合起来，创立了中国特色社会主义理论，发展了马克思主义，增强了马克思主义的活力。坚持马克思主义的这两个基本条件之间也是密切关联的。许多理论工作者，特别是老一代的理论工作者，他们的坚定的马克思主义的理论信念，固然同他们长期的政治修养和理论修养打下的基础有关，但也是在学习了、研究了、接受了改革开放以来马克思主义中国化的新的理论成果并体验到了它的巨大的实践效应，才使这种"不忘初心"的理论信念得到巩固和进一步升华的。所以，我坚信只有发展才能真正坚持的道理。理解这个道理，大有助于增强理论工作者的责任意识。我们是真坚持吗？那我们就要在发展马克思主义理论上下功夫，下真功夫！

要发展马克思主义理论，绝不能离开现实实践。就拿哲学的发展来说，要在哲学理论上有所创新，首先就要探寻哲学的新的生长点。这个生长点不在历史中，不在书本上，不在任何别的地方，而只能存在于我们时代的现实生活的土壤中。在历史上存在的，在书本中看到的，都是已经生长起来、甚至是已经成熟起来的东西，那不会是什么新的生长点。研究历史、学习书本都非常必要，但那是占有和积累哲学文化资源，也就是占有和积累解决问题的手段，哲学要解决的问题却只能是我们时代遇到的问题，那才是生长点。所以，哲学的创新和发展，其前提性的工作就是探寻哲学走向现实生活的通道。这也就是我们国家在 20 世纪 90 年代以来，各种领域哲学兴起的原因。这就是哲学的"实践转向"。我们南开大学的马克思主义哲学学科选择了社会哲学，认为社会哲学是哲学与现实社会生活会通的最佳渠道之一。我刚才讲的对于哲学的"实践转向"的基本理解，就是我们近 30 年来开展社会哲学研究的最重要、最基本的观念前提。

　　在社会哲学研究开展的初期，我们遇到的最严重的问题就是社会哲学存在的"合法性"问题。在马克思主义哲学里，有没有社会哲学，能不能有社会哲学？这在许多人思想上是存有疑惑的。我国学界普遍存在一种认识，即认为历史唯物论就是社会哲学，没有必要分离出一种社会哲学的专门形式。根据我们的研究，应当说这是一种误识。我们从马克思卷帙浩繁的著作中可以清楚地看出，他的社会历史理论是存在着历史哲学和社会哲学这两种不同的哲学维度的。历史哲学是从历史的发展过程中揭示人类历史的一般本性和一般规律；社会哲学则是直接关注现实社会生活的维度，它从具体社会形态的社会结构切入，研究人们的现实社会生活过程。我们所熟悉的唯物史观用马克思和恩格斯的话说，"是从对人类历史发展的考察中抽象出来的最一般的结果的概括"①，所以是一种历史哲学的维度，即一般历史观的维度。而实际上，马克思社会历史理论的许多重要内容是需要从社会哲学的维度去解读的。例如，马克思对欧洲资本主义社会的阶级关系、阶级矛盾和人的生存状况的考察，对欧洲资本主义社会的经济结构、政治结构和意识形态结

---

① 马克思和恩格斯：《德意志意识形态（节选）》，《马克思恩格斯选集》第 1 卷，人民出版社 1995 年版，第 73—74 页。

构的剖析，从各种社会矛盾相互交错、相互作用的社会整体运动中对欧洲社会发展的一般趋势的揭示，以及在同欧洲社会的比较中对东方社会的社会特征和发展道路的研究等，都是社会哲学的重要内容。在马克思主义哲学中，历史哲学和社会哲学这两个维度的关系，实质上就是唯物史观与现实历史的关系。

　　历史哲学和社会哲学这两个维度是相互区别又相互结合的。如果只是把握历史哲学的维度而忽视社会哲学的维度，就不可避免地会在理论认识上造成许多不良后果。其中之一就是会模糊唯物史观的理论实质和真正价值。如果只是一般地讲唯物史观，不讲社会哲学，就有可能把马克思关于社会历史的理论统统装进宏大叙事的框子，把马克思当时考察欧洲社会的一些具体的理论结论简化为抽象的历史观念，而当这些具体的理论结论被历史进程所修正时，有些人也就会借此而否定唯物史观的理论价值。我们后来有些历史唯物论的教科书越编越厚，往往把对于一定历史时期某个国家的具体社会矛盾、社会状况的认识结论也写进教科书，纳入"唯物史观"的理论体系，这就难免造成理论上的混乱。很显然，这样做的结果，不是抬高了唯物史观，而是严重地贬损了唯物史观。马克思有一个非常著名的论述，也很适合于我们这里讨论的问题。1877年，马克思在回应俄国民粹主义思想家米海洛夫斯基的评论时说："他一定要把我关于西欧资本主义起源的历史概述彻底变成一般发展道路的历史哲学理论，一切民族，不管他们所处的历史环境如何，都注定要走这条路……他这样做，会给我过多的荣誉，同时也会给我过多的侮辱。"①关于西欧资本主义起源的研究是会

_____

　　① 马克思：《给〈祖国纪事〉杂志编辑部的信》，《马克思恩格斯全集》第19卷，人民出版社1963年版，第130页。

有多学科的维度的，如经济学的维度、历史学的维度，也会有
哲学的维度。从哲学上讲，那只能是社会哲学的维度。可见，
马克思是非常不赞成将历史哲学和社会哲学这两个哲学维度加
以混淆的。所以，把握历史哲学和社会哲学这两个维度的关系，
开展社会哲学的专门研究，不仅是引导现实实践的需要，也是
在理论上坚持和发展马克思主义唯物史观的需要。

　　社会哲学作为一种哲学形式，当然也是对于人们现实社会
生活过程的总体性把握，它所面对的是一个庞大的社会生活体
系。因此，必须找到适合的切入点，否则，研究工作便无从下
手。而理论研究的切入点归根到底是由研究者身处其中的社会
实践背景所限定的。当代中国的社会转型无疑是社会哲学研究
的最好的切入点。

　　依据上述理解，我们选择了目前我国社会转型中提出的一
些重要问题进行了系统的哲学研究，并推出了一套"社会哲学
研究丛书"，含《当代中国社会转型论》《从领域合一到领域分
离》《市场经济的伦理基础》《社会转型的文化约束》《社会转
型与信仰重建》《效率与公平：社会哲学的分析》《社会转型代
价论》《转型社会控制论》《可持续发展——新的文明观》以及
《社会转型与人的现代重塑》等共10种。这些研究给人们提供
了一个观察当代中国社会转型过程的相对完备的观念框架。中
国的社会转型不同于西方主要资本主义国家的原发型的社会
转型，它是通过中国共产党领导的社会改革推进的，是一种自
觉的社会变革过程。开辟社会哲学的专门研究领域，正是为了
更集中、更有效地发挥哲学的探索功能和批判功能，揭示中国
社会转型的逻辑，帮助国人增强社会变革的自觉性，减少盲目
性。

　　当然，不在"社会哲学"的名义下，也可以进行这样的研

究。许多优秀的哲学工作者就是一直在唯物史观的指导下研究我国现实社会生活的问题，并且很有成就。但是开辟社会哲学的研究领域便可以使这种研究更自觉、更集中，有条件的单位，例如有一个志同道合的学术群体，或者说上述关于社会哲学的学科观念被学界越来越多的同人所认同，那就还可以使这种研究更加系统。

社会转型时期，新的问题是层出不穷的。随着改革的深化，社会哲学的研究也应随之深化。20 世纪末以来，政治生活中的问题越来越凸显，我们便把社会哲学研究的重点转向了政治哲学。从广义上说，社会哲学包括了政治哲学。事实上，在这个重点转移以前，在 20 世纪 90 年代中期以后，我们已经在"社会哲学"的框架下，做了若干政治哲学课题的研究，如市民社会、公共领域、公共政策、权力规范、协商民主等。我们现在正在进行的政治哲学研究，重点也仍是社会转型过程中发生的重大现实问题，如社会正义问题、民主问题等。

2011 年，又以南开大学哲学院为学术依托单位，创办了当代中国问题研究院。这个研究院就是要对当代中国社会转型过程中的重大实际问题进行专门的理论研究，为党和国家的战略决策提供理论的支持。目前正在进行三个方面的研究，其中规模最大的是社会主义协商民主问题。这些课题的研究是多学科的综合研究，但因为是侧重于理论的研究，而且主要以哲学院的马克思主义哲学学科为依托，所以它的底色还是哲学的，还是一种社会政治哲学的研究，或者说是哲学与其他学科的合作研究。

随着现实生活的变化，社会哲学的研究课题、研究方式也会有所调整和变化，但这个研究方向是应当坚持下去的。

上面花了不少时间讲了我本人和我所在的学术群体的学术

经历。这只是一个例子。我只是想通过这个例子来说明我想说的道理。我想说的道理就是题目所标明的，必须推进哲学研究的实践转向，这无疑是马克思主义哲学的正确的学术方向。例子不重要，重要的是它所说明的道理。

（二）社会哲学的兴起与意义

社会哲学：哲学改革的一条新思路[*]

问：近年来您和您所领导的学术群体的研究方向似乎有了很大的变化。您能给我们谈谈这一变化吗？

答：不错，我们的研究方向在这些年中的确有了很大的变化，由以往主要地注重哲学基础理论的研究转向了对于社会现实生活的关注，转向了对于具有直接现实意义的理论问题的研究。实际上，不只我们这样做，哲学界的不少同行在近几年也转向了对现实问题的研究。从某种意义上说，这是当今中国哲学的一个基本趋向，恐怕也是我们的哲学走出低谷、重新获得生命力的一条道路。有人将这一转向称为社会哲学的转向，我以为不无道理。近年来，各类学术刊物上研究社会现实问题的哲学论文明显增多，这是有目共睹的。就我们自己而言，早在20 世纪 80 年代中期以来就开始关注社会现实问题的研究，从1993 年起，我所招收的博士研究生的研究方向也改变为社会历史哲学，还在本学科的硕士研究生教育中增设了社会哲学这一新的方向。

问：您提到社会哲学的转向，我觉得这是一个很有意思的提法。但我也注意到，人们对于社会现实问题的意义、应当主

　　* 本文是《哲学动态》记者对作者的访谈录。作者在谈话中阐述了南开大学哲学系确定社会哲学作为主要研究方向的理由以及社会哲学研究的基本思路。原载《哲学动态》1995 年第 4 期。

要关注的对象以及研究的方法等，都有不同的看法，甚至对于社会哲学这一概念的理解也不尽相同。那么，您所理解的社会哲学研究是什么呢？

答：社会哲学到底包括哪些内容，人们历来有不同的理解。就国外的情况而言，可以称之为社会哲学研究的，有法兰克福学派的社会批判理论，杜威等人对于社会问题的哲学研究，以及某些哲学家对于社会科学的逻辑与方法论的研究，等等。此外，我以为从19世纪以来的诸多社会学大师们关于人类社会的一般理论也可视为社会哲学的内容。而在国内，自从20世纪80年代后期特别是90年代初期哲学界逐渐转向对当代中国社会现实问题的关注以来，我们也能看到不同的趋向。例如，有的侧重于吸取国外发展理论或现代化理论的成果，来描述并预测中国现代化的进程；有的倾向于重新阐述马克思主义经典作家关于社会发展的有关论述。我们自己这几年所进行的研究则是试图立足于中国作为后发展国家这一现实，考察现代化进程所必然导致的社会结构以及文化结构的变化，特别是市场经济的建立所导致的社会结构与文化结构的变化。就此而言，我们所理解的社会哲学主要就是对于市场经济所导致的社会结构与文化结构的转变的研究，或者可以说是对转型社会的研究。当然，这种研究是一种哲学层面的把握。

问：您对于社会哲学的理解的确是不同于他人的，这自然有您的考虑或理由。那么，您为什么做这样的理解？或者说，您所理解的社会哲学研究的意义是什么呢？

答：这个问题，说来话长。我们也不是一开始就这样理解社会哲学的。前面说过，我们对社会现实问题的关注始于20世纪80年代中后期，当时主要是出于哲学工作者的一种社会责任感去关心现实的，是想将马克思主义哲学的一般原理运用于研究当代中国现代化进程，从而为中国的现代化事业贡献一点力量。但随着研究的深入，特别是随着社会主义市场经济在中国的逐步建立，我们越来越清楚地认识到，社会哲学的研究绝不仅仅是便于理论联系实际的一种方式，或者如有的学者所说的那样，是哲学研究从高层次、高级位向低层次、低级位过渡的一种方式。从根本上说，这是时代给哲学提出的首要的课题。市场经济社会与以往的社会有着根本性的不同，以往社会的人们依据习惯和传统而生活，市场经济社会则是一个空前注重创新的社会，因而市场经济的建立必然要导致社会结构的巨大变化和复杂化，使社会和个人及群体的行动具有更大的不确定性和可选择性。这就对哲学和社会科学提出了全新的要求，要求它们能够把握社会结构的变化和市场经济社会运行的规律，为政府的决策及各种社会群体和个人的行动提供科学的理论依据。换言之，市场经济社会需要一种新的哲学研究方式，即社会哲学的研究。

同时，这也意味着我们的各门社会科学面临一个重建的任务。从社会科学的发展史来看，社会科学的兴起与市场经济的兴起是密切相关的。中国市场经济的建立所导致的社会结构及文化结构的根本性变化，也要求和必然导致中国社会科学的根本改造，或者叫作重建。而社会科学的重建是离不开哲学的支持的。我们认为，社会哲学的研究能够最有效地提供这种支持，其首要意义恐怕正在于它为重建中国社会科学提供概念框架或一般原理。如能做到这一点，将是它最大的成功。

问：您刚才谈的社会哲学研究对于重建各门社会科学的意义，非常深刻。那么，它对于哲学学科本身是否也有着重要的意义呢？

答：这是不言而喻的。一个社会的经济、政治、文化领域是密切相关的。社会的经济结构改变了，政治、文化便不可能不随之发生变化。哲学作为一种文化活动自然也不例外。我们常说哲学是时代精神的精华，正是说的哲学应当表达出一个时代的基本意蕴来，而不应当成为脱离时代精神基本趋向的明日黄花。但哲学要能够做到这一点，就必须首先把握住时代精神的脉搏，把握住现今社会的经济、政治、文化活动的基本趋向，而这正是社会哲学给自己提出的任务。换句话说，经济结构的巨大变化，给作为一种文化活动形式的哲学提出了重新定位的要求，而社会哲学的研究就正是表现出实现这个要求的一种努力。这种努力，当能为我们的哲学研究标示出一个与社会结构变化相适应的范围或方向来。在这个基础上，我们的哲学研究便有可能改革自身，使之真正成为时代精神的精华。

问：如您所说，您所进行的社会哲学研究目前主要是对于转型社会的研究，那么，它同历史唯物论是一种什么关系？是否可以把社会哲学理解为历史唯物论的一个特定方面或特例？

答：从一定角度上看，这种说法是有它的道理的。社会哲学作为对于转型社会的研究，自然是一种特定的理论，而如果我们将历史唯物论理解为一种一般的社会发展理论或历史哲学的话，那么，它们之间的确是一种特殊与一般、部分与整体的关系。但是，在这里我想说的是，我们以往对马克思的唯物史观在理解上是存在一些问题的。马克思并不是一个书斋式的哲学家，他并不企图关起门来构造一个适用于一切时代的抽象的理论体系。马克思把实践的观点作为自己哲学的首要的和基本的观点，马克思的理论是与现实生活实践之间保持着紧密的联系或者说保持着强大的张力的理论，而绝不是一些脱离现实生活的抽象原则。仔细阅读马克思主义创始人的著作，我们就会发现，他们所关注的问题，正是作为市场经济社会的一个特殊类型的资本主义社会的运行规律以及对于这一社会的扬弃。因此，按照我们的理解，马克思的唯物史观理论首先便是一种社会哲学。后来的一些马克思主义研究者将它抽象化为一种一般的历史哲学原则，本以为这样可以提高它的普遍性，但往往在很大程度上使它丧失了与现实生活之间的密切联系。当然，马克思的唯物史观理论确实是一种普遍性的理论，它揭示了人类历史的一些最重要的一般发展规律，但是，这种具有普遍性的一般原理绝不是脱离开对于他生活于其中的资本主义社会这一特殊社会的研究而构想出来的。而且，它不是僵死的东西，它只是为人们研究社会历史提供了一般的观念框架，只有当人们借助于这个观念框架去研究各个特殊的社会时，才能使它成为活生生的东西，也才能显示出它的普遍性的意义。就此而言，我们今天倡导社会哲学的研究，并不是标新立异，并不是脱离马克思所开拓的哲学道路，而恰恰是向马克思哲学基本精神的回归。当然，马克思所着重研究的是那种原发性的市场经济社会，而我们今天的社会哲学研究则面临着后发展社会这一特殊事实，这就需要我们依据新的历史条件去丰富和发展马克思的社会哲学。总之，不能认为，把社会哲学规定为主要是对于转型社会的研究，特别是规定为对于中国转型社会的研究，就好像不算是一种哲学的研究。

问：您的上述见解颇有启发性。但社会哲学还有一个与各门社会科学之间的关系问题，请您谈谈这个问题。

答：这个问题实际上也就是哲学和具体科学之间的关系中的一个方面。我的看法是，社会哲学与各门具体社会科学之间当然是有区别的，但要在它们之间划出一条非此即彼的严格界限却不容易，甚至不可能。西方科学哲学界关于划界问题争论了几十年，还是不了了之，就可以说明这点。因此，我们不能执着于二者之间的绝对区别，而只能就其相对的区别或分工去考虑。就其相对的区别而言，可以说，各门社会科学是从不同方面对于社会结构及其变化的实证的、具体的研究，而社会哲学则是一种总体上的把握。但毫无疑问，二者之间是互相渗透的。一方面，各门社会科学不可能不预设某些一般前提；另一方面，社会哲学也不可能不涉及一些具体的、实证的内容。在各门社会科学的发育阶段，二者之间的相互渗透尤为明显。这里，我还想顺便说说，我们的社会哲学和社会科学的研究都必须立足于中国。由于社会现象的极端复杂性，社会科学与自然科学是很不同的。不同国家、地区的不同学派之间往往有着巨大的差异，而这些差异总是与其独特的社会历史条件、文化、哲学传统密切相关的。这种关联既是一种客观的制约，同时也是一种客观的需要。这就是说，只有密切相关于本国社会历史条件和哲学文化传统的社会科学才是有效的和富有生命力的。因此，当今中国社会科学的重建固然必须充分吸收国外社会科学的成果，但更加重要的却是要把握住中国社会的总体上的独特性。这当中，社会哲学的研究，由于它立足于本国，又由于它研究方法的总体性特征，当能做出自己的贡献。

在社会科学成熟之后，社会哲学的主要任务将转向社会研究的一般方法论和对于各门社会科学基础的分析批评，但目前我国的社会哲学研究恐怕还只能主要地致力于对当今中国社会变革的总体把握，以期能更有效地支持社会科学的重建。

社会哲学研究的对象和任务[*]

　　我国现时期建立和完善社会主义市场经济体制的伟大战略目标和为实现这一目标而付出的种种努力，使我国社会正在经历全面而深刻的变革。这个变革过程一方面不断取得令人瞩目的成就并显示出令人振奋的前景，另一方面也伴生着种种新的社会问题并且蕴含着种种社会风险。社会变革过程的曲折性和复杂性要求我们对变革过程不能仅仅停留在经验层面的认识上，而是必须具有高度的理论自觉。为此，我国哲学界不少学者极力呼吁建构社会哲学，并对社会哲学的对象、性质和任务等问题做出了十分有益的探讨。应当说，这一崭新的研究动向，标志着我国哲学正在努力从与原有的社会体制相适应的传统框架中走出来，通过开辟新的研究领域，使哲学在社会变革过程中承担起理论自觉的重要职责。这是伴随社会转型而发生的哲学转型。

　　当然，就目前情况来看，我国的社会哲学的研究尚处在起步阶段。一些学者已开始对建构社会哲学的理论体系投入较高的热情，而我们则认为，由于对我国正在经历的社会转型过程尚未做出比较完整的理论把握，至少眼下建构理论体系的条件

　　* 本文阐述了对于社会哲学的学科性质的初步认识，其中最重要的是提出了马克思主义社会历史理论有历史哲学和社会哲学两个基本哲学维度的思想。与阎孟伟合作，原载《南开学报》1996 年第 6 期。

还很不成熟。社会哲学的研究应当首先从现实问题出发，通过对现实问题的理论研究寻找社会哲学的生长点，而不能从原有的理论原则出发来演绎社会哲学的体系。本文试图从社会哲学与历史唯物主义哲学、社会科学和中国社会的社会转型的一般关系上阐明我们对于社会哲学研究的对象和任务的一些初步看法。

一、社会哲学的研究对象

建构社会哲学面临的首要问题自然是社会哲学的研究对象问题。然而，就目前我国学者对这一问题的探讨来看，虽不乏真知灼见，但在总体上又不能令人满意。例如，许多学者认为，社会哲学的研究对象应当是人类社会及其历史发展的一般本质、过程和规律。这种说法其实并没有显示出社会哲学与以往哲学历史观的区别，只不过给后者冠之以新的名称，因而实际上也就是取消了建构社会哲学的任务。还有学者认为，社会哲学是把唯物史观的理论框架广泛应用于社会生活各个领域，主张社会哲学应当包括的理论内容是社会起源论、社会实践论、社会系统论、社会价值论、社会交往论、社会认识论、社会整体论等以往国内的历史唯物主义研究较少触及的领域。这种主张看似易于建立一种较完整的理论体系，但却依然是一种十分传统的研究方式，没有通过建立社会哲学而确立起哲学面向生活世界的新面目。当然，社会哲学首先是一个宽容的学术研究领域，完全允许学者们从不同角度确定社会哲学的研究对象、方法和具体内容，而且无论从哪一个角度进入社会哲学研究领域，都有益于扩大和深化对社会历史问题的哲学把握。区别只在于，哪一个角度更有利于哲学研究切入现实生活，更有利于哲学在社会变革过程中充分发挥它的先导作用，从而也更利于最终建立起适合于我们时代的科学的社会哲学理论体系。

我们认为，确定社会哲学的研究对象，首先必须理解时代赋予哲学的任务。真正的社会哲学或社会科学都是在社会发生根本变革或转折的过程中产生的。因为只有在深刻的社会变革日益改变人们久已习惯的旧秩序时，社会结构的复杂关系、内在本质和内在矛盾才能充分地显露出来，使人们有可能拨开笼罩于历史表面的重重迷雾，去发现历史的真实面目。同时，也只有在感受到社会结构的变迁所带来的强烈震撼时，人们出于对人类自身利益和命运的关注，才会激发出探究和把握历史的热情和主动精神。社会转折意味着人与自然的关系、人与人的社会关系、社会结构、社会文化、人的存在方式和生活方式发生根本性的变化，这种全面的社会变迁不是哪一个局部性的理论可以完全把握的，而必然有赖于各种社会科学的共同努力，更需要哲学的理论思维超越具体科学的领域局限，去把握社会结构变迁的总体特征，并使社会科学的共同努力成为可能。社会哲学是对于社会历史转折的理论自觉。当社会主体在社会变革中面临种种可能的发展前景时，它将为社会主体选择综合发展、协调进步的模式提供理论的武器，使人类自觉地把握自己的命运。因此，每一时代的哲学和社会科学，不论其具有何种超越时空的抽象性，它的历史任务已被它的时代明确限定。我们今天建构社会哲学，更应当自觉地明确时代所赋予我们的历史任务，使我们的理论不仅有宏大的历史纵深感，而且有十分强烈的时代感和现实感，使理论的花朵结出现实的果实。

近代的社会哲学正是产生于社会变革或社会转型过程之中，是对社会变革和转型的理论把握。社会变革或社会转型的基本的含义便是社会结构的变迁。只有通过对社会结构的深入剖析，才能真正把握社会变革和转型的实在内容。因此，我们可以这样认为：社会哲学是以社会结构及其变化为基本的研究对象，或者说社会哲学是以对社会结构的研究为考察社会历史问题的基本出发点，研究那些必须通过对社会结构的剖析才能真正得以解决的社会历史和现实问题。今天中国的社会转型正是中国社会的深刻的结构性变迁，它为我们创建具有中国特色的社会哲学理论提供了最好的历史机遇。

我们确认社会结构为社会哲学的研究对象，与其说是出于一种哲学本体论意义上的选择，毋宁说是出于一种哲学研究的方法论上的选择。对于人类社会及其历史发展来说，真正具有本体论意义的，无疑是现实的个人及其现实的活动，即社会主体的实践活动。"以一定的方式进行生产活动的一定的个人，发生一定的社会关系和政治关系。……社会结构和国家经常是从一定个人的生活过程中产生的。"①这就是说，在社会历史哲学中，社会结构并不具有究竟至极的本体论意义，它的形成与演变根源于人的实践活动即根源于社会生活的实践本质。作为对社会变革过程的哲学探讨，社会哲学也必将从人及其社会生活的实践本质出发探讨社会结构生成和演变的特征和规律，揭示社会结构变迁的最终根据。当然，肯定社会结构从个人的生活过程中发生，并不意味着可以把对社会结构的分析还原为对个人活动的分析，甚至像国外某些主张"个人原子主义"观点的学派那样，还原为个人的心理或个人行为的主观意义。人在本质上是社会的存在物，一旦人们之间的社会交往活动和交往关系把个人的活动或个人的生活整合为社会性的共同活动、共同

---

① 马克思和恩格斯：《费尔巴哈》，《马克思恩格斯选集》第1卷，人民出版社1972年版，第29页。

生活，那么，也就会产生对于构成这种共同生活过程来说是必不可少的那些社会生活基本因素。所谓社会结构就是指这些社会基本因素之间的相对稳定或相对固定的相互联系、相互制约的关系或相互结合、相互作用的方式。例如，社会经济的总体过程是由生产、分配、交换、消费四个方面的基本因素或基本环节相互制约、相互作用而构成的有机整体，而社会生活的总体过程则是由经济的、政治的和思想文化的诸方面因素相互制约、相互作用而构成的有机整体。这些社会生活因素以及它们之间的结构关系仅仅同共同生活相联系而存在，并使共同生活或社会系统具有在质态上不可还原为个人的整体性质。因此，在社会性的共同生活的层面上，社会结构是一种客观的社会现实，它产生于个人的生活过程，但一经形成，又反过来制约个人的行为、观念或心理。社会不过是共同生活的总体和过程，个人也总是共同生活中的个人。这就意味着社会结构既是社会的存在方式，又是个人的存在方式，同时也是个人与社会的关系的存在形态。社会哲学把社会结构作为自己的研究对象，就是要在人们的共同生活的层面上，研究社会有机系统内部各种社会生活因素之间相互制约、相互作用的机制以及社会系统发展演化的状态和规律。因此，把社会结构及其变化作为研究对象，是具备社会哲学的学科层面所要求的对象的确定性的。

从研究对象上看，社会哲学并不是一般意义上的哲学历史观。一般的哲学历史观是研究人类社会历史的一般本质和普遍规律，为人们考察社会历史问题、社会生活现象和各种社会生活过程提供最一般的思维形式、概念框架、逻辑基础和最基本的价值信念。这是哲学的一般任务。这不属于社会哲学本身的任务，而是社会哲学的"第一哲学"基础。社会哲学把社会结构作为自己的研究对象，表明即使哲学历史观也不是包罗万象的理论学说，它有自己确定的研究范围。以往我们对社会历史问题的哲学探讨是在统一的追究社会历史的一般本质和普遍规律的理论模式下进行的。今天，我们正在经历的社会变革和转型过程所具有的复杂性，迫使哲学工作者必须突破原有的研究模式，选择不同的角度或切入点对社会历史问题进行多维度的研究，从而形成价值哲学、文化哲学、发展哲学、政治哲学、伦理哲学等种种研究领域。可以想见，这些研究领域一旦具有相对完备的理论形态，就会构成我国"哲学中程理论"的学科群体。社会哲学是这个群体的成员。在这个群体中，每个分化出来的学科就自身的研究角度和范围而言，均有独立存在的价值，如果哪一个学科从自身的研究角度出发试图建构包罗万象的体系，都必然会失去自身存在的必要性。当然，在社会历史领域中，有许多理论问题对于各个分支学科来说是共同的，如主体和客体的关系问题、历史过程和规律问题、人与自然的关系问题、个人与社会的关系问题、历史决定论与历史选择论的关系问题、文化问题、价值问题，等等。这些问题是任何意义上的哲学探讨都不可回避并具有根本性意义的问题，不同的分支学科从不同的角度揭示这些问题的不同方面的内涵，更能显示这些问题所具有的全部丰富性。但是，如果哪一学科从自身的研究角度出发，认为自己对这些问题的解决具有统摄一切的唯一性，那就只能是不切实际的。

二、马克思哲学的两个维度与建构当代
社会哲学的理论任务

历史唯物主义是马克思和恩格斯创立的哲学历史观。这种

历史观揭示了人类社会客观的、辩证的本性及历史发展的客观规律，对于科学地考察社会生活现象和社会历史问题具有极为重要的方法论意义。我们今天所要建构的社会哲学只能是以唯物史观为"第一哲学"基础。无论是对社会结构的剖析，还是对社会变革或社会转型的理论把握，均须立足于唯物史观的原则、立场和方法，并且依据新的历史时代所涌现出的新经验、新问题和新趋势，完善和发展唯物史观的基本理论。

　　然而，社会哲学与马克思主义哲学的关系并不仅限于此。从马克思和恩格斯卷帙浩繁的理论著述中，我们不难看到，马克思主义的社会历史理论事实上有两个基本的理论维度：其一是历史哲学的维度，即我们所熟知的唯物主义的哲学历史观的基本理论和方法；其二是社会哲学的维度，而这个维度却正是我们以往注意不够的。马克思和恩格斯所处的时代仍是欧洲社会从以自然经济为基础的传统社会向以商品经济为基础的现代社会的转型时期，他们的大量的理论著述都是以把握这个转折过程的特征和规律为主旨的。如在《1844年经济学哲学手稿》《哲学的贫困》《资本论》《政治经济学批判》等著作中，马克思研究了商品经济产生、发展和演变的历史过程，分析了商品经济形式的本质和内在规律，从商品经济的历史发展过程中揭示了资本主义社会形态产生的历史必然性，并深入剖析了资本主义社会的经济结构和社会结构及其内在矛盾。在《黑格尔法哲学批判》《神圣家族》《德意志意识形态》《法兰西内战》《路易·波拿巴的雾月十八日》等著作中，马克思和恩格斯考察了转折时期欧洲社会阶级矛盾和阶级斗争的发展状况，对资本主义社会的政治结构和意识形态结构的形成及其实质特征进行了深入的剖析。此外，马克思和恩格斯在上列著述中，还始终把人的发展问题作为全部理论的中心问题，探讨了资本主义商品经济的发展怎样使人从传统社会中"人的依赖关系"摆脱出来，获得了"以物的依赖性为基础的人的独立性"，分析了商品经济的发展如何使人的全面的社会关系和人的全面的能力体系得以形成，以及商品经济在私有制条件下怎样造成人的全面"异化"，并指出实现人的全面发展和自由个性的现实条件与途径。可见，马克思主义哲学所关注的正是自己时代的任务。从这个意义上说，马克思主义哲学的这方面内容亦是把握社会变革或社会转型过程的社会哲学。今天，我们特别需要从社会哲学的视角去发掘和理解马克思学说中这方面的丰富内容。

　　我们所要建构的社会哲学可以说是马克思社会哲学理论在新的历史条件下的延续和发展。今天，从世界经济、政治和科学文化发展的总体上看，以自然经济为基础的传统社会向以市场经济为基础的现代社会的转折过程并没有结束。市场经济是社会经济形态发展的不可逾越的发展阶段，包括中国在内的绝大多数发展中国家仍在致力于建立和完善市场经济体制以加速现代化的进程。因此马克思关于商品经济形态形成和发展的学说、关于商品经济的一般特征及内在矛盾和内在规律的学说、关于商品经济条件下人的存在和发展的学说以及他对资本主义社会经济、政治和思想文化结构的分析和批判，对于我们把握正在经历的社会转型过程仍具有现实的意义。特别是马克思社会哲学理论中关于历史向"世界历史"转变的思想、对于东方社会和亚细亚生产方式等有关落后国家社会特征和发展道路的考察和分析，对我们认识今天发展中国家的社会发展问题更具有极其重要的理论价值。以往我们在理论上更多的是注重马克思主义哲学的历史哲学维度，而忽视了它的社会哲学维度，其重要原因之一就在于我们过去始终把市场经济理解为与社会主义经济格格不入的资本主义经济。今天，当我们致力于发展市场经济时，马克思所分析、所揭示、所批判的那些现象、事实和问题正在我们身边发生，这就迫使我们不能不重新去认识马克思主义哲学，发掘马克思主义哲学中的社会哲学的思想和理论。

当然，我们正在着手建构的社会哲学与马克思的社会哲学在理论内容上又是有所不同的，这个不同首先是由时代特征的根本性转变决定的。英、法、德等欧洲主要资本主义国家从自然经济形态向市场经济形态（即从传统社会向现代社会）的转变开始于16—17世纪，完成于19世纪，而绝大多数发展中国家自主地发展本国的市场经济则是在20世纪40年代中后期（即第二次世界大战以后）才开始的。当代社会发展理论将之区分为"先发国家"和"后发国家"。显然"先发"和"后发"的区别不仅仅是时间早晚，更重要的是先发国家若干世纪的发展从根本上改变了世界经济、政治和文化发展的格局，从而使后发国家的社会转型过程处在与先发国家转型时期完全不同的国际环境和历史条件中，并因此面临完全不同的社会问题。

以英、法、德、美为代表的西方国家向以市场经济为基础的现代社会的转型，是随着商品经济的发生和发展而自发地实现的，较少受其他民族国家经济、政治和文化发展的影响。然而，资本主义市场经济在这些国家充分发育的过程同时也是资本的国际化过程。通过世界市场的开拓和殖民化过程的扩展，各民族国家自我封闭的经济和文化锁链被市场经济这把"利刃"斩断，民族国家的历史开始迅速地向世界历史转化。特别是20世纪以来，随着现代交通和通信技术以及跨国公司、世界银行和多边经济关系的飞速发展，随着发达资本主义国家之间为争夺原料产地和商品市场而展开的经济、军事角逐以及第三世界国家争取民族独立和解放的斗争，世界范围内的经济、政治和文化已形成了一个普遍相互依赖、相互制约的体系。生存和发展不再是一个民族或国家自身的事情，各民族国家自发的发展道路已被终止。广大发展中国家起初是在资本主义殖民化过程中被卷入这个日益扩展的世界体系中，备受资本主义宗主国的剥削和掠夺。第二次世界大战以后，大部分发展中国家在政治上获得独立，但其通向现代化的发展过程仍不能不受世界体系的制约。一方面，在世界体系中广泛的、密切的经济、政治和文化的交流与渗透使发展中国家有可能通过借鉴先发展国家的经验教训、吸收现代科学文化发展的优秀成果，并利用国际援助和国外资本的流入而在较高的起点上获得跨阶段发展的机遇；另一方面，由于各个国家和地区经济、政治和文化发展的不平衡性，这个世界体系又充满了矛盾和抗争。

　　由于时代条件发生了根本变化，使发展中国家向市场经济社会的过渡，在其经济发展、结构变迁和文化更新等一系列问题上都表现出与"先发"国家的社会转型过程不同的性质和特征。

　　从社会结构的角度看，"先发"国家由传统社会向现代社会的过渡，都经过资本的"原始积累"，完成了农业经济的商品化，从而确立了资本主义的"一体化"市场经济结构。与此相适应，社会政治结构和思想文化结构也通过资产阶级革命实现了从传统社会类型向与市场经济结构的功能要求相吻合的现代社会类型的转变。同西方发达国家相比，发展中国家却普遍面临"结构二元性"的困扰。所谓"二元结构"首先是指发展中国家经济结构中存在着其性质和结构完全不同的两种经济形式，即生产效率低下、经营方式落后的自给或半自给性农业经济和生产效率较高、经营方式较为先进的现代工业经济。这种二元结构起初是资本主义殖民化过程的结果，第二次世界大战以后，获得独立的发展中国家为了摆脱贫困状况片面追求工业化而忽视了对农业经济的改造，致使经济结构的"二元性"被牢固化。在"二元结构"中，城市工业的迅速发展导致城市消费的畸形膨胀，农业经济则因投资增长缓慢而长期滞留在自然经济模式中，城乡之间生产方式、生活方式和分配方式以及城乡居民的经济收入和文化教育水平上的差距越来越大，从而抑制了一体化市场经济的形成，使市场经济的均衡机制或价值规律的调节手段不能充分发挥作用。经济结构上的"二元性"必然延伸到政治领域和思想文化领域，造成整个社会结构的"二元性"，相互矛盾的社会体制以及难以相容的发展策略持续不断地引起社会内部的紧张和动荡不安。

在文化更新问题上，西方国家的文化变迁是在资本主义市场经济发育过程的推动下发生的。文艺复兴时期的人文主义运动、宗教改革运动和启蒙运动从根本上改变了人们传统的文化价值观，确立了与资本主义生产方式和生活方式相适应的文化精神，解除了束缚新生资产阶级手脚的精神锁链，从而为资产阶级革命的完成，为资本主义经济、政治体制的确立，提供了智力支持、心理准备和文化背景。而大多数发展中国家没有经历市场经济自发的、完整的发育过程，因而在自身的经济结构的演变中缺乏刺激本土文化发生变革的因素。社会体制所包含的组织体系、规范体系、目标体系和权利体系（政治体系）均以一定的社会文化价值观为基底。如果社会成员普遍缺乏与现代化过程相适应的文化价值观念，势必对现代化过程所必须经历的结构变迁缺少必要的思想准备、智力支持的心理承受力，自觉或不自觉地抵制结构变迁。追求经济增长易于成为贫穷落后国家所倾心的目标，而一旦要从根本上变革社会结构，确立新的发展模式，那么在需要变革的任何一个地方，都会遇到人们久已习惯的传统价值观念的抗拒。

发展中国家在社会转型过程中所遇到的一系列重大问题是马克思和恩格斯在他们那个时代不可能完全预料到的。因此我们必须建构属于我们这个时代的社会哲学。这个社会哲学应贯彻马克思主义哲学的基本精神，从哲学的高度消化我们这个时代世界范围内经济、政治和文化变革的巨量经验，批判地审视现实，回答关涉人类命运的种种问题。

三、社会哲学与现代中国社会的转型

同世界上绝大多数发展中国家一样，中国社会目前也正处在向市场经济社会的转型过程中。这个转型过程在其基本特征和所面临的社会问题方面，既有与其他发展中国家大致相同的一面，又有自身明显的特殊性。这种特殊性不仅表现在地域条件、经济发展水平和文化传统上，更重要的是表现在，中国是在社会主义条件下自觉选择发展道路的。我们的社会哲学不只是通过对社会结构的剖析，研究和把握社会转型时期结构变迁的一般特征和规律，更为重要的是研究中国社会的转型过程。这不仅是因为中国的社会哲学理应关注中国社会的命运，而且因为中国社会的转型过程具有普遍的、深刻的世界历史意义。

中国经历了完整的原始社会、奴隶社会和封建社会发展时期，因此，中国在历史上曾经是以自然经济为基础的传统社会的最典型、最完备的形态。1840 年鸦片战争的爆发，标志着中国社会开始被拖入由"先发"的西方资本主义国家所造就的资本主义世界市场体系，沦为半殖民地、半封建社会。20 世纪初，孙中山领导的辛亥革命推翻了满清王朝，结束了中国两千余年封建社会的历史，但中国社会半殖民地、半封建的性质并没有发生根本的改变。事实上，在近代中国这样一个幅员广大、人口众多、经济落后的国家，从传统社会沿袭下来的私有制经济，一方面自身缺乏向市场经济过渡的变革因素，另一方面由于本国经济与发达国家之间的巨大位差又不可能阻止国外资本主义势力的侵入。因此，国外资本主义对中国的商品和资本的输出的结果必然是使中国社会形成十分典型的"二元经济"模式。

1949 年中华人民共和国的诞生，结束了国外资本主义势力强制扭曲中国经济政治的历史，真正恢复了国家主权，确立了以生产资料公有制为基础的社会主义制度，并赢得了经济发展所需要的和平环境。但是，在选择和确立社会主义经济发展模式的问题上，或者说在建立怎样的经济、政治体制以促进国家的现代化的问题上，则不能不说我们走了很长的一段弯路。由于在指导思想上对市场经济是社会经济形态发展不可逾越的历史阶段这一客观规律缺乏正确的认识，甚至把市场经济看成与社会主义制度根本对立的资本主义经济形式，从而力图通过非市场经济模式即所谓高度集中的计划经济体制，步入现代化建设的进程。不能否认，这种经济、政治体制在特定的历史条件下发挥了重要作用。但从我国社会生产力与生产关系矛盾运动的客观特征和要求上看，这种经济、政治体制在一开始就存在着阻碍生产力发展的反功能。这种反功能在社会主义建设过程中越来越明显，以至严重地阻碍了我国社会生产力的发展和人民生活水平的提高。20 世纪 70 年代末，即"文化大革命"结束后，党和国家通过认真反思以往革命和建设的经验教训，以极大的勇气发动了气势宏大的经济政治体制改革。90 年代初，党中央又在科学地总结了十年改革开放的经验和教训的基础上，深刻地认识到市场经济是社会经济形态发展的不可逾越的阶段，明确确立了"建立和完善社会主义市场经济体制"的战略目标。由此，中国人民在共产党领导下开始了自觉地从非市场经济社会向市场经济社会的伟大历史转变。

然而，迄今为止，现代市场经济的成功的范例均是在资本主义私有制条件下产生的，以往的理论亦把市场经济与资本主义等同起来，或认为只有在资本主义私有制条件下才能建立完备的市场经济体系。在社会主义公有制条件下建立完备的、甚至比资本主义市场经济更为优越的市场经济体系，则是前无古人的创举。因此，社会主义市场经济是否可能，是具有普遍的世界历史意义的理论问题和实践问题。它的成功，将证明资本主义市场经济并不是市场经济的唯一模式，社会主义国家在公有制条件下也同样可以通过发展市场经济而实现经济和社会的现代化。

在公有制条件下建立完善的市场经济体系必然会遇到资本主义市场经济发育过程所不曾遇到的新问题。其中最具有根本性的问题至少有如下几个方面。

第一，社会主义市场经济体制的特殊性问题。曾有一段时间有些学者认为，市场经济就是市场经济，没有资本主义和社会主义之分。现在看来，这种观点是片面的。不能否认，市场经济作为一种资源的配置方式，具有自身的基本特征、运行规则和动态规律。但是在任何经济形态中，生产资料所有制形式都是决定其经济利益实现方式的前提。因此在社会主义公有制条件下，市场经济的动态过程必然具有资本主义市场经济不尽相同的特征。这个问题实际上就是社会主义市场经济的特殊发展模式问题。建立社会主义市场经济体制，一方面不能违背市场经济本身的运行规则和基本规律，另一方面也不能把资本主义私有制条件下市场经济的特殊运作方式当作市场经济的一般特征强加给社会主义市场经济。

第二，资本主义市场经济经过数百年的发展，始终存在着公平与效率、物质进步与人的异化、市场主体的特殊利益与社会整体的普遍利益等矛盾。这些矛盾是一般市场经济自身无法克服的内在矛盾，还是资本主义市场经济无法克服的矛盾？社会主义市场经济能否较之资本主义市场经济更有力地克服这些矛盾，或者说在社会主义公有制条件下，能否通过发展市场经济最终创造出超越市场经济的经济和社会发展模式？

第三，由计划经济体制向市场经济体制的过渡与由纯粹的自然经济体制向市场经济体制的过渡相比，在社会结构的转型方面有哪些根本的不同？社会经济、政治和思想文化机制怎样通过观念更新和制度创新形成与社会主义市场经济发展要求相适应的运作方式？

第四，建立社会主义市场经济体制必然会引起全面的社会转型，在这个转型过程中，社会必须有选择地把主要力量放在必须优先解决的主要问题上，而使其他问题的解决不同程度地受到延滞，这就意味着转型过程必然伴随着代价的付出。一般来说，追求没有任何代价的社会进步，只能是不切实际的空想。但问题在于，什么是社会转型所必须付出的代价，代价的付出是否有合理的限度，以及如何使这些代价得到合理的补偿。

第五，社会发展既有其不依人的意志为转移的客观机制和客观规律，同时又包含着人的精神支持和价值追求。任何彻底的社会变革都必然以文化价值观念的转换和精神世界的重建为前提。因此，建立和完善社会主义市场经济体制作为自觉实施的社会工程，必须特别注重把握文化更新的特征，注重对文化价值观念的转换进行科学引导，创造有中国特色的中国现代文化，使社会主义市场经济的发展得到坚实的精神支撑。

　　上述问题本质上是全面的社会问题。只有通过剖析社会结构，揭示其动态过程的具体机制，才能为这些问题找到真实的答案。建立社会主义市场经济本身必然是一个全面的社会改造过程，因为在社会有机系统的整体结构中，经济体系与政治体系、思想文化体系互为前提和条件，没有与现代市场经济相适应的现代政治体系和思想文化体系，经济体系不可能只身进入市场经济的轨道。当然，社会结构及其变迁的复杂性往往是理论难以穷尽的，但停留在经验的认识水平上更会使人感到扑朔迷离。一步行动的纲领或计划、一项改革的措施或方案往往会在变动不居的社会生活中引起一系列的后果，而这些后果并不一定都有利于我们目标的实现；一个局部的变化往往会牵动整体的各个部分发生变化，而这些变化并非是我们都能预料到的。在我国建立和完善社会主义市场经济体制是一个自觉的过程，而过程的自觉来自理论的自觉。尽管我们从事这个前无古人的事业，难免要在成功与失败的起伏中进行艰苦的摸索，但我们必须避免这种摸索的盲目性。正是中国社会转型过程的特殊性，决定了建构具有中国特色的社会哲学理论的特殊必要性。

四、社会哲学与社会科学

　　应当说，各门社会科学在自己的研究领域内，都包含着对结构问题的探讨，如经济学对经济结构、政治学对政治结构、文化学对文化结构的研究，等等。这些研究及其所产生的巨量成果对于社会哲学的研究来说都是极为宝贵的经验材料。但是，社会哲学对社会结构的研究又不同于社会科学。其一，社会哲学不是研究局部领域的结构关系，而是把社会生活理解为一个活生生的有机整体，从这个有机体的动态过程中研究经济、政治和思想文化等诸方面社会生活基本因素之间的结构关系。这种研究只有专属哲学的思维才是可能的。因为，只有哲学的思维才能真正打破学科领域的局限，把握社会系统的整体性。事实上，当代各门社会科学已经普遍地感受到囿于自身领域的研究并不足以透彻地把握过程本身。许多在局部领域发生的现象或问题，实质上是多个领域或多种生活过程交互作用的综合结果。只有把社会生活的各个领域联系起来，研究它们相互作用的结构关系，才能有助于全面地把握发生在每一局部领域中的各种社会现象和社会问题。社会哲学正是要通过对社会整体结构的研究，为综合地把握社会现象和社会问题，为各门社会科学研究的相互过渡提供基本的思维形式和方法。其二，社会哲学对社会结构的研究具有哲学的反思性和批判性。也就是说，社会哲学不仅仅研究社会结构本身，而且要通过对社会结构的一般特征和动态规律的分析，批判地考察人们关于社会结构的种种观念或理论，为各门社会科学研究社会结构奠定概念框架和逻辑基础。20世纪上半叶，量子力学所引发的物理学革命之所以引起了旷日持久的哲学论战，就是因为物理客体的量子态与经典物理学理论提供的物理图景的冲突，使物理学者们在着手建立量子理论时发现，真正的困难不是发生在对观测事实的解释上，而是发生在作为物理学理论的概念基础的各种基本的哲学观念上。今天，我国社会科学必然经历同样的过程。建立和发展社会主义市场经济体制的伟大实践正在引起全面而深刻的社会变革，经济的、政治的和思想文化的各个领域，在其总体结构、运行机制和制度建设等方面正在发生根本性质的变化，这就使研究这些领域的各门社会科学都面临理论重建的艰巨任务。而任何科学理论都以一定的哲学观念为其理论的底层基础，并且这些哲学观念还作为世界观、历史观和价值观支配着科学研究的态度和方法。当新的经验事实、新的情况和问题冲击着隐含在科学理论中的哲学观念时，建构新的社会科学理论就必然呼唤哲学的变革，必然要求形成能够支持理论变革的新的哲学观念。社会哲学正是由此应运而生的，它应当肩负起这一神圣的历史职责。

从某种意义上说，当代一些社会学理论，如布劳的社会交换理论，帕森斯和默顿的结构-功能理论，法兰克福学派的批判理论，米尔斯、达伦道夫、科塞、柯林斯等人的冲突理论和社会变迁理论，巴克莱的社会系统理论等，对社会结构及其变迁的研究更接近于社会哲学的研究层面。但是，社会学对社会结构的探讨在总体上不同于社会哲学，前者侧重于社会群体和社会组织的形式和构成以及人在社会群体和组织结构中的角色地位，以实证的方式揭示社会结构的存在样态及内部各种角色的互动关系，而后者则从人的活动的一般本性和社会生活的实践本质出发，立足于人与周围世界、历史主体与客体的一般关系来把握社会结构，把社会结构理解为人与周围世界、历史主体与客体相互作用的社会方式，努力揭示社会结构客观机制的终极根据，揭示社会发展的客观动力和价值取向如何通过社会结构的转型而表现出来。因此，社会哲学一方面要从人与周围世界、主体与客体的相互作用关系中，探讨社会结构的性质和动态，另一方面又通过剖析社会结构来揭示这种相互作用的基本性质、实在内容和主客观机制。我国学术界以往对这个问题的探讨，最根本的缺陷就是没有把人与世界的关系和社会结构有机地联系起来。一方面仅仅是从主客体的抽象规定中谈论人与世界的一般关系，而没有深入研究这种关系的结构性特征及其发生和发展的社会方式，其结果是停留在"形而上"的空泛议论中；另一方面，对社会结构的探讨又明显缺乏主客体相互作用的本体论根据，从而把社会结构倾向于理解为某种离开人的活动而独立自存的东西。社会哲学从哲学的层面考察社会结构及其演变的历史过程和规律，最根本的一点，就是要揭示社会历史主体在社会变革过程中的能动作用，以及这种能动作用得以发挥的现实条件和客观机制，从而使变革过程真正达到理论的自觉。

关于社会哲学研究的方法问题，我们将在另外的文章中阐述。

关于社会哲学研究的几个问题*

社会哲学在我国是近些年兴起的一个研究领域。因为它刚刚兴起，所以在一些最基本的问题如社会哲学的对象、方法、意义乃至社会哲学的学科定位等问题上，学界还有着不同的理解，这是很自然的。笔者不揣冒昧，在此谈一些不成熟的意见，以就教于学界同行。

一、马克思主义社会历史理论的两个哲学维度

马克思的社会历史理论有两个基本的哲学维度，即历史哲学的维度和社会哲学的维度。历史哲学的维度即一般历史观的维度。它研究人类历史的客观的、辩证的本性及历史发展的一般规律。社会哲学的维度则是直接关注现实社会生活的哲学维度，它从具体社会形态的社会结构切入研究人们的现实社会生活过程。在马克思的社会历史理论中，这两个哲学维度是内在地紧密地结合的。对于现实社会生活过程的关注和研究始终是马克思社会历史理论的源泉和起点，但马克思在考察现实社会

* 本文是作者 1998 年 5 月在南开大学社会哲学研究所成立大会暨社会哲学研讨会上所做的主题报告。文章对社会哲学研究的对象、任务、方法和意义等做了进一步的阐述，建立了较为明确的关于社会哲学的学科观念。原载《湘潭大学学报》1998 年第 4 期、《新华文摘》1998 年第 11 期。

生活过程时又总是保持着高远、深邃的历史视野，并善于从对于现实历史的研究中抽引出历史哲学的结论。

历史哲学的维度即唯物主义历史观的维度是我们所熟知的，而社会哲学的维度则被以往的研究者们所忽视了。实际上，对于马克思社会历史理论的许多重要内容，只有从社会哲学的维度去把握才能得到正确的理解。例如，马克思在他的经济学著作中剖析了欧洲资本主义社会的经济结构；在他的政治、历史著作中考察了当时欧洲社会的阶级矛盾和阶级斗争状况，剖析了资本主义社会的政治结构和意识形态结构；在他的一系列著作中考察了资本主义社会中人的生存状况，揭示了人的异化的根源以及扬弃异化、实现人的全面自由发展的现实条件和途径；在此基础上，他考察了经济、政治、文化的关系结构，从各种社会矛盾相互制约、相互作用的社会整体运动中揭示了欧洲社会发展的一般趋势，论证了社会主义代替资本主义的必然性；他还在同欧洲社会的比较中对东方社会的社会特征和发展道路也进行了一定的研究，等等。这些都是社会哲学的重要内容，在他的社会历史理论中占有十分重要的地位。但是，由于我们过去忽视了社会哲学的维度而只是把握到了历史哲学的维度，或者说，只是从历史哲学的维度去解读马克思的著作，因而不可避免地造成了两个方面的不良后果：其一是把马克思的社会历史理论抽象化了；其二是因为只知道有历史哲学这个维度，因而把马克思当时考察欧洲社会的一些具体的理论结论也纳入历史哲学（唯物史观）的理论体系，当这些具体的理论结构被历史进程所修正时，也就借此而否定了唯物史观的理论价值。

近些年在批评上述两种倾向特别是抽象化的倾向时，又有些学者否认马克思有历史哲学，认为历史哲学只是属于旧哲学的范畴，唯物史观不是历史哲学。这也是不正确的。马克思确曾严厉地批评过旧的历史哲学，指出："这种历史哲学的最大长处就在于它是超历史的。"[①]旧的历史哲学是从观念出发，用臆想的联系代替历史过程中的真实的联系，企图构造适应于一切时代的永恒公式。马克思还说："对现实的描述会使独立的哲学失去生存环境，能够取而代之的充其量不过是从对人类历史发展的观察中抽象出来的最一般的结果的综合。这些抽象本身离开了现实的历史就没有任何价值。"[②]显然，马克思是承认历史哲学的，但只是在这个限度内承认：它是"从对人类历史发展的观察中抽象出来的最一般的结果的综合"。承认这个"综合"的必要和价值，就是承认历史哲学。实际上，马克思的唯物史观的基本理论就是这样的"综合"。它不是从观念出发，而是从物质实践出发，从对现实社会生活的观察中抽象出最一般的理论结论，而不致使自己成为脱离现实历史的"独立的哲学"。

可见，历史哲学和社会哲学这两个维度的关系，在马克思主义哲学中实际上也就是唯物史观和现实历史的关系。历史哲学即一般历史观，只是一种世界观，它虽然可以作为观察社会历史的观念框架，但本身不包含对于任何一个现实的社会历史问题的解答。社会哲学是直接关注社会现实生活即研究现实历史的，它是包含对于现实的社会历史问题的解答的，当然这种解答也仍是哲学层面的。马克思主义的历史哲学即唯物史观必须根植于现实历史，并只有回到现实的历史中去才能保持它的活力。因此，从学理上讲，社会哲学应是历史哲学的基础。抛开社会哲学的维度，就会退回到旧的历史哲学的老路上去。

---

① 马克思：《给〈祖国纪事〉杂志编辑部的信》，《马克思恩格斯全集》第19卷，人民出版社1963年版，第131页。
② 马克思和恩格斯：《德意志意识形态》，《马克思恩格斯全集》第3卷，人民出版社1960年版，第31页。

二、社会哲学的研究对象和学科定位

区分和把握历史哲学和社会哲学两个维度，把社会哲学同一般历史观剥离开来，这有助于理解社会哲学独立存在的价值。但是，这两个维度的区分不是绝对的。历史哲学要以社会哲学的研究为基础，社会哲学的研究即直接关注现实社会生活的研究也不能没有纵深的历史视野。社会哲学虽同一般历史观剥离开来，但仍然是哲学。社会哲学和历史哲学不是两个不同的层面，而是同一个层面即哲学层面的两个不同的维度。因此，又必须把社会哲学同实证的社会科学区别开来。即使是社会科学的理论部分如理论社会学、理论经济学等，也是不同于社会哲学的。

哲学研究的层面具有两个显著的特征：一是总体性，二是反思性。按照我的理解，社会哲学是对于人类社会生活的总体性把握，这种研究是从对于社会结构及其变化的研究切入的。社会的变迁是社会的整体性变迁亦即结构性变迁，对于对象的总体性把握也就必然是一种结构性把握。因此，从社会结构及其变化的研究切入，是可以达到哲学所要求的总体性的研究层面的。同时，研究社会结构及其变化，也是对人类自身活动反思的一个方面。社会学也研究社会结构，但它不是反思的。社会哲学与社会学相区别的一个根本点，乃在于社会哲学是从社会和人的相互关照中研究社会结构。它把社会结构视为人的活动的产物，也是人的活动的社会形式。因此，它不只是研究社会结构本身，更要研究一定社会结构中的人的活动，从中探寻社会结构形成、演变的根源，要研究一定社会结构中人的生存状况，寻求人类生活的意义支撑。哲学要追问人类活动、人类生活的意义，也就同时要追问社会结构的本质及其合理性。反思性表现为对于认识前提的追问。哲学不同于具体科学，它对于前提的追问或批判是彻底的，没有限度的，这种彻底性的根由就在于人本身是不确定的，是未完成的。所以，从人类活动出发研究社会结构，也是可以达到哲学所要求的反思性的研究层面的。

社会结构问题是极其复杂的。把握社会结构的形成、演变、运行机制等，涉及对于整个社会生活的理解，涉及人的活动结构、人的需要结构、人类活动的价值结构以及人的活动方式、人类活动的组织方式、人类历史的进化方式等一系列的问题，这些都是重大的哲学问题。从社会结构及其变化的研究切入，不过是从社会结构的研究这个角度把这些问题集中起来，或者说，是从所有这些相关的角度去研究一定的社会结构及其变化。社会哲学的研究内容本来是异常广泛、异常丰富的，也正因如此，才有必要选取一个恰当的角度把它集中起来。在我看来，这个角度就是社会结构及其变化。

三、社会哲学应着重研究社会转型

社会哲学的研究从社会结构切入，就应着重研究社会转型。社会转型就是社会的整体性变迁即结构性变迁。社会转型时期，社会的结构关系即社会各种矛盾、社会生活各个领域的相互制约关系最为鲜明地呈现了出来。同时，社会生活急速变化，扑朔迷离，人们对于生活意义的追寻也异常急切，急切地寻求对于各种现实问题的理论解答。这都要求社会哲学从一般哲学中分离出来，形成一个专门的研究领域，以便集中地思索转型时期的社会现实和人们的社会生活。这实际上就是说，转型时期比任何时期都更要求哲学同现实生活汇通，而实现这种汇通的最有效的方式就是社会哲学的研究。

从历史上看，真正构成系统化的理论的社会哲学正是近代社会转型时期的产物。在古代哲学中也包含了某些社会哲学的构想，但只是在近代市场经济的发展导致了社会结构的巨大变革、社会结构的复杂性以及社会运动的整体性特征日益显露时，才使得社会哲学的研究成为一种迫切的理论需要，并具备了建立社会哲学理论体系的客观基础。近代以来西方社会哲学的研究十分活跃。这几百年里支配社会变革和人们社会生活的许多深入人心的大观念，可以说都是社会哲学研究的成果。

马克思和恩格斯也创立了系统的社会哲学。他们的社会哲学也是这一社会转型时期的产物。马克思主义的社会哲学同西方非马克思主义的社会哲学在基本观念上是不同的，甚至是对立的，但其背景是共同的，所研究的问题也是基本上相同的。

中国正处在社会转型时期，现代中国也需要建立自己的社会哲学。马克思和恩格斯的社会哲学理论当然是中国建立社会哲学的极重要的思想资源，就是西方非马克思主义的社会哲学理论也有借鉴的价值。但是，任何东西都不能代替中国人自己的研究。社会哲学既然是研究现实的历史，那就是说，它不是超时空的，没有适应于任何时代、任何国家的社会哲学。如前所述，即便是历史哲学都不能将其视为永恒的历史公式，社会哲学更是如此。这个道理是很清楚的。就以社会转型来说，中国的社会转型是处在现代化这整个世界历史时代的后发阶段，它同西方主要资本主义国家即先发国家相比，有着不同的历史起点，并且面临着完全不同的世界格局。即使在后发国家里，中国也有自己不同于其他国家的特殊的国情，包括独特的文化传统，独特的地理、人口、资源条件，以及由近代革命进程所创造的独特的历史前提，等等。因此，中国的社会转型必然遇到不同于其他任何国家的特殊的问题，要求有对于这些问题的特殊的理论解答。这就是说，必须建立有中国特色的社会哲学。

四、对于社会转型的研究应首先把握社会结构变化的基本趋势

对于转型时期社会结构的变化，既要把握社会结构关系内容的变化，更要把握社会结构形式即结构方式的变化。结构形式或结构方式具有普遍性，越是最为一般的形式就具有越高的普遍性。

社会的结构方式主要是由一定生产力水平基础上的社会分工和交换的发展状况决定的。据此，可以把自文明时代以来的社会划分为社会分工及交换不甚发达的非市场经济社会和比较发达的市场经济社会。在非市场经济社会是以政治为中心的各领域合一的社会结构方式，而在市场经济社会则是各领域相对分离的社会结构方式。

在非市场经济社会，分工不发达，经济活动的社会化程度很低，社会成员之间缺乏一种由分工和交换所造成的相互依赖性。在这种历史条件下，经济活动本身不具备社会整合的力量，一定的社会生活秩序的形成不能依靠经济的力量，而必须依靠超经济的力量去整合分散的个体。这种超经济的力量首先是政治的强力，同时也包括文化的精神凝聚力。而且，在这种社会整合状态下，物质生产力的水平虽不会有很大的提高，但一般

地可以大体上保持稳定，而社会秩序却可能在很大程度上和很大范围内波动，这样，一定的社会秩序的建立和维持对于人类生存就具有决定性的意义。人类的生存和发展有三大基本的需要，即由经济活动去满足的一定数量的物质生活资料的需要、由政治活动去满足的一定程度的社会秩序的需要及由文化活动去满足的一定水平的生活意义的需要。在非市场经济的条件下，主要承担社会整合功能以满足一定社会秩序需要的政治活动不能不被推到了特别突出的中心地位，经济活动和文化活动必须服从于政治活动的社会整合功能，将它们限制在不损害必要的社会秩序的范围内。换句话说，社会对于秩序的需要构成了物质需要和意义需要的界限。在这样的社会里，各个领域就必然是以政治活动为中心而直接地统合为一体的，这种社会结构方式可以称为领域合一的结构方式。

在市场经济社会情况就不同了。这时，社会分工比较发达，每个人的生活资料的获取都必须通过与他人的交换活动，人们的经济活动高度社会化，人本身也高度社会化。属于经济范畴的分工和交换就造成了一种把各个社会个体结合起来的力量，就是说，经济活动本身就具有了越来越大的社会整合功能，这就使得经济活动（以及文化活动）从属于政治活动的情况在客观上成为不必要的，也是不可能的了。显然，如果仍然用政治的手段，去把社会整合成为同市场经济所要求的社会生活方式、社会活动方式相适应的状态，那是不可思议的事情了。这就必然使原来那种以政治为中心的领域合一的社会结构方式发生根本性的变化，而形成各领域相对分离的社会结构方式。

非市场经济的领域合一的状态实际上掩盖了社会的结构性特征。一切政治化了，就不容易看清社会的结构关系。市场经济社会的领域分离的状态才使社会的结构性特征突显了出来。

所以，从领域合一到领域相对分离，表明了社会结构的日趋复杂，社会整合的形式和途径日趋多样，因而也表明了研究社会结构及其变化趋势的理论任务日趋紧迫，这恐怕也正是社会哲学在我国兴起的一个重要原因。

各领域的相对分离作为一种社会结构变化的趋势，已是一种不争的事实。像美国那样的"后工业社会"甚至如某些学者所说的那样，已达到了一种"领域断裂"的程度。这种趋势在我们国家也越来越明显，如"政企分离"，市民社会的逐渐形成，等等。诚然，由于市场经济的发展水平、社会分工和交换的发展水平不同，各个国家实现这种领域分离的过程、形式和程度也是不同的，这些都是需要研究的。更加需要研究的是各领域的相对分离对于经济社会发展的意义。从领域合一到领域分离既然是从非市场经济社会向市场经济社会转型过程中社会结构变化的基本趋势，那么，社会生活各个领域、各个方面的变化就都会不同程度地受着这一基本趋势的支配和影响。因此，对于各种社会问题的研究也就都应力求在这一基本趋势的观照下进行。比如，关于经济活动的特点和功能，市场经济体制的本质和运行机制，市场经济的文化精神，经济发展模式的选择；关于政治活动的功能及其变化，政治体制的改革包括政府职能的转变，推进政治民主化的基础和途径；关于文化活动的功能，文化运作方式的转变包括文化各层面的分离和整合，价值观念体系的重建，以及作为知识分子的"文化人"的社会作用和地位；关于社会的价值结构包括作为社会基本价值的公平与效率的关系，以及与此密切相关的社会代价问题；关于社会各领域的功能整合以及转型过程中的社会控制与稳定；关于市民社会；等等。所有这些问题，将其放在各领域相对分离的趋势观照下去考察，就有可能发现它们具有同领域合一状态下极不相同的内容、特点和表现方式。

五、对于中国社会转型过程研究的历史向度

社会转型时期，整个社会处在历史的转变中，社会生活的各个领域、各个方面都处于急速的变化中。转型社会的最突出的特点就是它的不确定性，而对于社会转型的理论研究正是要在这种不确定性中把握它的确定性。这就有一个理论研究的历史向度或历史定位问题。

转型时期的中国社会，可以说是处在前现代、现代、后现代三个历史向度的交汇处。前现代的东西即传统的影响非常深厚，仍在各个方面牵制着中国现代化的步伐；而在前现代的影响尚未得到有效的清理的时候，后现代的思潮（以及后现代的一些社会问题、社会现象）又随着对外开放的扩大而迅猛地涌了进来。尤其值得注意的是，在中国，前现代的东西和后现代的东西由于同是现代性的对立面，因而很容易结成联盟，西方的某些后现代主义思想往往正是从中国传统文化看到希望。这种情况，极大地增加了转型社会的理论研究的难度，我们的研究工作很容易在这点上发生失误。弄得不好，前现代的东西未加批判地保留了，后现代的东西未加批判地拿来了，唯独把握不了现代性，说不清什么是现代化。

因此，社会哲学的研究必须强调从中国的国情出发，从中国处于社会主义的初级阶段这种历史地位出发，牢牢地把握住中国的社会主义现代化这个目标。对于前现代的东西，对于传统文化，一定要认真研究，但必须以现代性或现代化的观念去审视。对于西方后现代主义思潮也一定要认真研究，但不能不

加批判地拿来，而是要看它在对于西方现代化过程的反省和批评中提出了哪些值得我们警惕和借鉴的问题，为完善我们自己的现代化理论所用。

六、关于建构社会哲学理论体系的问题

社会哲学研究的学术目标，是通过学界同行们的共同努力，建构一个体现现时代的时代精神并富有中国特色的社会哲学理论体系。确立这样一个目标不仅是应当的，也是可能做到的。但是，我认为目前构建理论体系的条件尚不具备，不应急于去构造理论体系，而是要把注意力投向现实社会生活提出的重大问题。

我们强调社会哲学的现实性，强调社会哲学维度同历史哲学维度的区别，特别强调我们的社会哲学要有中国特色，这似乎与建构社会哲学理论体系的目标相去甚远，而实际上，这是一条研究社会哲学的正确有效的途径，也是建构社会哲学理论体系的正确有效的途径。

中国情况、中国经验、中国问题的特殊性，并不意味着据此建立的社会哲学理论也只是特殊的，正如当时以英国为典型的西欧社会的特殊性并不意味着马克思和恩格斯据此建立的社会哲学理论也只是特殊的一样。社会哲学作为一种哲学理论，不是对于中国社会转型过程的感性描述，而一种通过概念体系统的把握，并且是将中国的特定经验置于世界现代化进程总体中的考察，包括批判地借鉴世界现代化研究的积极的理论成果，因此，它也就必然具有理论的普遍性品格。只是，它不会是一种抽象的普遍性，而是与特殊性相联结的普遍性，是寓于特殊性之中的普遍性。这实际上是任何一种科学的理论研究的正常途径。

　　要求对于社会现实问题的研究达到社会哲学的理论层面，主要就是从对现实生活的研究中提炼出能够揭示社会生活某方面的本质、能够引导社会变革潮流的大观念。所谓理论体系，在一定意义上说不过是这些观念的系统化，而不是凭空编造某种社会哲学的概念演绎系统。这当然绝不是可以忽视社会哲学基础理论的研究。基础理论的研究固然要以马克思主义唯物史观的基本理论作为指导，同时也要有选择地改造和借用已往的社会哲学的范畴，但最重要的是在基础理论中贯注丰富的现实内容，把对于现实问题研究的理论成果有效地吸取到基础理论的研究中去。这无疑是异常艰难的道路，但除此以外，别无他途。

社会哲学的视野与意义
——关于当代中国哲学发展进路的一种思考*

社会哲学近年来在国内的兴起，似乎预示着世纪之交的中国哲学转变中，社会哲学有可能充当一个重要的角色。但迄今为止，这一点仍远非大家所明了的。对于社会哲学，人们在理解上仍然存在着种种含混和不确切之处，这无疑妨碍着前述可能性向现实性的转化，因而很有必要对社会哲学研究的视野与意义加以阐发，以有助于这种转化。笔者认为，对于社会哲学的视野和意义，可以从其对于现实生活、第一哲学和作为以上两个方面之汇合的特殊的当代中国哲学发展等三个方面及其相互关系中去把握。

一

社会哲学在我国的兴起，其直接的动因无疑在于当今中国社会生活的巨变，因此，社会哲学研究的视野也首先关注于现实生活的领域，其意义也首先在于对现实生活的解释和引导。

* 本文从中国社会变革实践的需要、中国人文社会科学的重建及哲学自身的发展等方面阐述了社会哲学研究的意义，认为将社会哲学对现实生活的总体性把握与对第一哲学的现实化改造贯通，可为当代中国哲学的发展提供一条可行的进路。与王南湜合作，原载《南开学报》1999年第5期。

对于这种现实性视野和意义，可以进一步从三个方面去说明。

第一，社会哲学的研究有助于增强对于中国社会转型过程的理论自觉。

现今中国正在进行的由社会主义市场经济的建立所推动的社会变革，是整个社会空前深刻的结构性变动。对于这场社会巨变做一种总体性的把握，无疑是哲学特别是社会哲学责无旁贷的理论任务，因为只有哲学才具有对于现实经验的超越性，从而能够进行这种总体上的把握，其他各门实证科学则难以担当此任。中国正在进行的社会转型是世界范围内现代化进程中的一个方面，它与发达国家的现代化固然有其共同性，但中国的现代化又是在一种极为不同的时间、空间和历史条件下进行的，因而又有其特殊性。所以，对于中国社会转型过程，必须通过中国人独立的理论探索，方能真正地把握。从历史上看，社会哲学在西方的真正兴起也是与市场经济在近代的兴起紧密相关的，是以当时的西欧社会转型为典型对象的。各种社会哲学理论在当时西方的兴起，无疑是哲学从总体上把握社会变迁的一种努力。但西方民族的现代化作为一种原发型现代化仍然只是一种特殊的经验，在此基础上形成的社会哲学理论也就不可避免地有其局限性。显然，对于中国社会转型来说，没有任何现成的理论，而是必须根据新的经验，借鉴和改铸已有的理论，创建新的理论。

这种包含了中国鲜活经验的社会哲学理论对于中国的现代化进程的重要意义是不言而喻的。社会哲学作为一种对于社会转型的总体把握，可以发挥对于现实社会实践的反思的、批判的功能。正是通过这种反思、批判可以形成反映社会变革过程本质的大观念，从而实现对于社会变革过程的观念引导。这种观念引导对于保证和增强人们社会变革的自觉性，避免和减少盲目性，是绝对必要的。作为现代化之必然形式的市场经济的兴起所造成的人们社会生活方式的变化，不论在深度还是在广度上都是空前的。市场经济的社会后果是双重的。一方面，它带来经济效益的大幅度提高，从而能有效地提高人们的生活水平，另一方面，它又是一种全新的生活方式，它的发生发展不可避免地要破坏许多传统的生活方式和包含于其中的价值。因此，人们要充分适应这种生活方式是很不容易的。在这种情况下，一种能够从总体上揭示市场经济所导致的各种连带变化的社会哲学理论，当能引导人们理智地承受社会变化所付出的代价，以顺利地适应社会生活的变化。同时，从社会实践的角度说，社会转型是一种实施社会全面改革的系统的社会工程。但人们的实践活动由于受到种种条件的制约却往往是片面的、短视的。社会哲学作为社会转型过程的总体层面的理论把握，则可以对这种片面性、短视性进行批评和校正，从而大大有助于社会改革的协调进行，避免和减少失衡或失控的严重局面的发生。

对于中国社会转型过程的哲学研究，不仅有其无可置疑的必要性，而且有其特殊的紧迫性。西方原发型的现代化是一种相对缓慢的社会变化过程，而中国的追赶型的现代化在其体制转轨时期则是一种急速的社会变化过程。我们只能在几十年的时间里完成别人用了数百年所做的事情。在这样短促急速的变化中，社会转型中出现的问题便可能迅速地集中和膨胀，导致极大地增加过程性代价，因而是蕴含着巨大的社会风险的。这更要求我们极大地增强社会变革的自觉性。

第二，社会哲学的研究有助于推进中国社会科学的重建。

增强社会转型过程的自觉性，无疑也依赖于各门社会科学的共同努力，依赖于社会哲学与社会科学的合作。这就是说，中国社会向市场经济的转变也不可避免地要求各门社会科学有一个大的发展，或者说需要一种在新的条件下的重建。在这一过程中，从发达国家引进各种社会科学理论固然是必要的，但是现成理论的引进绝不等于创造性地重建。社会科学作为经验科学在很大程度上受制约于它所要解释的特定经验，源于西方发达国家的社会科学理论往往不足以解释中国的情况，因而有必要加以改造和发展。显然，社会科学的重建和发展绝非限于经验层面的修补，而是必然涉及各门社会科学的基础性原理的修正，这在实质上便是属于社会哲学的范围了。如果没有对于当今中国社会转型之总体把握的社会哲学的帮助，中国社会科学的这种重建工作是难以实现的。

从科学史上看，各门经验社会科学的兴起同样是与市场经济的发展密切相关的。在非市场经济社会，一方面由于社会结构比较简单，另一方面也由于采取以政治为中心的各领域统合为一的社会结构方式，包括社会科学研究在内的文化活动是从属于政治活动的，因而社会科学存在与发展的必要性和可能性都相对微弱。而市场经济所造成的社会结构的复杂性和社会生活的不确定性的空前增长，则使得各门社会科学的建立和发展日益成为迫切的需要；同时，市场经济条件下各领域相对分离的社会结构方式，也使得社会科学的独立发展有了越来越宽阔的空间。

一般说来，由于哲学的反思性的特点，社会哲学对于社会生活的总体把握是应当以各门社会科学为中介的，社会哲学的发展是依赖于社会科学的成熟的。但是，如前所述，现今中国的社会科学远不是成熟的。因此，在中国，社会科学和社会哲学必须走二者互相促进、共同发展的道路，不能等待社会科学成熟起来再着手社会哲学的研究，而是应当在社会哲学帮助社会科学成熟的过程中使自己也逐渐走向成熟。实际上，在西方国家也曾经有过与此类似的情形，许多早期社会科学家同时身兼哲学家就表明了社会哲学与社会科学的共生性。清楚地认识到当今中国社会科学和社会哲学的这种发展状况及其相互关系，不论对哲学还是社会科学来说都是非常重要的。

第三，社会哲学的研究为中国人文科学的更新提供方法论基础。

人文科学不同于社会科学，它有着悠久的历史传统。但其哲学方法论基础，在某种意义上亦反映着特定的社会生活方式，是有着历史性特征的，随着社会生活方式的根本性变化，也必然要改变其内容和形态。就此而言，社会哲学对于社会转型的总体把握当亦有助于人文科学在变革时代适应新的社会生活方式而实现自我转变。在社会巨变时期，人文科学如果不能把握这种变化，就难以发展。近百年来的文化论争之所以总是在中、西、体、用的排列组合上做文章，而未有实质性进展，在笔者看来，其深层原因正在于这类争论未能把文化问题置于社会结构的根本性变迁这一基础上去考虑，缺少了一个以社会哲学为基础的方法论维度。

二

前面指出，社会哲学的兴起是与市场经济在近代的兴起及其所导致的社会结构的根本性变化密切相关的。对于社会转型的总体把握，这可以说是社会哲学直接的实践兴趣所在。但社会哲学兴起于特定的实践兴趣，并不意味着它的理论视野与意义只停留于现实生活的层面。社会哲学的实践兴趣虽然直接系于对社会转型的总体把握，但社会哲学作为一种理论活动，它要实现这种总体把握就不能不上升到对于人类社会生活的普遍本质把握的层面上，即不仅仅直接以特定的社会转型为自己的研究对象，而且要扩展到以人类社会生活总体为自己的研究对象。因为部分与总体永远是互相包含、互为条件的，没有对于总体的把握，就不可能对部分有透彻的理解，反之亦然。一旦以社会生活总体为对象，就极大地超越了特定的实践兴趣，而具有了一种指向第一哲学的意义。所谓第一哲学，在不同时代有不同的内容，在古代是本体论，在近代是认识论，在现代则似乎是广义的实践哲学，但无论在何时代，它们都构成了哲学的核心内容。因此，关于社会哲学研究对于第一哲学的意义，我们也就可以从本体论、认识论和实践哲学三个方面去说明。

第一，社会哲学对哲学本体论的意义。

哲学可以说是人类自我认识的一种最高形式。人类认识的唯一可能对象是人类世界自身，而本体论自古以来作为第一哲学正意味着它在这种自我认识形式中的核心地位。当然，哲学并不是一开始就达到哲学是人类自我认识的最高形式这种意识的，而是在逻辑彻底性的引导下走上了一条抽象化的道路，即将现实的人类生活归结为某些抽象的规定，然后再从这类抽象规定出发来解释人类生活，由此而形成了种种抽象的本体论。这类抽象的本体论当然无从合理地说明现实的人类生活，因而便有了将其现实化、具体化的发展过程。如近代哲学要求从与思维的关系中去规定存在，经验论更要求从人的感性经验中去确定存在，便是对古代哲学抽象性的一种扬弃。德国古典哲学将思维理解为一种否定性活动、一种经历，则是用历史性之维充实了本体论。这种现实化过程在马克思那里发生了一个巨大转折，那就是在本体论中引入了社会性或主体间性维度。于是，在马克思那里，作为哲学基本问题的思维与存在的关系，不再只是被视为一种抽象的主客关系，而是引入了作为主体间交往关系的社会性维度，将这种抽象对立中介为一种具体的矛盾运动过程，一种人类社会的历史过程。社会性维度的引入对马克思哲学的建立是至关重要的，正是通过对于主体间关系与主客体关系的交互中介所导致的历史后果的揭示，马克思才合理地说明了在黑格尔那里显得有些神秘的社会生活中的异化现象。但令人遗憾的是，后人在对马克思哲学的理解中，这一社会性维度对于传统本体论的具体化、现实化的意义却被忽略掉了，马克思的社会历史理论也只被极其简单化地看成一个将一般自然观向社会历史领域的推广问题。晚近哲学对于社会性之维的重视，更不亚于前人。这当中引人注目的是，现象学对于主体间性的深入分析，生活世界概念的备受重视，德国哲学家哈贝马斯对于交往行动的系统探讨，美国新实用主义哲学家罗蒂对于协同性的极力强调，等等。分析哲学虽然曾大力攻击传统哲学，但以主体间的可传达性、可理解性为核心问题的语言分析，仍可以说是以另一种方式对传统哲学的具体化。

我们看到，无论人们是否意识到，现代哲学对社会性或主体间性的重视都构成了传统哲学本体论具体化、现实化的必然环节。显然，对社会性的研究不外乎就是对于人类世界或人类社会的一种总体性把握。因此，一个不可避免的结论便是，社会哲学的视野与哲学本体论的现代发展趋势是有其明显的重合之处的。而这又意味着，社会哲学的研究是直接有助于推动哲学本体论具体化、现实化的进展的。事实上，在像马克思、卢卡奇、哈贝马斯这样的哲学家的理论中，社会哲学与一种包含了社会性维度的具体化了的本体论本身就是同一件事情。

第二，社会哲学对哲学认识论的意义。

认识论曾是近代"第一哲学"的范式（阿佩尔语）。按照阿佩尔的说法，古代哲学是一种"物的分析"，近代哲学是一种"意识分析"，而现代哲学则指向一种"语言分析"。意识分析乃是不满意于古代本体论哲学的独断性，而试图通过意识的中介去寻求知识的客观性。意识分析虽然比之物的分析具体化了一大步，但意识本身仍是一抽象之物，只停留于这一层面分析，仍无法合理说明知识的客观有效性。近代哲学中经验论诉诸感官知觉，唯理论诉诸天赋观念，都未能合理地说明知识的客观有效性，这表明了意识分析的局限性。一个强调感官知觉，一个强调天赋观念，说明这种分析范式本身即是自相矛盾的。康德虽然以一种独特的方式将意识中的先天成分与经验因素结合了起来，但却将知识的合法性局限于现象范围内，把世界人为地二重化了。在康德那里，知识的客观性的含义也完全改变了，"康德关于客观性的标准始终是主体间性的标准，即对一切人都有效。"①康德哲学的这一转变突出了知识的公共性或社会性这一维度，这预示着哲学发展的一个新的方向。但由于仍局限于意识分析，康德沿着这一新的方向并未走得更远。超越意识分析需要有某种中介，这个中介首先便是语言。尽管有许多分析哲学家视认识论为无意义的形而上学，但在分析哲学的创始人弗雷格那里，其初始动机却是"希望完成和修正康德的事业：一劳永逸地揭示康德先验论的真理"。②无疑，分析哲学对语言分析的重视深化了人类对知识的理解，特别是对知识的公共性或社会性的理解，因为说到底，语言分析就是一个主体间可有意义地交流的问题，而这正是社会性之中心问题。当然，分析

① 海姆伦：《西方认识论简史》，中国人民大学出版社 1987 年版，第 65 页。
② 斯鲁格：《弗雷格》，中国社会科学出版社 1989 年版，第 102 页。

哲学家们并不是都意识到这一点或都承认这一点的，他们当中的一些人毋宁说更倾向于把语言的本质视为一种完全客观的、独立于人类现实生活的东西。但分析哲学的发展却越来越超越了这种被罗蒂称为另一种康德主义的信念，而走向认同这样一种见解："对语言的研究，本身必须被看作对人类实践的研究。"①这种见解在维特根斯坦的晚期思想中得到了充分的阐发，特别是其对私人语言之不可能性的有力论证，更是一种对人类语言的"主体间维度"即社会性维度的深刻揭示。另一方面，胡塞尔的"生活世界"概念、海德格尔理解学中关于解释的前结构理论、卡西尔之将康德的理性批判扩充为文化批判等，亦以另一种方式将意识分析改造为语言分析，实现了"语言学转向"。尤为值得指出的是，哈贝马斯的"普遍语用学"和阿佩尔的"先验解释学"对于实用主义指号学的"指号解释的交往共同体"概念的重构，以更为明确的方式展示出了现代哲学之改造近代哲学的根本性进路，那就是以"交往共同体"这一观念取代康德的"先验自我"观念。

对于交往共同体观念的重构在本质上就是对作为语言交往和社会互动的人类言语行为的研究。这一领域显然也包含在社会哲学的视野中。社会哲学要从总体上把握社会，就不能不对使社会得以存在的交往行为，特别是对语言交往进行深入的考察。因而，在这一领域，社会哲学与第一哲学也是有着重合之处的，而这无疑意味着社会哲学的研究是能够推动哲学认识论向现实化、具体化亦即社会化方向发展的。由此反观国内认识论研究，虽然曾在 20 世纪 80 年代占据过中心地位，但不久就几乎成了无人问津的冷门。究其原因，笔者认为，从根本上来说与研究的抽象性密切相关。可以回顾一下，我们的认识论研

---

① 斯鲁格：《弗雷格》，中国社会科学出版社 1989 年版，第 398 页。

究在实质上总是难以超出主客体关系的范围，社会性或主体间性之维几乎未进入人们的视野。虽然实践对认识的作用被反复强调，但人们所理解的实践几乎只是技术活动的代名词，而交往活动对认识的意义却往往被忽略了，仅有的一些初步的探讨也未曾引起学界的重视。因此，就国内而言，走出认识论研究的低谷的唯一出路，似乎也在于社会性之维的引入，而社会哲学当然有助于认识论研究的复兴。

第三，社会哲学研究对实践哲学的意义。

在古代哲学中，无论是在中国还是在希腊，人们都给予实践或行以特别重要的地位，从而有关人的实践或行的实践哲学也就占有重要的地位。但在近代以来的哲学中，由于以抽象的主客体分立为前提的认识论的中心地位和由之而来的对"是"与"应当"的割裂，实践哲学却衰落了，取而代之的则是对人的行为进行实证科学式的分析。但这种将人视为物一般的实证科学式的研究，从根本上说来不可能合理地说明人的实践并为人们提供一种实践智慧；同时，主体性哲学由于自身的抽象性而遇到了种种理论上的困难。这样，无论在实践上还是在理论上，都需要克服主体性哲学的抽象性，从而，以具体的人类实践为对象并为生活提供智慧的实践哲学在当代的复兴，也就成了一件顺理成章之事了。但实践哲学的复兴并不是要简单地回到古代实践哲学中去。既然实践哲学的复兴首先是为当今人类实践所要求的，那么，这种复兴也就首先只能是对当代实践的回应，只能是根植于当代人类实践的具体情景之中的。而当代人类实践的一个最为根本性的特征便是交往的普遍化。这种普遍化是与市场经济的普遍发展密切相关的。在传统社会中，人们的活动范围在一般情况下都是极其狭小的，人们的交往大体上局限于自然形成的共同体范围之内，因而人们的行动大致也是简单的。而在现代社会中，随着市场经济在全球范围内的展开，情况则大不相同。人们的活动范围越来越广泛，越来越与整个社会相关，在这种情况下，人们不仅在筹划自己的行动时必须从与诸多他人的关系着眼，而且还不能不考虑由人们之间的交互作用所造成的社会对个人和团体行动的意义。因此，实践哲学在当代的复兴必然要更多地关注人类实践的社会性或主体间性之维。在这方面，如果说在传统社会中由于人们基本上生活在互相封闭的小规模的自然形成的群体中，从而调节这种人际关系的主要是一种针对个人行为的规范即个人伦理的话，那么，在市场经济化了的现代社会中，由于交往的普遍化，从而调节这种人际关系的便不能不首先是针对社会行为的规范即制度伦理。一般说来，个人伦理是传统伦理学或道德哲学的内容，而制度伦理则是政治哲学的内容。既然个人行为与社会行为同为人类实践，那么实践哲学理当揭示出其间的统一性来。而这一点，也正是社会哲学所致力的内容。其次，社会哲学关于人类交往方式的变迁对于人类伦理规范方式的影响的研究，当亦有助于实践哲学把握伦理规范运作方式的历史演变。

以上我们从三个方面考察了社会哲学研究对于第一哲学的意义。社会哲学对于第一哲学发展的意义当然不止这些，但仅就这三个方面，足以见到社会哲学研究在这方面的重要性了。

三

前面关于社会哲学的视野与意义的考察是从对于现实生活与第一哲学的关系两个层面分别地进行的。这一点也反映了现今社会哲学研究的现状，即这两个层面在现今基本上是分离地存在的。但社会哲学所具有的意义并不止于这些。就可能性而言，如若将这两个分离的层面结合起来加以研究，使之能达于互相贯通，则对于推动哲学发展，将有更为重大的意义。这一点对于当今中国哲学的发展来说尤其如此，它至少可作为中国哲学发展的可行进路之一。

哲学是一种终极关怀，是对于人类终极理想的追求，因而其位置必然是崇高的。但哲学所追求的不是一种不变的抽象理想。哲学的理想性、崇高性是相对于现实生活的非理想性、非崇高性而言的，因此，一种有生命力的哲学所追求的理想，必定不是与现实生活无关的僵死不变的东西，而只能是一种对现实生活的超越或提升，是深深地根植于现实生活之中的。哲学变迁的根本原因也正在于现实生活的变迁。人类之所以需要哲学，就在于一方面现实生活是不完满的、有缺憾的，另一方面人类精神又不满足于这种不完满状态，要追求一种完满性，而哲学恰恰是能以理性的方式为人们提供这种超越现实的理想（艺术或许是以感性的方式追求同一目标）。如果哲学不能提供这种终极理想，或者只是提供一些与现实生活不相干的僵化而抽象的东西，那么，哲学也就失去了自身的功能，放弃了它的责任。因此，当今中国哲学的重建或者说其生命力的恢复，无非就是在洞察现实生活的基础上设拟出提升这种现实的理想。就此而言，社会哲学研究的上下两个层面的贯通，当能为这种提升的实现提供一条可行的进路。

这种上下贯通，其实也就是将对现实生活的总体把握与对于第一哲学的研究搭挂在一起，联结起来、贯通起来。第一哲学不是别的，正是人类终极理想的一种独特的表达。正如有的学者所言，本体论追求的是一种终极实在，认识论追求的是一种终极知识，而实践哲学，或许可以说追求的是一种终极价值。

但哲学家们之追求终极实在、终极知识、终极价值，其根本目的并不在于终极实在、终极知识、终极价值本身，而在于人的存在自身，在于通过对于终极实在、终极知识、终极价值的把握而为人类一劳永逸地设拟出终极理想来，在于将终极理想奠定在一个永恒的基础上。当然，这种一劳永逸的企图是不可能实现的。终极理想既然是根植于现实生活之中的，而现实生活又是变动不已的，那么，建于其上的理想也就不可能是不变的。实际上，所谓终极实在、终极知识、终极价值等本身也是一种理想性的存在，是人类思想所设定的。虽然从本体论看，理想性作为一种可能性先于现实性，是现实性之前提，但从认识论上看，对现实性的把握又先于对可能性之把握，前者是后者的前提。因而，终极实在等作为人们把握知识中的一种可能性，其实也只能是人们在可能性空间中的一种选择，一种设定。人们之进行这种设定，正是为了终极理想的缘故，是要为终极理想设定一个终极基础。这就是说，终极实在等与终极理想同为理性存在，逻辑上，双方是互相设定的。设定一定的终极实在、终极知识、终极价值，必然内蕴着相应的终极理想，而一定的终极理想亦必然要求相应的终极实在、终极知识、终极价值的设定来支撑。

在认识论上现实性先于可能性也意味着作为一种可能性的理想性总是受制约于现实生活的。理想固然提升或牵引着现实，但同时，现实也在另一种意义上牵引着理想。如果我们观察高翔于天空的理想之风筝，总会在现实生活之手中发现其牵线。现实性对理想性施予牵引的方式在于由现实性自身的改变而改变理想性存在于其中的可能性空间。既然作为一种知识状态的可能性根基于现实性，那么，现实生活的变化就不可避免地会改变作为理想世界存身之所的可能世界的地形图，即向人们开放某些新的可能性空间，同时又关闭某些旧有的可能性空间。可能性空间的这种改变则不可避免地要使得存身于其中的理想之物发生改变，使得某些形式的理想不再可能，而使得另一些形式的理想成为可能。这样，要使得理想保持活力，便必须根据改变了的可能性世界的地形图来重构理想世界，即通过重构终极实在、终极知识、终极价值而重构终极理想，或者说在对第一哲学的重构中重塑终极理想。由于不同时代的人类生活所具有的内在统一性，因而，一般说来，这种重构或重塑并不是弃绝以往的传统设定，而是根据变化了的可能性空间予以改造、修订。

就当今中国哲学发展而言，这种重塑乃在于根据当今中国最基本的现实即市场经济的建立以及由此而导致的社会生活中各个方面的根本性变化，去重塑中华民族之理想。而在市场经济所导致的现实生活的变化中，最为根本的又莫过于人们之间交往方式的根本性变化，即人际交往突破了以往时代的狭隘性、自然性、地域性，而成为一种世界性的交往。这种变化使得现实生活中社会性这一维度的重要性空前增强了。因此，在市场经济条件下重构理想便必然首先是从社会性维度对于以往哲学理想的全面改造，亦即在考察市场经济的建立到底造成了可能性空间的哪些变化，开放了哪些新的可能性，又关闭了哪些旧有的可能性的基础上，在这新的空间中重新安置民族的理想。具体地说来，就是根据这些变化来改造传统的本体论、认识论、实践哲学，使之具体化、现实化以至足以支撑起新时代的理想。而这一过程，无非也就是社会哲学研究的两个方面贯通的过程。

在第二部分，我们曾考察了社会哲学研究对于第一哲学具体化、现实化的意义。但在那里，我们所涉及的基本上是发生于西方哲学中的变化。这些变化无疑是西方社会现实生活的变化所引发的，更确切地说，是西方哲人们通过对这些变化的把握而造成的。无疑，市场经济无论其发生于西方还是中国，都有其普遍性，都必然造成可能性空间的某种程度的相似的变化。但市场经济又不是千篇一律的，它在中国所造成的社会生活的变化，亦必由于时间、空间以及文化传统等方面的不同而不同。人们对于这种变化的把握，就更是由于文化背景、历史背景而大不相同，尤其是有可能领会到从其他背景不可能领会到的东西。这样，由此出发而对于第一哲学的改造，从而对于终极理想的重塑，自然也就大不相同。这种不同本身将是对中国自身哲学问题的独特解决，同时也将是中国哲学对世界的独特贡献。

总括起来说，把社会哲学对现实生活的总体把握与对第一哲学的现实化改造两个层面贯通起来，将有可能为当代中国哲学的重建提供一条可行的进路。当然，这不是唯一的进路。

个人和社会的关系问题
是社会观念的核心问题[*]

一

　　个人和社会的关系问题在社会观念中占有极其重要的地位，可以说是社会观念的核心问题。这一问题的解决，是社会哲学的本体论和方法论得以确立的基础，为社会哲学中的其他重大问题的解决，提供了理论前提。

　　首先，个人和社会的关系问题是人们在实际生活中遇到的对自身生存和发展具有根本意义的问题。人活在世上，总要面对和处理自身和身外世界的关系。人所面对的世界是一个具有客观必然性的世界，人要满足自身的生存和发展需要，获得自由，就要解决人和世界、自由和必然的矛盾。人所面对的外部世界包括两种必然性：自然必然性和社会必然性。人必须与自然界进行物质、能量等方面的变换，自然界作为具有客观必然性的力量，对人的活动具有客观的制约作用。人就其自然力量

　　* 本文论证了个人和社会的关系问题是全部社会理论的核心问题，指出个体原子主义与社会整体主义都是将一方归约为另一方的实体性思维方式，马克思用关系性思维方式替代了实体性思维方式，在社会交往实践观点的基础上正确地解决了个人和社会的关系问题。与李淑梅合作，原载《天津大学学报》（社会科学版）1999 年第 1 卷第 1 期。

而言是有限的，人只有同他人结成一定的社会关系，在社会关系的中介下从事改造自然的活动，才能获取对自然必然性的自由。社会交往本来是人们自己的社会结合，但它一经形成，又会以超个人的总体力量的方式、以社会必然性的方式制约个人的活动。个人的活动总是自觉的、有目的的，但是个人为达到自身目的而结成的社会关系却又成为反过来制约人的主体能动性的力量，甚至成为把个人的意图化为乌有的力量，这就使个人和社会的关系问题突出出来。如何认识和处理个人与社会的关系，成为人们关切的重大问题。如果说在人类社会的早期，人主要面对的是异己的自然力量的威慑，那么，随着生产力的提高，社会交往关系的发展，社会力量对人的制约越来越强，个人与社会的矛盾便越来越突出。同时，社会交往关系的发展，使得它对人与自然关系的中介作用日益增强，自然必然性对人的制约越来越以社会力量的形式表现出来，自然环境问题越来越以社会环境问题的方式凸显出来。人们只有获得社会关系方面的自由，才会真正感到在对自然关系上的自由。这也使人们越来越关注社会环境与人自身的关系问题。

人们现实生活所面临、所关注的核心问题，反映在哲学上，就成为社会哲学思考的核心问题。从哲学史上看，各种社会观念的分歧都聚焦在个人和社会的关系问题上。旧哲学社会观念的根本缺陷就在于个人和社会抽象对立的思维方式，直至现在，许多西方哲学家仍然未能解决好这一问题。引人注目的新自由主义与社群主义之争，即是近代个人原子主义和社会整体主义之争在现代哲学中的延续和表现。这不仅有社会历史的根源，而且有认识上的原因。在社会历史领域，个人和社会是不可分割的，而哲学家们习惯于用两极分立的实体性思维方式进行思考，把个人和社会作为两种既成的、相互分立的东西加以把握，从而形成相互对立的思想和理论。尽管每一种理论都是为了克服与之对立的理论的困境而建立的，其本身却又陷入新的理论困境中而受到批判。马克思对社会观念的变革，关键就在于对旧哲学家们这种习以为常的思维方式提出了怀疑和批判，用新的思维方式对个人和社会的关系做出了新的、合理的解释和说明。可以说，不理解马克思主义哲学在个人和社会关系上的本体论和方法论原则，就无法理解马克思主义社会观念的精神实质，就无法与非马克思主义社会观念划清界限。在现代西方哲学中，某些思想家在力图克服个人和社会的对立方面，进行了有益的探索，但他们与马克思主义关于个人和社会关系的观点仍有本质的区别。因此，认清旧哲学解决这一问题的思维进路及其弊端以及马克思主义解决这一问题的新思维方式和路径，评析现代西方哲学围绕个人和社会关系而展开的争论，对于建立新形态的社会哲学理论，具有根本性的意义。

解决个人和社会的关系问题也是解决其他重大社会理论问题的逻辑前提。目前，随着我国哲学界社会理论研究的推进，研究个人和社会关系问题的重要性日益突出出来。不解决好这一问题，其他社会问题的探讨难以继续深入和得到合理解决。譬如，关于社会发展理论的研究，仅仅把发展由单纯的经济增长变为社会各个方面的综合发展是远远不够的。要把这一研究引向深入，就必须对"社会发展"本身进行追问，要回答社会发展的前提条件是什么，社会发展的主体、目的和根本途径是什么，即要追问社会和人、社会发展和人的发展的关系问题。"社会发展"不是不言而喻的前提性的东西，社会发展观以对个人和社会关系的一定解决方式为前提。社会发展观是否合理，取决于对个人与社会关系的总体把握是否正确。关于客观社会规律和主体价值选择关系问题的研究，也有赖于阐明个人和社会相互耦合、交互作用的辩证关系。关于可持续性发展问题也显然不单单是如何解决人和自然的关系问题，而是如何处理人和自然、人和社会交互作用的双重关系问题。人和自然关系问题的合理解决，取决于人和社会关系问题的合理解决。认清人和社会的关系，自觉建立人和社会的和谐关系，是建立人和自然协调关系的社会前提。另外，关于社会认识论的研究，要以社会本体论为逻辑前提，也离不开对个人和社会关系的反思。社会认识论的最基本的范畴——社会认识主体和客体的规定，社会认识论对社会认识主体和客体关系的探讨等，都依赖于个人和社会的关系问题的正确解决。

从现实实践来看，个人和社会关系问题的理论探讨，也日益显示出它的意义。我国过去在高度集中的计划经济体制下，理论探讨缺乏对社会现实的批判向度，视社会整体为当然合理，强调抽象的集体主义、理想主义，个人只是实现社会整体目的的手段，抹杀了个人在社会中的主体地位和作用。近年来，随着改革开放的深入，人们又把人和社会关系的基点由社会移向个人，这也有失偏颇，以至高扬个体性的主体性思潮在热了一段时间后，又趋于冷却。目前，合理解决个人和社会的关系问题，依然是在摆在我们面前的重要理论课题，需要进行深入的探讨。

二

个人和社会的关系问题是有史以来就存在的问题，任何时代的人要生存，都要结成一定的生产关系，进行物质生产活动，都要解决个人和社会的关系问题。但是，这一问题只是到了近代才凸显出来，才被哲学家们作为极其重要的问题提出来。近代以前，生产力低下，个人缺乏独立的生产能力，决定了个人必须依赖于一定的社会共同体，个人尚未作为相对独立于社会的力量，作为社会的对立方面同社会发生关系。因此，尽管古代的社会观念也要把个人和社会的关系作为理论前提，哲学家们却往往自觉不到这一问题在社会观念中的重要地位。实际上古代哲学家一般是以社会整体主义的方式解决个人和社会的关系的，这是当时个人依赖于狭隘社会共同体的社会现实在理论上的必然表现。

在西方近代，随着市场经济的兴起，社会历史进入以物的依赖性为基础的人的独立性阶段。个人摆脱了狭隘共同体的束缚，有了一定独立的生产能力和交往能力，成为为自身利益进行自主生产和自主交换的主体。这种个人和社会由不可分离到相互分离的转换，必然会反映在人们的思想观念中，使个人和社会的关系问题成为重要的研究课题。在这一阶段，虽然个人是相对独立的主体，可以按照自己的意图、目的和利益自由活动，但是活动的结果却往往超出个人的意愿和预期，使人们深切感受到在自身之外有某种异己的社会力量的存在。这又从另一方面使个人和社会的关系问题突出出来，驱使思想家们把这一问题作为根本性的理论问题进行思考和探讨。为了建立具有逻辑一贯性的社会观念，思想家们总是在个人与社会之间设定或指认其中某一方为逻辑出发点，从而形成个体原子主义和社会整体主义两种相互对峙的研究方法和思维进路。这两种看似互相排斥的研究方法和思维进路，其实都是把其中一方归约为另一方的抽象的实体性思维方式。

个体原子主义把社会还原为孤立的个人，认为只有个人才是实际存在的，社会不过是抽象的个人集合体。尽管不同哲学家的个体原子主义理论不尽相同，但还是可以概括出一些主要的特征。当代英国社会理论家吉登斯对个体原子主义的主要观点做了如下概括：（1）主张只有通过分析个体的行为，才能解释社会现象，除此别无他途；（2）认为所有关于社会现象的判断都可以被还原为对个人性质的描述，而不至于损失什么意义；（3）强调只有个体是真实存在的，似乎所有指涉集合体或社会系统的概念都是一些抽象的模型，是理论家的主观建构之物；（4）提出社会科学不可能有什么法则，要说有，也就是个体的心理倾向所具备的法则。[①]

个体原子主义虽然立足于可以经验地观察到的个人，强调了个人的主体能动性、自由性，但是，却停留于经验的范围，以为只有可经验的东西才是真实存在的，只有采取经验的方法才能说明社会现象的本质。他们往往从个人的自然本性出发，建构自己的社会理论。自从文艺复兴运动有了所谓对个人的自我发现以来，方法论上的个体主义就一直存在。在近代，思想家们往往把独立自主的个人理解为孤立的人，把个人间的经济交往作为外在的关系，作为外观、表象，认为经济生活从实质上说是孤立的个人追求自身利益的行为。对经济关系的外在性理解，决定了不可能正确理解个人和国家的关系。在个人和国家的关系问题上，洛克主张个人自由主义，认为个人的自由是不可转让的权利，每个人都可以追求个人的最大利益；只是由于个人利益之间的相互冲突，为了保证个人的利益，经过理性的计算和利益权衡，人们才订立契约，形成共同遵守的政治法律制度，形成国家权力。国家不仅不能剥夺个人自由，反而要维护个人自由，使个人利益得到充分的政治保障。政府越小，对个人行为的干预越少就越好。政府、国家只是默默无闻的"守

[①] 吉登斯：《社会的构成》，三联书店1998年版，第327—328页。

夜人"。为此，他主张"多数人决定"的制度，主张国家权力制衡的制度。

密尔为了限制社会权力对个人权利的制约，主张在个人权利和社会权力之间划定界限。划界的原则是："任何人的行为，只有涉及他人的那部分才须对社会负责。在仅只涉及本人的那部分，他的独立性在权利上则是绝对的。对于本人自己，对于他自己的身和心，个人乃是最高主权者。"①这不仅强调个人权利至上，而且把个人和社会、个人权利和社会权力截然分开。实际上，个人和社会是不可分割地联系在一起的，要在其间找到一条非此即彼的界限是不可能的。

这种思想在西方理论界一直占据着主导地位，并在现代得到进一步发展。哈耶克提出要区分真正的个人主义和虚假的个人主义，并为真正的个人主义辩护。罗尔斯继承了近代社会契约论的思想，倡导新自由主义。他在承认个人自由的同时，着力探讨了人的平等问题，试图把自由与平等结合起来，以克服传统自由主义只强调个人自由和权利、忽视人与人平等的缺陷。他的研究固然有重要的理论价值，但是，他的理论前提依然是抽象的、孤立的个人。这从他的《正义论》的逻辑出发点——"原初状态"即可看出。处于原初状态的个人是一种理论的假设，是一种被抽象掉任何经验规定的，被假定为"无知之幕"所遮蔽的个人，而他人、社会则是维护个人权利的外在工具。所以，尽管他的理论的天平向人与人的平等做了一定倾斜，但在把孤立的、抽象的个人作为理论出发点这一点上，他同古典的个人自由主义并无二致，并且他对人与人平等的兼顾也是以他对个人的极端抽象化为前提条件的，因而不能为解决社会平等、正义问题提供现实基础。诺齐克虽与罗尔斯有意见分歧，但也是

---

① 密尔：《论自由》，商务印书馆 1959 年版，第 10 页。

坚持用个人说明社会的思维进路，只是诺齐克更倾向于古典的
个体自由主义。罗尔斯强调国家分配对于平等的重要性，因而
强调国家权力的重要性，诺齐克则强调个人权利优先，主张限
制国家权力，认为对不平等的矫正要以不损害个人权利为前提。

与个体原子主义相反，社会整体主义认为只有社会才是真
实的存在，社会对个人具有优先性，个人只是实现社会目的的
手段，个人的需要、利益必须服从于社会整体。黑格尔就是这
种观点的持有者。在他看来，家庭和市民社会是隶属于国家的，
国家是调节社会和个人矛盾的权威性力量，是伦理理念的最高
体现。国家是目的自身，个人则只是实现国家目的的环节和手
段。"国家是绝对自在自为的理性东西，因为它是实体性意志的
现实……这个实体性的统一是绝对的不受推动的自身目的，在
这个自身目的中自由达到它的最高权利。"国家是客观精神，"个
人本身只有成为国家成员才具有客观性、真理性和伦理性"。①
黑格尔反对社会契约论对个人与社会关系的解释，认为契约是
以单个人的主观任性、意见和随意表达的同意为基础的，不具
有客观必然性。

孔德则把生物学理论引入社会系统，用生物学的方法研究
社会问题，主张社会整体主义。"生物科学按其性质基本上是整
体论的科学，它不像化学和物理学那样从孤立的元素开始，而
是从有机整体开始。"②因此，当孔德把生物学方法运用于社会
的研究时，就只能是社会整体主义的方法。在孔德看来，正如
生物有机体不能肢解为各个器官一样，社会也是一个不可分割
的整体，其中的任何一个部分、方面都不能脱离整体而独立存

---

① 黑格尔：《法哲学原理》，商务印书馆1961年版，第253—254页。
② 斯温杰伍德：《社会学思想简史》，北京社会科学文献出版社1998年版，第41页。

在。在孔德看来，社会学和生物学都属于有机体科学，都要采取整体性的研究方法，用整体解释部分。他虽然也承认社会和生物体的区别，但却认为这种区别只是复杂程度上的区别，因而生物学的方法完全适用于研究社会。他认为，社会固然由各种器官和元素构成，但是，只有从社会有机整体出发，才能认识各个器官和元素。社会是实体，人是执行社会整体功能的器官。

在现代西方哲学中，社会整体主义又以反对新自由主义的社群主义的面目重新出现。社群主义把社群作为立论的基础和前提，用社群来说明个人，认为尽管社群的类型是多样的，但都是通过一定组织而形成的有机整体，每个人都隶属于一定的社群，都生活在一定的历史传统和社会环境中，那种脱离社会的超验的自我是不存在的。社会传统和文化对个人具有形塑作用，个人只有置身于社群之中，从中获得一定的社会成员的资格，具备一定的生活习惯、道德观念和权利义务等社会品格，才能成为真实的个人，才能达到人格的自我认同。因此，个人对社群具有绝对的依赖性。社群主义对罗尔斯等人的新自由主义进行了批判。新自由主义把先验的、脱离社会的个人作为原点，这样，人后天的社会因素就只能是外在的、附加的成分了，就是不属于人的本质的东西了。这不仅降低了探讨社会正义问题的意义，而且无法从逻辑上推论出人是如何走出原初状态，与他人相互交往的。社群主义并不排除人的自由选择，但个人的选择是在一定社会境况中做出的，选择的合理性也要由社会来确认。社群主义对纠正新自由主义的片面性有积极意义，但是，它把社群视为可以脱离个人而先验存在的东西，将社会整体抽象化了。它只看到环境对人的制约作用，而忽视了人对环境的能动改造作用，因而对历史传统、对社群价值标准采取了非批判的态度。按照这种逻辑，一切社群的存在都是合理、正当的了。

上述分析表明，实体性思维方式在探讨个人和社会的关系时，或者确认个人为本体，或者设定社会为本体，形成各执一端的社会观念。前者从个人出发，主张个人优先于社会，社会依赖于个人。这虽然指出了社会受个人制约的一面，但却说明不了社会又制约人、人又依赖于社会的一面；后者从社会出发，认为社会优先于个人。这虽然指出了社会制约个人的一面，却又无法说明个人对社会能动作用的一面。它们都陷入了二难选择的理论困境。这两种观念虽然相互对立，但却都是单向度的思维方式，都是以其中的一方为基点去说明另一方。由于这种思维方式是在没有对方制约的条件下说明对方，因而，它对对方的说明也是失之偏颇的。

可见，上述社会观念作为总体性的哲学观念，固然是对人和社会关系的把握，但是，它的理论前提却是非关系性的，是用非关系性思维来思考关系性的对象，因而，所把握到的个人和社会的关系是实体化的、扭曲化的，不能揭示人和社会的真实的关系，也就不能把握社会生活的本质。要揭示个人和社会的辩证关系，关键是要把实体性思维方式转变为关系性思维方式。这是马克思主义哲学解决个人和社会关系问题的思路。

三

马克思主义哲学的社会观念是通过批判实体性思维方式建立起来的。实体性思维方式的缺陷，一是找不到个人与社会统一的现实基础，二是缺乏历史主义的方法论。马克思把物质生产实践的观点作为社会观念的核心，提出了交往实践的理论，找到了社会实践这一个人和社会统一的基础，从而考察了人与人之间的物质交往关系及其历史变迁，提出了交往实践理论，使社会观念的出发点由实体转变为关系，实现了社会本体论思想的变革。

　　马克思在思考个人和社会的关系问题时，是从可经验地观察到的个人出发，并进一步追问，直到达到最简单、最抽象的规定，将其确定为理论研究的逻辑起点。马克思认为，社会历史的第一个前提无疑是有生命的个人的存在。作为现实存在的活的生命体，个人是有自身的现实需求和欲望的，而人的需求和欲望又是通过物质生产实践活动来满足的。现实的个人首先不是消费者，而是生产者，没有生产就没有消费。因此，可经验地观察到的现实个人是从事现实感性物质实践活动的个人。现实个人的实践活动要同时具备双重关系：人与自然的关系和人与人的关系。人与人的关系是人与自然关系的前提条件，没有人和人的关系，就不能形成人和自然的现实关系，就不会有人改造自然的现实生产实践活动，因而也就不会有现实的人的生命存在。马克思通过对物质交往关系的揭示，论证了个人和社会不是抽象对立的，而是相互通连、彼此同构的。一方面，从事实践活动的个人是处于一定交往关系中的个人，是一定社会关系的承载者、体现者，个人的存在是交往中的存在，并且只有通过交往才能存在；另一方面，社会也是关系性的存在，是个人之间的交往关系。马克思在讲到个人时说：人的本质"在其现实性上，它是一切社会关系的总和。"①在讲到社会时说："社会不是由个人构成，而表示这些个人彼此发生的那些联系和

① 马克思：《关于费尔巴哈的提纲》，《马克思恩格斯选集》第1卷，人民出版社1972年版，第18页。

关系的总和。"①作为关系性的存在，个人和社会是相互映照的。一方面，社会映照着个人，个人是社会存在物，离开社会的个人不是现实的个人；另一方面，社会也通过它的对方——个人获得自身的规定。社会不是站在个人之外、之上、之先的抽象物，离开一个个的个人，社会只能是空洞的抽象。社会是为人而存在，社会存在的价值在于为人所需。个人和社会既相互同一，相互映照，又相互区别。个人和社会是交往关系的两种不同的存在方式或状态，个人是交往关系的载体、内容，社会是交往关系的表现方式、形式。个人和社会作为交往关系的两个不同侧面，它们之间存在着不可互相归约的张力关系。这样，交往关系就成为说明个人、说明社会以及说明个人和社会的关系的出发点。这就是用关系性思维方式代替了实体性思维方式。这类似于《资本论》的逻辑起点——商品。"商品"就是关系，是以可感的物的形式表现出来的人与人之间的社会交往关系。

关系性思维方式同时也是历史主义的思维方式，是承认个人和社会相互生成、辩证发展的思维方式。它认为，个人和社会在交互作用的历史行程中不断地获得和改变着自身的规定性。一方面，个人的社会化程度是个人发展状况的标志，个人在不同的社会发展阶段具有不同的时代特点。譬如，在自然经济条件下的个人就不同于在市场经济条件下的个人。前者是依附于血缘共同体的个人，后者是在普遍社会交往关系中独立自主的个人。把个人置于社会历史中去思考，去说明，就同个体原子主义划清了界限。在市场经济条件下，个人之间的交往为物与物的交换所遮蔽，个人表现出独立的外观。在个体原子主义看来，这种"独立的个人"不是历史发展的一定阶段的产物，

① 马克思：《〈政治经济学批判〉（1857—1858 年草稿）》，《马克思恩格斯全集》第 46 卷上册，人民出版社 1979 年版，第 220 页。

而是亘古以来的人的凝固不变的普遍本性。

另一方面，人总要进行社会合理性的追问，追问的尺度便是有利于个人的生存和发展。人之所以构成社会，是为了保证自身的生存和发展，而不是为限制自身的生存和发展。只是在利益对抗的社会，由于存在着个人之间的利益矛盾和冲突，才使得个人价值目标以扭曲的、偶然的、对少数人有利的方式实现，以许多人愿望的无法实现为代价，从而使社会进步以曲折的方式进行。这种对抗又将通过历史进程而被扬弃。社会只是人的生存和发展目的借以实现的形式，它不具有独立的人格，不具有自身的目的。"人们的社会历史始终只是他们的个体发展的历史，而不管他们是否意识到这一点。他们的物质关系形成他们的一切关系的基础。这些物质关系不过是他们的物质的和个体的活动所借以实现的必然形式罢了。"①由于社会总要随着人的现实需要和能力的发展而发展，因此，社会的存在方式是历史地变化着的。社会整体主义坚持抽象的社会的观点，把社会作为坚实的实体，从而有可能沦为现存社会制度做辩护的工具，失去社会批判的向度。

个人和社会的相互生成、辩证发展表明，个人和社会都不是抽象的实体，任何一方都不具有绝对的优先地位。哲学史上抽象的个人的观点或抽象的社会的观点，都是机械论的观点，它们把个人或社会看作既成的，拿起其中的一方不加批判地作为前提，用以说明另一方，导致鸡生蛋、蛋生鸡的恶性解释循环。只有历史主义的方法才能克服这种缺陷。历史主义的方法是个人和社会互相解释、互相说明的方法。它认为，个人和社会都不是既成的，而是历史地生成和发展的。诚然，历史主义

---

① 马克思：《致巴·瓦·安年柯夫（1846 年 12 月 28 日）》，《马克思恩格斯选集》第 4 卷，人民出版社 1972 年版，第 321 页。

的方法也包含着循环论的因素、成分，但它不归结为循环论，正如它包含着怀疑论的因素、成分却不归结为怀疑论一样。循环论会陷入循环论证的怪圈，它设定的任何一个前提不能排除相反的另一个前提的可能性。历史主义的方法是在历史生成过程中的解释性循环，它最充分地贯彻了哲学的反思性原则。

所谓反思性，就是批判性、终极性，就是要穷根究底，追本溯源，确定牢靠的理论前提，使理论具有彻底性。个体主义和社会整体主义作为实体性的思维方式，是单向度的追问方式，每一方都是在肯定自己一方的前提下否定、批判对方的基础地位的。它对对方的否定、批判，以对自己这一方的肯定、非批判为前提。它只是对其中一方进行追问，而对另一方则并不加以追问，视之为理所当然。它所进行的前提批判以非批判为起点，形成其反思、追问的盲区和禁区。这是实体性思维方式所固有的、不可克服的弊端。实体性思维总要从确认某一实体出发，总要设定或指认某一方为逻辑前提。因而实体性思维的前提批判是有限的、不彻底的，其立论根据是不牢靠的。由于这种被作为前提、作为出发点的东西未经过批判性的论证，因而这种前提设定具有独断论的色彩。实际上，无论个人抑或社会，都不是不言而喻的、不证自明的东西，都要进行进一步的解释和追问。而关系性思维则是辩证的思维，是在人和社会的双向追问中确立前提，因而是全面的、彻底批判的。这种双向追问或相互追问是一种良性的解释循环，体现了辩证法彻底批判性的本性。个人得以存在的条件是社会，社会赖以存在的条件是个人。个人和社会互为条件、互为前提。一方面，社会决定着个人，它作为人的不可选择的既定条件制约着人的活动。客观社会条件是多样的，并非每个人都能得到相同的条件。由此决定了每个人在社会中所处的地位是不尽相同的，每个人的现实本质是各不相同的。社会结构不仅作为外部条件约束人的活动，而且还会内化为人的认知图式和评价图式，使人自我约束。这表现了环境对人的制约作用。另一方面，环境、条件又会成为为人所认识和利用的力量，成为人的自我决定、自我实现的条件，成为主体之所以可能的条件。环境对人的创造活动固然有客观的制约作用，但是，人又可以改变环境。因为环境本身就是人的创造活动的产物，它也必然可以为人的创造活动所改变。环境是在人改变环境的活动中制约人的，它既是制约人的力量又是为人所改变的对象。环境和人的关系是环境制约人和人制约环境的交互作用过程，是社会和人的相互形塑。所以，人既不单纯被外在决定，又不单纯由内在决定，而是外在决定和内在自我决定的辩证统一。这是社会环境的可能性空间对人的自主活动的限定和人对既定社会环境能动改变之间的辩证统一，是社会发展的客观规律与人的价值行为的辩证统一。

马克思主义哲学认为，关于个人与社会关系的追问是没有止境的，不仅要追问人和社会原始的相互创生与生成，而且要追问人和社会的历史变化与发展。因为人和社会都是未完成的，都是不断发展变化的。哲学对人和社会之关系前提的追问要随着人的发展、社会的发展而不断进行，永远不会停顿下来。这种追问具有具体的、历史的意蕴，既体现了哲学反思和追问的彻底性，又坚持了理论的确定性，避免了导致怀疑主义。

马克思主义关于个人和社会关系的理论受到现代西方某些思想家的高度重视，他们从马克思的思想中受到启发，在克服个人和社会抽象对立方面进行了有益的探索。法国学者布迪厄认为："既必须摒弃那种将行动者'打发去度假'的机械结构主义，又必须杜绝目的论个人主义。"①个人和社会的对立是"虚假对立"，人的内部结构和社会结构是相对应的。他提出，社会关系可以内化为个人生活的"惯习"，而以一定权力或资本为依托的不同位置之间的客观关系则构成网络式的"场"。"惯习"和"场"交互作用。吉登斯的结构化理论则试图把方法论上的个人和社会的二元论观点变为结构二重性理论，认为人的各种行为都是在时空两个向度展开的，紧密渗入时空中的社会实践是同时构建社会主体和社会客体的根基。吉登斯非常重视马克思关于"人们自己创造自己的历史，但不是在他们自己选定的条件下创造"的观点，他的结构化理论就是建立在对这句名言的思考基础之上的。哈贝马斯提出的相互主体性的交往行动理论，也在关系性思维方面进行了探索。这体现了马克思社会观念的现时代意义与价值。但应看到，这些西方学者虽然用新的话语方式解释马克思的思想，却过分强调了人的精神的作用。我们应该批判地吸收这些思想家的合理思想，推进马克思主义社会本体论思想的研究。

我国目前正处于社会结构的转型时期。社会结构转型，从实质上说，是实际地处理个人与社会之间关系的现实实践活动。它既为理论上合理解决个人与社会的关系提供现实基础，又要求个人与社会的辩证法理论为其服务。因此，加强对这一课题的研究，不仅有重要的理论价值，而且有重要的实践意义。

---

① 布迪厄、华康德：《实践与反思》，李猛、李康译，邓正来校，中央编译出版社 1998 年版，第 10 页。

关于建立社会主义市场经济的
代价问题*

　　建立有中国特色的社会主义市场经济，是一项艰巨的社会工程。由于种种历史的原因，中国市场经济的建立已不可能走一条自发的道路，而只能是一种自觉的过程。作为一项自觉地实施的社会工程，它固然有可能更为快速和有效地达到目的，但同时也由于包含了更为巨大的风险而有可能付出沉重的代价。这就要求我们掌握社会发展的客观规律，最大限度地减少盲目性，尽可能地避免付出不必要的代价。因此，对于中国建立社会主义市场经济的代价问题进行哲学层面上的分析考察是十分必要的。

一

　　在社会的经济转型过程中，代价的付出是不可避免的。经济转型必然伴随着价值模式的转换，即用一种价值取向代替另一种价值取向。经济转型的过程是一个复杂的社会过程，不可

　　* 本文将经济转型中社会所付出的代价区分为模式代价和过程代价，指出把握模式代价的合理的度主要是探寻公平和效率的合理的结合点，减少过程代价的关键是转变政府职能，尽快消除转轨过程中的"秩序真空"状态；还论述了同社会转型中社会价值取向、价值模式的转变相适应而实现价值观念变革的必要性。与王南湜、阎孟伟合作，原载《求是》1994 年第 23 期。

能按照某种订单而整齐划一地实现，一般地说，在经济转型过程的一定阶段上，社会必须优先地把主要的力量放在解决当时最为迫切的问题上，而使其他问题的解决不同程度地受到延滞。这说明，在经济转型过程中，社会只能保证创造和实现一些价值，而不得不丢失或暂缓实现其他的一些价值——这就是代价。如果追求一种没有任何缺憾、无须付出任何代价的经济转型或社会进步，那只能陷入不切实际的空想。当然，一定代价的不可避免性并不说明任何代价的付出都是必要的和合理的。代价的付出超出了合理的限度，就意味着我们决策和实践中有失误，而失误是应当尽可能地加以避免的。因此，问题不在于要不要付出代价，而在于什么是经济转型所必需的合理的代价，以及如何使这些代价得到合理的补偿。

经济转型中社会所付出的代价，基本上可以区分为两种类型：一类称为模式代价，一类称为过程代价。所谓模式代价，是社会为换取一种新的经济模式所付出的代价。经济模式的转换必然要求和造成价值模式的转换，社会追求一种同新的经济模式相适应的价值，而使原来的价值追求受到压抑，以至使原来的价值受到损失。这种代价的付出具有总体性和永久性。所谓过程代价，则是为实现经济转型的过程而付出的代价。每一种经济模式都只有在其结构完备的情况下才能发挥它作为有机体协调运行的功能。而经济模式在结构上的完备不可能一下子实现，必须经历一个改造旧的经济模式和确立、发展新的经济模式的过程。在这个过程中不可避免地会出现某些失衡和失序的状况，使某些方面受到压抑或损失，即付出一定的代价。这种代价的付出只是涉及经济生活和社会生活的部分领域，并且可以在新的经济模式的完善过程中逐步得到补偿，因而具有局部性和暂时性。

模式代价和过程代价是交织在一起的，但又有着十分不同的意义，我们也应当寻求对它们的不同的补偿方式。因此，有必要对这两类代价分别地加以考察。

二

中国从计划经济转向市场经济，社会的价值取向也会随之转换，这主要地体现在对于公平与效率两种价值追求的关系上。一般来说，市场经济模式看重效率，而计划经济模式则把公平置于首位。需要说明的是，这里所说的公平是指实质上的公平，而不是指形式上的公平。如果就形式上的公平而言，市场经济也是讲究公平特别是机会均等的公平竞争的。当然，这种公平仍然服从于对于效率的追求，机会均等只是出发点而不是目标。为不使问题复杂化，本文暂时不涉及这种从属于效率的形式上的公平。

公平和效率是人类社会生活中两种基本的价值。一定程度的效率是一个社会得以存在和发展的前提，而一定程度的公平则是一个社会实现整合，得以稳定、和谐地存在和发展的必要条件，二者缺一不可。然而，它们之间却有着复杂的关系。一方面，二者具有相互排斥性，这往往使得"鱼与熊掌不可兼得"，过分地追求公平便难以有较高的效率，追求高效率往往不免损害公平。另一方面，二者又具有协同性的一面，而不是绝对地相互排斥的。一个仅有公平而无效率的社会固然不能满足人们增长着的需要，一个仅有效率而无公平的社会同样不能满足社会大多数成员的需要。这两种价值在其实现过程中也是相互制约、互为前提的。没有高的效率就不可能在一种较高的水平上实现公平；而缺乏应有的公平，它所造成的社会成员的异己感、冷漠感也可能导致效率的降低。因此，在事实上，尽管不同的经济模式突出地强调一种价值取向，却没有一个社会只追求一种价值而全然排斥另一种价值。计划经济效率不高，但并非不要效率；实行市场经济的国家也不是全然排斥社会公平。

由于公平和效率两种价值之间具有相互排斥的一面，因而由计划经济转向市场经济，由主要地追求公平转向主要地追求效率，就不得不使社会在某种程度上减少对于公平的追求，以一定程度的公平的丧失去换取较高的效率。这种模式代价的付出是不可避免的。但又由于公平与效率两种价值之间具有相互协同的一面，因而作为代价的公平的减少便不是没有限度的。并不是越高的代价就能得到越高的报偿，而往往是过度的作为代价的公平的放弃会导致损害效率的结果。尤为重要的是，建立和发展市场经济是从属于中国社会主义现代化的整体目标的。这个目标就是经过社会生活的全面改造，建设一个富强、民主、文明的社会主义现代化国家。显然，这样一个目标绝不是仅仅依靠追求高效率就能达到的，而是必须同时发挥社会公平这种价值的调节作用才能达到。因此，对于公平这种代价的付出必须把握住合理的度。这个合理的度就是公平与效率的合理的结合点，在这样一个结合点上，不仅有较高的效率，而且兼顾了公平。不言而喻，这样一个合理的结合点在不同的历史条件下是有所不同的；但同样不言而喻的是，这样一个合理的结合点是我们在建设社会主义市场经济的整个过程中都应当去探寻和把握的。

公平与效率的合理的结合点不会自动地出现。就市场经济本身来说，它是自发地追求效率而排斥公平的。在市场中，效率是生存的法则。谁要想生存，谁就得有效率，有比他人更高的效率。在这一法则的制导下，人们就会把一切有损效率的东西都弃之不顾。这就必然导向把高效率的工作能力视为人的最重要的价值，把物质财富视为最值得追求的东西，而漠视人的平等生存权利这些基本的方面，漠视人的能力的全面发展。这种情况在某些不规范的"三资"企业中表现得比较突出，有时职工的最基本的权利也得不到保证。在这一法则的制导下，人们对于社会生活的各个领域都会以经济领域的标准去衡量，这就往往导致忽视非经济领域不同于经济领域的特殊规律，使得那些不能直接带来经济效益的社会事业难以生存，目前教育事业的艰难处境就是一个明显的例证。这些都说明，实现公平与效率的合理结合不能指望市场的自发作用，而只能靠政府从市场外部对其自发作用给予某种程度的校正。

政府从市场外部对于市场自发作用的校正可以采取直接的和间接的两种方式。直接校正的方式，就是政府通过法律的、行政的手段直接干预市场运行，直接地限制或约束市场的自发倾向。间接校正的方式，则是借助于社会财富的再分配如通过提高税收、社会救济、兴办公益事业等方式，对于受到损害的社会公平做某种程度上的补偿。这种依靠政府的校正或补偿方式，是所有实行市场经济的社会都不同程度地采用的，但在私有制条件下，这种校正或补偿作用是极其有限的，而中国以公有制为主体的社会主义市场经济则应当也可能更好地做到这一点。

三

过程代价虽然是一种局部性、暂时性的代价，是可以控制在一定的范围内并随着经济转型过程的结束而得到补偿的代价，但绝不是无足轻重的。恰恰相反，由于中国经济转型的特殊方式伴随着巨大的社会风险，因而使过程代价的问题显得更加重要。

过程代价存在于经济的领域，也存在于非经济的领域即整个社会领域。从经济领域来说，在经济转型中难免出现经济运行失序和失衡的状况，使经济发展在某些方面受到损失。计划经济和市场经济都是一种资源配置方式，各为经济运行提供一种秩序。在经济模式转换的过程中，当旧有的秩序被革除时，新的秩序却不可能及时建立起来，这就会出现某种"秩序真空"状况，即经济运行处于某种无序状态。在这种状态下，在宏观上，不可避免地使国民经济出现某种不平衡；在微观上，则一方面使得那些由于种种原因而一时难以适应这种尚未发育成熟的新经济模式的企业陷入困境，另一方面又给那些侵害国有资产者以可利用的机会。这都会使社会财富蒙受损失。从非经济领域来说，社会的各个部门如文化、教育等部门，为着适应经济模式的转换，都需要调整自身的内部结构以及它们在整个社会格局中的位置。但由于这些非经济领域的特殊性，更由于新的经济模式本身的不完善性，使得这种调整和适应过程具有极大的不确定性，更难以完成。这就有可能导致文化、教育等事业的严重困难和发展滞后状况，使社会发展并最终使经济本身的发展蒙受损失。

一般来说，过程代价是任何一种社会经济转型所不得不承受的代价，但由于现今中国经济转型的特殊性所带来的巨大社会风险的存在，一般意义上的过程代价有可能被过度地放大，因而使得原本不很严重的问题可能产生十分严重的后果。中国市场经济的建立过程与西方那种原生的市场经济的建立过程是很不相同的。首先，西方的原生的市场经济是在非市场经济的缝隙中自发地、逐步地成长起来的，在其成长的过程中可以与非市场经济并存于一个社会之中。在那里，非市场经济对于市场经济既有限制的作用，又在客观上有一种补偿的作用；从避免社会风险的角度上说，它对于市场经济还有一种保障的作用。由于这种补偿和保障作用的存在，市场经济在其发育成长过程中不可避免的不完善性及其造成的失序和失衡就只是局部的，不会导致整个社会失衡和失控的风险。而中国的社会主义市场经济则是在多年来全面实行计划经济的历史前提下，由国家自觉地、整体地将计划模式改造为市场模式的。中国不可能采取两种模式并存的方式去建立市场经济。两种模式的并存即通常所说的"双轨制"，不但不能对市场经济起到补偿作用或保障作用，而且常常是产生种种社会问题的重要原因。由于中国的市场经济在其成长过程中不存在其他经济成分的补偿和保障作用，因而在经济转型过程中便包含了巨大的社会风险，由新的经济模式的不完善性所造成的无序在一定条件下可以导致整个社会的失衡，本来是局部性的问题可以引出全局性的后果。其次，在现今条件下，中国经济模式的转换，已不可能像西方原生的市场经济的建立那样经历漫长的年代，而只能采取在几十年时间内快速完成的方式。在这样一个短促的过程中完成别人用了数百年时间所做的事情，人们不可能有足够的时间和充分的心理准备去适应这种变化。这就不能不使这一变化过程潜藏着更多的不确定性，从而有可能放大某些局部的失序和失衡，使之成为影响全局的东西。

可见，中国社会主义市场经济的建立，由于过程代价可能被放大而蕴含着巨大的社会风险。这就要求我们强化风险意识，在决策中采取谨慎的态度，尽最大可能减轻模式转换过程中的无序程度，避免可能避免的代价。这里，最根本的环节是尽快实现政府职能的转变，即由适应于计划经济模式的政府转变为适应于市场经济模式的政府。

政府职能的转变和加强，首先就在于建立并完善新的经济秩序，尽快消除经济模式转换过程中的"秩序真空"状态。转向市场经济无疑是要充分发挥企业的自主性，让企业具有完全的自主经营权，使其不受干扰地走向市场，但这并不意味着政府可以撒手不管。仅仅把企业推出不管，并不能直接导向市场经济，至少不能导向一种完全的市场经济。市场并不是可以为所欲为的地方，它也有自己的一套规则。计划经济固然是高度有序的经济，但市场经济对于秩序的要求也不次于前者，只不过它所需要的是不同于计划经济秩序的秩序。这样一套秩序不能自发地形成，需要由超越于市场的政府帮助建立，并以法律的形式予以保证。

还应看到，在我国由计划经济转向市场经济时，世界上的市场经济早已由古典型转变为现代型，即由在"无形的手"支配下的自由放任的市场经济转变为以"无形的手"为基础并加进了"有形的手"即政府干预的现代市场经济。在这样的世界历史条件下，我们不需要也不能够重走西方国家经由自由放任再到加进政府干预的市场经济的道路，而是应当直接借鉴世界市场经济的现代模式。在现代市场经济中，政府不仅作为一种超经济的力量必须担当建立并保证市场正常运行秩序的职能，而且还须以自己应有的方式去干预经济过程，这就是在市场完全地发挥其调节作用的基础上，发挥政府的宏观调节作用，以补充市场调节的不足。这种干预或补充作用对于我国的经济转型来说，尤其具有重要的意义。与许多国家不同，我们拥有相当大数量的国营大中型企业，这些企业是国家经济的命脉，大多具有较先进的技术水平，但由于规模巨大，在经济转型过程中不及小企业那样易于适应市场经济，因而不同程度地遇到了效益低下的困难。如果让其自生自灭，必将给整个国民经济带来十分不利的后果。在转向市场经济的过程中，政府必须采取特殊的措施，帮助这些企业适应市场经济。

最后，政府职能的转换还在于适应市场经济的条件，调整文化、教育等领域的结构及其同经济领域的关系，在新的经济秩序的基础上建立起新的社会秩序，在整个社会范围内尽快地消除"秩序真空"状态。

总之，在经济转型过程中，政府新的职能的尽快形成和加强，是避免不必要的代价付出和减弱社会风险的关键。

四

对于经济转型过程中的代价，由政府采取一定的措施使其减少或予以补偿是极其必要的，但这种减少和补偿不可能完全，而是有其客观的限度的。过高的补偿会导致效率的下降，以致失去市场经济的积极意义。这是一个很简单的道理。如果效益不好的企业的职工也能够通过政府补偿而获得与他人同等的收入，那么谁还会去关心提高效益？因此，总是会有一部分无法避免和得不到补偿的代价需要人们承担下来，并在主观上适应这种承担。这就要求社会成员在心理上有承受代价的准备。就过程代价而言，要求人们有承受阵痛的忍耐力，尤其要有清醒的风险意识。就模式代价而言，则要求人们对既有的价值观念和以价值观念为核心的整个精神文化进行调整和改变。这两个方面是紧密地联系在一起的。过程代价是模式转换过程中的代价，不是同模式代价无关的代价。承受过程代价所需要的心理上的忍耐力和风险意识，都要以对于模式转换即社会变革的理解为前提。因此，解决经济转型过程中人们的心理准备问题的基础和核心，就是价值观念的变革。

价值观念变革的实质在于通过渗透于文化之中的价值观念的改变来改变人们的心态，使人们从计划经济体制下主要地对于公平的期望心态，转变为适应于市场经济体制的主要地对于效率的期望心态。这是通过主观上的调节作用以达到平衡与补偿的目标。这种主观上补偿的必要性是显而易见的。人的行为是自觉地进行的。这种自觉性不仅指人的行为是按事先的计划进行的，更重要的是指人总是给自己的行为赋予某种意义。人总是追求行为的意义即价值，排斥以至禁止无价值和负价值的行为。而评价一种行为是否有意义，这是有客观标准的。人们的价值观念与行为实际取向的一致，是一个社会得以正常运行的必要条件。如果占主导地位的价值观念与特定经济模式中要求的价值取向不一致，人们就会在主观上排斥这种经济模式，不可能在这种经济模式中扮演一个积极的角色，这种经济模式也就难以有效地运行。中国从计划经济转向市场经济，社会的实际价值取向由以公平为主导转向以效率为主导以后，要使人们的心态能够适应这种变换，使人们能在市场经济模式中成为积极的行为者，就必须在价值观念和文化上实行根本性的变革。而且须知，在多年的计划经济体制下形成的看重公平的价值观念，由于有着悠久的传统文化中不患寡而患不均的平均主义、重义轻利的道德观念等的支持，而具有巨大的历史惯性，这种变革是十分艰难的。

诚然，在价值观念和文化上实行根本性的变革，绝不是全盘否定传统的文化和价值观念。市场经济尤其是社会主义市场经济，在价值取向上以效率为主导却并不完全地排斥公平，因而与公平的取向相适应的传统价值观念也就并非绝对地过时与无用。因此，变革传统的价值观念也需把握住合理的度，过与不及都是有害的。"不及"固然达不到市场经济所应有的要求，"过"也会使问题变得困难以至根本不能解决。在这个问题上，必须反对对于传统文化的保守主义和虚无主义两种偏向。文化保守主义认为传统文化及其价值观念不加根本性的改造就能够适应市场经济，而看不到传统文化中所体现的价值观念与市场经济的基本价值取向在根本上的不相容性。民族文化虚无主义则走向了另一极端，否认传统文化对于市场经济的任何积极意义，主张绝对地抛弃传统而重建或移植一种同传统完全割裂的文化和价值观念，它看不到市场经济与传统的价值观念仍有某种相容性、协同性的一面，看不到传统文化资源对于建立新的文化和价值观念的可利用性的一面。

必须明确的是，反对文化保守主义和虚无主义，建立新的文化与价值观念，绝不是现成地从传统文化中摘取一点，又同样现成地从西方文化的所谓"现代观念"中摘取一点，再将它们简单地拼合起来。社会文化及其包含的价值观念，作为一种时代精神，是一种具有有机整体性的东西；它也不只是一种使人们消极地适应现实的力量，而是一种引导人们进行积极的创造活动的具有自身生命力的能动的东西。很显然，一种新的文化不可能采取外在的拼合去构成，而只能在现实的社会实践中通过人们的创造性活动去铸成，只有通过人们的创造性活动才能赋予其勃勃生机。因此，重要的不仅在于必须汲取和借鉴传统民族文化和现代外国文化，而且更在于现代中国人自己的创造。汲取和借鉴也是为了创造，是把传统文化和外国文化都当作可资利用的资源而进行文化的再造。如同富有生命力的社会主义市场经济是现代中国人的独创一样，富有生命力的中国新文化也只能出自现代中国人的独创。几十年来争论不休的"中体西用论"与"西化论"的失误，正是在于它们只想现成地搬用一种文化，而没有想过把既有文化只是作为一种资源去创造出新的中国现代文化。适应于和服务于社会主义市场经济的精神文明建设，应当汲取这个教训。为此，有必要在上述意义上坚持和强调"古为今用""洋为中用"两个口号，使一切既有文化都为建设中国现代文化所用，为中国社会主义现代化所用。

重建新世纪的价值观[*]

我们目前正处于新旧世纪交替的历史时期。从哲学价值观上反思我们刚刚走过的 20 世纪,展望新的世纪,是非常必要的。在 20 世纪,片面的现代文明价值观的局限性已经充分显现出来。只有依据新的历史条件,实现价值观的变革和重建,才能为新世纪的发展提供良好的思想基础和精神保障。价值观是支撑人类生活的精神支柱,它决定着人类行为的取向,决定着人们以什么样的心态和旨意去开创自己的新生活,因而它对于人类的生活具有根本性的导引意义。探讨世纪之交价值观的变革与重建,是全人类关注的问题,是世界性的重大时代课题。这正是我们召开这次"新世纪价值观"国际研讨会的主旨。

价值观作为人对自身生活意义的反思和追求,既具有相对的稳定性,又会随着社会生活的变化而变化。在历史上,现代文明的价值观是随着人类由农业文明向工业文明的转变而生成和发展起来的,它既有效地引导着人类工业文明的实践,又包含着自身的缺陷。

工业革命以来的现代文明时代是科学技术迅速发展并广泛

---

 * 本文是作者在"南开大学 2000 年新世纪价值观国际研讨会"上的主题发言稿。文章论证了在当代价值观的变革与重建的必要性和紧迫性,并提出新的价值观的建构要同探索新的社会发展模式结合起来,要以人类理性精神的重建为基础,要处理好本民族文化和异质文化的关系。原载《中国教育报》2000 年 10 月 11 日、《天津社会科学》2001 年第 1 期、《新华文摘》2001 年第 1 期。

运用于物质生产的时代。人类运用科学技术，使自己由过去依附于自然变为能动地支配自然。科学技术在社会生产中显示出的巨大威力，使得人们过高地估价了科学理性的力量。于是，人由崇拜外部自然、崇拜超人间的神的力量转向崇拜人自身，崇拜人的理性。科学理性的片面发展，使人与自然的关系日趋紧张。在 20 世纪，随着科学和工业的发展，人的行为的社会化程度空前提高，人的行为的社会效应空前增大，人对自然的"征服"引发的自然界的报复也更为猛烈地表现出来，造成了严重威胁人类生存的全球性问题。严酷的事实使得人们用科学理性征服自然的信念破产，迫使人们重新思考科学理性的作用，思考科学理性的合理性限度。现代科学技术的发展，呈现出与人文社会科学日益接近的新特点，科学技术的社会影响和人文意涵更为明显地显现出来，科学技术中的人文价值问题日益突出。克隆技术、人类基因密码的破译等，都把科技发展的道德和价值问题尖锐地提到人们的面前，都凸显出工业革命以来现代文明价值观对科技本质理解的片面性。

工业文明是以市场经济为基础的。市场经济的利益驱动机制，在充分调动人的生产积极性、促进生产发展的同时，也刺激了人的物欲的膨胀。在市场经济下，人的物质欲望是以追求抽象的"物"——货币的形式表现出来的，是对抽象的、一般的物质财富的追求，必然会诱发出拜金主义。物欲的膨胀会伤害人们的情感世界，扭曲人们之间的亲情、友情，阻滞人们的精神交往与沟通，精神生产这片高尚的领地也会受到功利主义的污染。对社会物质财富的片面追求，会从根本上影响人们的消费观念。如果说在工业文明的早期，勤俭还是社会倡导的主流价值观念，那么，随着牟利性的生产对消费的影响，必然会刺激起人们过度消费的欲望，造成消费主义的祸患。在这种情况下，社会物质欲求和精神追求相分裂，整个人类文明向物欲倾斜。20世纪，由于社会经济发展的垄断性，使贫富差距更为扩大，人们的利益冲突更加明显，人们对物欲的追求更加强烈，拜金主义、享乐主义泛滥，人们往往用过度的物质消费填补精神上的空虚。功利主义的观念渗透到精神生产之中，高雅文化被冷落，低俗文化充斥着文化市场。过去认为只要运用理性的力量便可以解决各种社会矛盾，建立人人自由平等的"理性的王国"，而事实上，按科学理性建构的官僚科层组织和机构，不但没有实现自由、民主的预期社会理想，反而成为禁锢人的思想和行为的牢笼。两次世界大战给人类造成的巨大灾难，国际社会的冷战、局部性战争的威胁等，所有这些，都从根本上动摇了科学理性主义的价值观，使"理性王国"的理想破灭，使人们普遍地陷入精神的困惑、信仰的危机，人们充满对现实无可奈何、对未来悲观失望的情绪。

在20世纪，社会因素的复杂多变，使得人们往往不再把生活的价值目标和意义视作确定无疑的，生活世界的动荡不定使得人们难以形成固定不变的价值观念，许多人失去对生活意义的坚定信念，怀疑主义、相对主义、非理性主义随之蔓延。然而，现代社会却又要求人们对自己的生活抱有明确的态度，做出明确的自我决定和选择。人们从来没有像今天这样强烈地需要相对稳定的价值观念的支撑，需要在变动不定的世界寻求到一个安定的精神家园。生活世界的变幻不定，理想信念的迷失，又使人难以弄清生活的最终意义。人往往生活在渴望理解生活的最终意义，却又怀疑生活最终意义存在的矛盾之中，生活在因缺乏稳定的价值观念而对周围世界无所适从却又必须做出明确的自我决定的矛盾之中。由于缺乏精神的支撑，人的心理承受能力脆弱，无法应对复杂的社会矛盾和变动不居的社会生活，精神病患者增多。

在 20 世纪，虽然居于主流地位的片面的现代文明价值观在哲学上不断地受到批判，但是，西方哲学是在科学主义和人本主义两种思潮相互分裂、相互对立的情况下进行批判的。唯科学主义用量化的、计算理性的方法评判一切，人的情感生活、精神世界被忽略。人本主义则表现为非理性主义的消极悲观情绪，表现为对人们精神生活危机的一种无奈的态度，因而，都不能为人的积极进取的人生理想与追求提供理论指导。近年来，虽然这两大思潮呈现出合流的趋向，但是，却并未找到二者统一的现实基础，不能满足人们形而上的精神需求。显然，21 世纪的哲学家们必须探索新的解决问题的方式。

关于如何探索在变革旧的价值观的过程中重建新世纪的价值观，我想谈三点意见。

首先，新的价值观的建构要同探索新的社会发展模式结合起来。一个社会的价值模式同社会的发展模式是紧密相关的。从一定角度说，社会发展的目标模式同社会的价值模式就是一回事。针对人类文明已经严重倾斜的情况，必须改变以往单纯以经济增长为根本目标的社会发展模式，确立社会生活全面进步的新模式。这几乎已成为各民族的一种共识。同这种新的社会发展模式相适应，在价值观念上就应当树立把人的全面发展作为衡量社会进步的标尺，树立人是社会发展的主体和目的的观念。社会在满足人的基本物质需要的同时，要注重人的精神生活的充实，精神需求的满足，使社会的物质文明和精神文明协调、平衡发展。为此，新世纪价值观的建设，要建立在高度重视人的价值上，反对用物化的价值、异化的价值遮蔽和压抑人的价值，用物欲的膨胀挤压人的精神空间。

其次，新的价值观的建构应以人类理性精神的重建为基础。

近代西方理性主义的失误不在于它看重理性，而在于它把"理性"概念片面化了。这主要地表现在两个方面。其一是，它越来越把人类理性归结为科技理性，并把科技理性只看成一种工具性的东西，而把价值理性排除于"理性"概念之外，像人们对于生命意义的追寻、对于人类命运的关注、社会理想的确立等，都似乎不是"理性"要做的事情。这样，就会使科技理性或工具理性因失去人文理性或价值理性的制约而片面地恶性地膨胀，也会使价值理性因脱离科学精神的基础而难以培育和健全。其二是，近代西方工业文明倡导的理性实质上是抽象、孤立的个人理性。这种理性会使人用"以自我为中心"的利己主义态度对待自然，对待社会。在人与自然的关系上，如果说在工业文明的早期，人与自然截然对立的观念还有一定的认识上的原因，那么，在现代，人对自然环境的肆意破坏则主要应归咎于不顾社会和他人利益的利己主义。在人与人的关系上，抽象、孤立的个人理性导致个人行为的自觉性和个人之间社会交往的自发性的矛盾，使个人的理想目标难以达到预期的结果。人的自我决定与行为后果的超出自我预期之间的矛盾，必然会使人对理性产生动摇和怀疑，发生理想信念的危机。可见，克服近代理性主义的片面性，重建健全的人类理性精神，是构建新世纪价值观的重要基础和前提。

最后，最为重要也最难以处理的是本民族文化与异质文化的关系问题。价值观念是文化观念的内核，建构新的价值观是个文化建设的问题。任何一种价值观都必须根植于本民族的文化土壤，但又难免受到异质文化的影响。本民族文化与异质文化的关系问题，在现代条件下更为尖锐、更为复杂了。现代经济发展呈现出全球一体化的趋势。经济全球化的后果，是各种文化的矛盾与冲突更加激烈，东方文化和西方文化，前现代文化、现代文化和后现代文化被挤压在一个平面上，相互碰撞，相互激荡。以电子计算机网络为媒介的交往方式的迅速发展，使各民族之间的交往更加广泛和紧密，这又使文化问题变得更加错综复杂。在当代，世界各国的联系不仅更加广泛紧密，而且具有了新的特点。当代世界已经不再是发达国家单向度地向其他国家和民族扩张，使其他国家和民族沦为殖民地的时期。广大发展中国家和民族从对发达国家的经济、政治的依附状态下解放出来，摆脱殖民地和附属国的地位，争取民族独立和国家主权，走上了独立自主的发展道路。这种世界经济、政治格局决定了不同民族的文化也应保持自己的独立性，任何国家和民族都不能把自己的文化观念、价值原则强加于其他国家和民族，搞文化殖民主义或文化霸权主义。当然，在全球化、网络化的当代，各民族的文化又要相互对话、相互交流。一种文化只有通过同其他文化的相互作用，通过吸取异质文化的积极因素，才能自我保留、自我发展。人类文明史表明，文化的保留有两种不同的形式。一种形式是，某种文化观念通过汲取异质文化中的积极成分，通过对自身相异的文化的整合使自身得到发展，形成一种新的文化观念，原有文化观念以扬弃的形式在新的文化观念中得到保留；另一种形式是，某种文化观念，只是它的积极成分为其他文化所吸收，在其他文化中以扬弃的形式保留下来。前者是自我保留，后者则是被保留；前者使一种文化自身的生命延续下来，后者则使一种文化自身的生命消亡。这两种文化保留形式的区分，对于作为该文化的载体、作为该文化的拥有者的民族来说是生命攸关的事情。显然，一种文化要想自我保留下来，而不仅仅是在其他文化中被保留下来，就不能只是以一种消极的方式去与其他文化相互作用，而必须主动吸取其他文化来补充和发展自己，获得自我发展的新形态。

所谓建构新世纪的价值观，说到底，就是建构民族文化在新世纪获得自我发展的新形态。

新的世纪、新的社会发展态势和格局呼唤着新的价值观念，我们应该积极探索，努力创新，为建构起能够合理指导新世纪人类生活的新的价值观，做出我们的理论贡献。

论文化观念变革的意义[*]

文化观念可以说是人们最一般的生活方式的观念表现。人类活动是自觉的。文化观念对于人们的生存活动的规范或制约作用便是表现人类活动自觉性的一个方面。因此，社会变革、生活方式的变革，必然同时是文化观念的变革。而且，文化观念的变革往往是整个社会变革的前导。在中国社会处于大变革的今日，研究文化观念的本质、变革的可能性与必然性，以及文化观念变革的规律、方式和限度等，以自觉地顺应历史发展的趋势，选择明智的文化战略，无疑有着重大的意义。

一

关于"文化"的定义很多，但它们在本质上都离不开对于人与自然关系的指涉。因此，可以大体上把文化理解为人们处理人与自然的关系的一般方式，而文化观念则是以观念的或精神的形式所体现的处理人与自然的关系的一般方式。

人与自然之间的关系，首先是一种物质性的关系。人作为

---

　　* 本文阐述了文化观念的变革不仅在于适应社会变革的需要，而且在于适应文化自我保存、自我发展的需要，阐述了文化观念变革的过程是在与他种文化相互作用中通过自我否定而肯定自身、通过自我变化而保持其自身存在的过程。与王南湜合作，原载《天津社会科学》1992 年第 2 期。

一种自然存在物，必须与外部自然进行物质交换才能够存在。但人类作为一种特殊的自然存在物，则必须以人的方式与外部自然进行物质交换才能够存在。外部自然并不是为了人类的目的而存在的，人为了能够以人的方式与外部自然进行物质交换，便必须通过自身的活动，改变外部自然对于人的需要的外在性，扬弃其不合目的性的直接存在形态。这就是说，改造外部自然使之合乎人的需要的物质生产活动，构成了人与自然间的最基础性的关系，亦即构成了文化的最深层的基础，人与自然关系的其他方面特别是观念领域方面，亦即文化观念方面，都是建立在这一基础上面、受这一基础的制约或限定的。

但人的物质生产活动方式对于精神活动方式的制约作用或限定的作用，并非是一种绝对的决定作用，而是一种一定范围内的限定作用，即只是限制其活动的可能性空间。这样一个可能性空间，便是人类精神现实地活动的领域，是人类主体能够自由抉择的空间。在此现实的可能性空间内，人们能够选择任何一种特定的精神活动的方式，即形成特定的文化观念。这些可供选择的不同的精神活动方式或文化观念，从原则上说都是同作为其基础的物质生产活动相适应的。由此可以得出一个结论：在相同的物质生产活动方式的基础之上，可能会形成相当不同的文化观念。例如，同为与手工农业生产方式相适应的文化观念，14—15世纪的中国与西欧中世纪便有极大的不同；当代美国与日本同为资本主义现代化生产方式，但其文化观念亦各有不同，等等。这些都表明，在一个社会中，物质生产基础与其文化观念的同一是一种包含差别的同一，具体的同一，而非机械的僵死的同一。

文化观念与其现实基础的差别性即矛盾性，决定了它们之间是相互作用的。文化观念必然要对作为它的现实基础的物质生产活动乃至全部社会生活发生作用。人的活动是一种有意识、有目的的自觉的活动，是具有指向主体所选择的理想目的的意义的。这样一种目的的作用，正如马克思所指出的，"是作为规律决定着他的活动的方式和方法的"。①人们的活动目的的选择作为一种精神活动，是必然地受特定时代的精神活动的一般方式即文化观念支配的。某种文化观念一旦形成，便作为一种既定的东西规范着人们的选择。物质活动作为基础性的东西决定着文化观念，文化观念又通过影响物质活动目的的选择而制约物质活动本身，使物质活动服从文化观念的引导。这样，在一个社会整体内部，人们的物质活动与精神活动便是互相制约、互相作用的。一方面，既定的物质活动条件限定了精神活动的可能性空间，使其只能在此空间范围内具有现实性；另一方面，在此现实的可能性范围所形成的精神活动的一般方式即文化观念又反过来制约着物质活动在其可能性范围内的特定实现，使人们的全部活动具有指向理想目的的意义。由于文化观念的这种范导作用，使得大体相同的物质条件下的人们形成了各具特色、丰富多彩的文化形态。

不言而喻，人们精神活动的一般方式或文化观念是构成全部人类活动的一个必不可缺的环节。在既有的物质条件规定的可能性范围内，它能够引导人们的物质活动指向不同的目标。例如，在14—15世纪，中国和西欧的生产力发展水平大体相当，但由于有着不同的文化观念，中国与西欧在此后的几个世纪中却走着不同的道路。在西欧，由于文艺复兴和宗教改革，人们的文化观念发生了巨大的变化，形成了新的价值观，最终导致了资本主义生产方式的确立和几个世纪的社会大变革。而在中国，由于传统价值观念的强大作用，限制了资本主义因素的发

---

① 马克思：《资本论》第1卷，人民出版社1975年版，第202页。

展。因而，此后几个世纪，当西方社会进入近代之时，中国社会传统的生产方式却又延续了数百年之久。这当中的原因固然是复杂的，但无可否认的是，文化观念的不同，是一个极其重要的因素。这一点在一个社会处于稳定发展阶段时，往往表现得不甚明显；而一旦社会处于大变革阶段时，由于此时为既定物质条件所限定的人类活动的现实的可能性空间比之平时有了极大的扩张，人们面临着更加多样的可供选择的可能性，文化观念对于人类活动的导引作用也就极大地增长了。这时，一种适应于变化了的物质条件的文化观念便能够引导社会走向新的发展阶段，而一种对于新的条件而言已经陈旧了的文化观念则可能引导人们向后看，怀旧复古，在新的机遇面前徘徊不前，从而成为社会发展的障碍。因此，在社会大变革时期，作为人们精神活动一般方式的文化观念的变革便成为社会发展的一个极其重要的环节。不革新旧的文化观念，社会便不能前进，不转换那些"像梦魇一样纠缠着活人的头脑"（马克思语）的陈旧的文化观念，人们就无法迈开大步走向新的时代。

二

文化观念变革的必要性首先在于适应以物质生产活动方式的变革为基础的社会变革的需要，但其意义并不止于此。文化观念变革的更深远的意义，还应从它同文化本身的命运的关联上去考察。对于任何一种曾经有过辉煌而悠久的历史的文化来说，文化观念的变革是使其恢复活力，焕发青春，以一种生机勃勃、富有创造力的形态存在和发展的唯一道路。

按照辩证法的观点，一种作为精神活动一般方式的文化观念，本身即是一个统一性与多样性的矛盾体。这种统一性与多样性之间的张力场构成了一种文化观念自身发展的可能性空间。一种文化观念对于它们所遇到的问题是在这种可能性空间内寻求解决方法的。这一空间范围的大小，便成为一种文化观念的生命力或创造力强弱的直接标志。一种具有广阔的可能性空间的文化观念，包含了比较丰富的解决问题的方法的贮藏量，有着比较大的弹性以应付各种挑战，从而也就有着较强的生命力；而一种可能性空间狭小的文化观念，只包含比较贫乏的解决问题的方法的贮藏量，只有很小的弹性去应付挑战，也就只具有很弱的生命力；而一种文化观念如若丧失了其可能性空间，那也就丧失了应付任何事变的弹性，从而也就丧失了任何积极的生命力。

一种文化观念在其形成之初，必然是具有比较广阔的可能性空间的，从而也是具有较强生命力的。文化观念伴随社会发展的过程，也就是运用文化观念的可能性空间中所蕴含的方法去解决问题的过程。这一过程的结果，是使该空间内潜在的可能性逐步地转化为现实性，从而使得可能性空间缩小，亦即使该文化观念解决问题的方法的贮藏量减少。因而，文化观念的发展，也就是一种消耗或消费其所包含的可能性空间的过程，亦即消费其生命力的过程。随着时间的推移，一种文化观念中所蕴含的可能性空间会越来越小，它作为解决问题的一般方式，也就越来越失去弹性，直到最后，将不可避免地陷入僵化，丧失应付挑战的能力。从辩证矛盾观看，这一过程是每一种文化观念所必然要经历的。黑格尔认为："凡有限之物都是自相矛盾的，并且由于自相矛盾而扬弃自己。"[1]一种特定的文化观念，作为一种有限之物，自然也不例外。因此，一种文化观念，要

---

[1] 黑格尔：《小逻辑》，商务印书馆1980年版，第177页。

想保持已经获得的成就，要想永远保持旺盛的生机，永远富有创造力，便必须实行自我扬弃，实行自我变革，通过这种自我扬弃或变革，打破已经僵化的活动方式，吸收异质因素，在统一性与多样性之间重新造成一种强有力的张力场，从而增大其可能性空间，增强其生命力。所谓文化观念的变革，实际上也就是对文化观念的活化或激活，是文化观念通过自我否定而肯定自身，通过自我变化而保持其自身的存在。在矛盾发展过程中，只有适时而变，才能保持变中的不变，保持自身生命的延续；而如果固守不变，则只会失去变的主动权，结果是被迫地为他人所变，从而中断自身生命的延续。总之，一种文化观念的长存即依赖于不断的自我扬弃。通观人类历史，没有一种文化观念能够不经过变化而永久地保持自身。现存的诸种文明及其文化观念，无一不是经历了多次的变化的；而那些拒绝变革或缺乏变革条件的文明及其文化观念则无可挽救地消亡了。

所谓文化观念的变革，实际上也就是在不同文化观念的相互撞击中相互排斥和相互汲取，从而达到某种形式的相互汇合。一般说来，在人类历史的远古时期，许许多多人群都是各自孤立地、因而极其缓慢地发展的，其间的交往甚少。而自从进入文明时期以来，随着技术的发展和人们之间交往范围的扩大，那种与其他文明隔绝的孤立发展的文明便很少见到了。各种不同的文明之间交流的机会空前增多了。这样，文化观念的发展，便主要地不是依赖于自身的孤立变化，而是通过不同文明之间的撞击与渗透而实现的。各自孤立的人群仍离生物界不远，它的发展是以一种随机的方式进行的，因而是以大量的人类生命活动的浪费为代价的。这种方式的最终结果只有少数幸运的人生存下来，获得了发展，而大多数人的活动却被枉费了。人类进入文明时代之后，人类文明及其文化观念的发展才是真正地获得了专属于人类的特征。这种通过不同文明之间的交互作用、交互渗透而实现的发展，一方面，因其为发展直接提供了"营养丰富的高级原料"，而不必重复地将某种文明再造出来，从而大大地加快了发展的速度；另一方面，又使得每一种发展起来的文明的积极成果能够以某种方式在其他文明中保存下来，而没有随同该文明的消亡而消亡。这种在互相作用、互相渗透中发展文明及其文化观念的方式，在现时代随着新技术革命的到来更是空前地凸显了。

那些远古时代的原始文化，由于互相隔绝，绝大多数都消失在废墟之中了，我们今天至多只能通过考古学家的眼睛对之形成一个极其模糊的表象，而文明时代以来的各个文明及其文化观念却通过交互作用而在后继的其他文明中保留了下来。这是十分明显的事实。但进一步看，这种保留却采取了两种截然不同的形式：一是某种文化观念通过吸收异质文化观念，通过对与自身相异的东西的整合使自身得到发展，形成一种新的文化观念，由此扩展了自身的可能性空间，增加了生命力，而原有的文化观念则以扬弃的形式在新的文化观念中得到保留；二是那些僵化而又失去生命力的文化观念，其积极的成分只是为他种文化观念所吸收，成为促进他种文化观念发展的养料，并在他种文化观念中以扬弃的形式被保留下来。在这两种不同形式中，虽然文化观念中的积极成果都以某种形式保留下来，但结果却完全不同。在一种形式下，该文化观念的自身的生命延续下去了，而在另一种形式中，该文化观念自身的生命却消亡了。前者是一种自我保留，后者则是一种被保留。不言而喻，这两种不同的保留形式对于作为文化观念的拥有者的人们来说，是一件性命攸关的事情。遗憾的是，人们常常不能注意到这种自我保留与被人保留的区别的重要意义。我们常常听到有人津津乐道某些文化观念如何被他人所汲取，所欣赏，并视为该种文化观念具有强盛生命力的证明。这种不区分自我保留与被保留，只是一味自我陶醉的虚骄态度，显然是极其有害的。

我们且对历史略做回顾。一方面，在人类历史中产生过重大影响的文明及某些文化观念都被保留下来，但它们是作为一种有机成分在其他文化观念中发挥作用的，其生命力依赖于它们所从属的新的文化观念，而不是自身。而那些创造了这些文化观念的人群及其后代却失去了昔日的勃勃生机。如何理解这种历史现象呢？黑格尔曾有过一个便当的说法，他认为，当世界精神进入这些民族时，它们便生机盎然，而一旦世界精神走向他处，它们便失去了灵魂，成了一个僵死的躯壳。这种说明当然是唯心主义的，但它却道出了一个事实，即文化观念必须不断地发展变化，才能够长存，才能够在变中保持不变，而如果不自我变革，则必将失去生命力。这些民族的文化观念丧失活力的原因，正在于其不能适时地自我变革，以致日渐僵化而不能适应新时代。另一方面，我们也看到，那些有过辉煌历史的文明及其文化观念，都曾经有过对其他文明的吸收与整合过程。这些文明大都并非原生文明，而是一种次生文明，甚至三生、四生文明。例如，对人类历史产生了巨大影响的希腊文明及其文化观念，是在对来自东方的米诺斯文明和迈锡尼文明的吸收的基础上发展并兴盛起来的。基督教文明是在汲取犹太文明和希腊文明的基础上形成的。近代以来的西欧工业文明则是在希腊文明和基督教文明的基础上发展起来的。又如日本文化，曾经长期受中国文化的影响，近代以来又大量吸收了西方文化，但它并未因此失去自身的特征，而是在这种多重吸取中获得了长足的发展。再如中国文明，虽然与其他文明不同，独自绵延五千余年而没有中断，但由于中国地域辽阔，事实上其中已包含了众多各有差异的地区性文化，因此，从事实上看，中国文明及其文化观念的发展本身也是一个诸多地区性文化互相作用、互相渗透的过程。众所周知，佛教文化观念曾经对中国文化观念产生过重大的影响，以至于我们今日已不再把"菩萨""和尚""地狱"等看成外来的东西了。显然，如果中国文化不曾有过南北汇合、儒道互渗、儒佛互渗的经历，只是某一种成分的纯粹的自我维持，那就很难设想会有数千年跨度的长存。

　　因此，人类文明史给我们所昭示的真理是，一种文明，一种文化观念，只有在与他种文明、他种文化观念的交互作用、交互渗透中，才能得到长存，而那些失去了与他种文明交流的机会的孤立的文明，则不可避免地成为考古学的对象；而且，一种文明，一种文化观念，要想自我保留下来，而不是仅仅在他种文明中被保留下来，就不能只是以一种消极的方式去与他种文明相互作用，而必须以一种积极的进取姿态，主动地汲取他种文明、他种文化观念来补充自身、丰富自身、强健自身的生命力。这与杂食能够改善一种动物的身体状况同理。对他种文明及其文化观念的主动吸收，由于在原有文明之中揳入了异质的东西，便造成了两者之间的一种张力，必然导致原有文明及其文化观念的变化或跃迁。这种吸收的过程也就是创造的过程，是自我保存的过程。总之，文化观念变革是必然的，"变亦变，不变亦变"，关键在于是主动地变，在变中自我保存，还是被动地变，在变中被保存。"变而变者，变之权操诸己"，而"不变而变者，变之权让诸人"（梁启超语）。自我变革，是一种文化观念自我保存的唯一途径。

三

当代中国文化观念的变革，不仅是社会经济变革的需要，是中国传统文化观念自我保存的需要，而且也是中国文化观念走向世界，在新的历史条件下与全世界各种文化交互作用，共创人类新文化的需要。

尽管自文明时代以来，人类不同文明及其文化观念之间就一直是在互相作用、互相渗透着的，但直到近代西方资本主义文明兴起之前，各种文明之间的互相作用、互相渗透大都是地域性的，而且较大范围内的互相作用，主要是采取战争的形式，而不是主要地采取经济的、文化的形式。这固然也是一种文明的世界化过程，但这种世界化仍是地域性的。只是近代以来，随着西方资本主义的兴起，不同文明及其文化观念之间的交互作用才具有了真正世界性的意义，而且交互作用的主要形式也从战争征服进到了经济剥削和文化渗透。几个世纪以来，西方的物质产品和精神产品在炮舰的保护下，走进了世界的几乎每一个角落。西方殖民主义者们，不仅诱导或迫使不同文化背景的人们接受他们的物质产品，接受他们的生产方式，而且接受他们的文化观念、价值准则。显然，这种文明及其文化观念间的互相作用不是平等地进行的，而是其中一方在强力下被迫进行的。两种文化观念的渗透过程也不是一种两情相悦的交融，而是一种不顾他人意愿的强暴行为。因而，这种作用和渗透的结果就导致了殖民地与半殖民地文化观念的抽象分裂，亦即对西方文化观念的两种截然相反的态度：全盘接受与全面拒斥。就中国而言，就是全盘西化派和顽固守旧派或所谓"中体西用派"的对立。不言而喻，这两种相反的态度都是片面的、极端的、抽象的态度。

人类进入 20 世纪之后，一系列事变使上述情况有了重大改观。两次世界大战，使殖民主义体系土崩瓦解，无论发达国家和发展中国家之间在政治上，特别是在经济上还有多少不平等，但各个发展中国家毕竟获得了国家主权，结束了殖民主义的统治。这样，世界就变得多元化了。而且，人们也日渐认识到，人类的命运在整体上是彼此相关的，贫国与富国的分化，南北的对立，不仅影响着发展中国家的前途，而且也制约着发达国家。况且，环境污染、生态失衡、资源枯竭、人口爆炸等问题，也绝不是只涉及某些国家或地区的事，而是一种"全球性"的问题。20 世纪科学技术的巨大进步也导致人们之间的交往日益"世界化"，一个地方发生的事件即刻便能传遍全球，在其他地方引起反响。世界正在变得越来越"狭小"，人们之间的关联越来越密切，全球一体化的进程越来越快。在这样一种历史条件下，人们完全有可能以新的眼光考虑不同文化之间的相互关系，因为新的历史基础已向人们展示出一种全新的世界前景，这种新的前景又要求有新型的文化观念。

这样一种新的文化观念还不存在，至少尚未形成，还有待于人们去创造。而这种创造也就是对旧有文化观念的变革或扬弃，即变那些不适应于新的世界前景的文化观念为适应于新的世界前景的文化观念。但这不可能是用一种定于一尊、独一无二的东西去取代各种不同的文化观念，而只能是多种文化观念的对话，在平等的对话中形成一种多元相关的文化观念大系统或系综。不言而喻，在这样的一种大系统中，各种文化观念都有一席之地，都有存在和发展的权利，但是，任何一种文化观念又都不可能纯而又纯地保持不变，完全地对外封闭，而是必

然地既保持自身的独特性，又同时彼此开放、互相作用、互相
渗透。也只有在彼此开放、互相作用和互相渗透中，各种不同
的文化观念才可能自我保存其独特性。那种非此即彼的时代已
经过去了，认为一种文化观念可以在自我封闭的情况下而长存
下去，只是那个时代的一种悲剧性的抽象观念。

从创造适应于新的世界前景的观念的角度看，那些处于发
展中状态的民族将担负更重大的责任。由于这样一种新型的文
化观念系综必须是各种文化观念共同参与创造的结果，而不能
再像过去几个世纪那样是一种单方面的强行扩张和另一方的消
极抵制或退却的过程，因而，这些过去处于消极守势的文化观
念便有一个以积极姿态走向世界，同昔日"列强"进行平等对
话的任务。显然，这绝不能是一种沉湎于历史上的荣耀的古董
陈列，而必须是在吸收他种文化观念基础上的一种创造。能够
与他种文化观念进行平等对话的，只能是富有生命力的活的文
化观念，而不可能是其生命力只存在于过去时代的东西。由此
观之，对于他种文化观念的全盘接受的态度与全面拒斥的态度，
都是虚妄的、丧失了现实感的抽象态度。对于创造一种能够走
向世界的新的文化观念，这两种虚妄的态度都是有害的。因而
都是必须予以革除的。

在各种文化观念通过变革、通过互相作用、互相渗透，在
平等对话中创造适应于新的世界前景的文化观念过程中，作为
占世界人口近四分之一的中国人所拥有的文化观念的变革与走
向世界，无疑有着更为巨大的意义。但又由于中国文明及其文
化观念是唯一绵延了五千余年的伟大文明，因而这种通过变革
而走向世界的过程，就包含着更为巨大的困难。不过唯其困难
巨大，其意义也才巨大。

文化的新生与社会发展*

　　如何使传统文化获得新生，这是每一种传统文化面对现代生存问题所必须解决的最根本问题。这一问题对于像中国传统文化这样绵延数千年之久而未中断的文化，更是有着特别的意义。但文化的新生从根本上来说就是在新的生存条件下恢复其内在的生命力，即扩展其消耗尽了的可能性空间，为创造新的解决问题的手段提供前提。因此，问题归根到底在于充裕的可能性空间的获得。

　　一种现实存在的文化生命力的强度或其内部所包含的可能性空间的最大值，存在于其初生之际，亦即存在于普遍的、无限的文化生命力开始将自身特定化、有限化之际。处在这样一种状况中的文化的生命力，一方面已经现实地存在，已经开始将自身特定化，但另一方面却由于只是初步地有限化了自身，因而就保留有最为广大的可能性空间，最为接近于普遍的、无限的文化生命力。因此，恢复一种文化的生命力，也就是回到一切特定文化的生命力的源头，回到普遍的、无限的文化生命力自身。只有回到普遍的文化生命力自身，一种文化才能够获得充足的可能性空间以供创造新的文化形态，创造适于解决新

---

　　* 本文提出，欲使传统文化获得新生，必须回到其生命力的源头，以便在一种非特定化的条件下进行新的文化创造，此即所谓"返本开新"式的转换过程。与王南湜合作，原载《光明日报》1993 年 10 月 4 日。

的生存问题的手段。

但这种回到普遍的文化生命力自身是如何可能的呢？根据我们的分析，既然一种文化的僵化是由以往创造出的解决问题的手段对于文化的生命力的固定化而导致的，那么，这种指向文化的内在生命力之源自身的运动不是别的，而就是将已经僵硬固化了的文化创造物消解的过程，亦即一种"解构"过程。通过将以往创造出来用于解决以往的生存问题而今已不再适用了的手段消解，而将凝固于其中的生命力释放出来，将为这些僵化了的手段所占据的可能性空间空置出来，以便能够在一种非特定化的、不受僵化的既成手段约束的条件下来进行新的文化创造。

从人类社会的发展史看，每一种非原生的社会在开始其新生形态之初，都要经历一个文化上的回到"活的世界"，回到文化生命之源头的"还原"与再阐释过程。这方面最典型的莫过于近代西方社会诞生之初的文艺复兴与宗教改革两大文化运动。文艺复兴正是消解僵化腐朽了的中世纪文化，而回到作为西方文化的源头的希腊文化的那种勃勃生机之中去。因此，毫不奇怪，文艺复兴之向希腊文化的回复是同时伴随着最为深刻的怀疑主义运动的。蒙田这位连自己是否怀疑都怀疑、从不用肯定的语气说"我知道什么"或"我不知道什么"而只用反问的语气说"我知道什么呢？"的最为彻底的怀疑论者便是一个最为著名的例子。宗教改革则是从另一个方面向古代文化源头的"还原"，它所指向的正是破除已失去了生命力的天主教体系的僵化形式，回复到原始基督教的那较有活力的状态去，以便能够对于教义进行新的解释，并由之而创造新的文化形态。此外，在人类历史上多次发生的野蛮民族对文化发达的先进民族的征服而导致的文化的融合与复兴，也可以看作以一种外部的方式对于僵化了的文化注入生命力并予以重新解释的过程。当今时代的伊斯兰教的原教旨主义也可以视为伊斯兰教文化在新的生存条件下通过向其文化生命力源头的回复而创造新的文化形态的一种企图。在学术创造中，当某一学派在理论上发生危机之时，我们也总可以见到回到学派的创始人那里去，在一种较富有生命力的条件下重新阐释其学说的企图。

中国传统社会自进入近代以来便面临着巨大的生存危机，因而有识之士纷纷寻找摆脱危机的出路，其中影响重大的一种方法是所谓的"返本开新"，即试图通过回到中华文化生命之本原，对已僵化了的文化进行重新阐释以适应新的生存条件。这当中，康有为的托古改制可视为最早的一例。其后的现代新儒学则使之成为一个声势颇为不小的运动。但现代新儒学的"返本开新"与我们所说的回复到普遍的文化生命力以重新创造适合于解决新问题的文化形态有重大的不同。它所谓的"返本"并非是要返回到普遍的、未特定化的文化生命力之本原，而只是回到儒家文化的某个特定阶段，其中较为彻底的熊十力先生也只主张回到孔子，而其后学则只肯回到宋明新儒学。显然，这种极为有限的"还原"并未返回到真正的普遍的文化生命力之本，而仍然停留于其枝杈之上。这样，既然文化的生命力本原并未真正达到，旧的文化创造物既然也未被彻底地悬置起来，那就必然无以在不受既成手段限制的条件下，以新的生存条件为基准对传统文化进行重新阐释和进行新的文化创造。在这里，对既成东西的崇拜仍然压倒了对于文化创新的渴望。现代新儒学之所以不能由"内圣"开出"新外王"，其原因盖在于还原的不彻底，在于仍然受束缚于某些既成的文化存在，在于并未真正地抓住普遍的文化生命力之本原，从而无以通过重新创造而真正地赋予传统文化以新的活泼的生命力。因此，我们以为，必须对所谓"返本开新"进行新的解释，将其理解为由僵化了的文化存在向普遍的文化生命力的本原的回复或还原，即返归文化生命力之本，而后在此基础上以新的生存条件为基准进行适合于解决新的生存问题的文化形态的创造。这其中包括对各种既成的文化，包括本民族的和他民族的，尤其是西方文化，进行新的阐释，灌注进新的文化生命力，使之转化为新的现代化的民族文化。

因此，当我们把目光投向发展中国家所走过的坎坷历程时，我们不能不注意到，那些在现代化道路上步履艰难的国家、民族，其现代化进程之所以屡屡受挫，其根本原因正在于未能对传统文化进行这种"返本开新"式的转化，以至于文化上的冲突使得现代化的进程一波三折，白白地耗费了无数的人力物力。对此，每一个关心祖国命运的中国人是有着最为深切的感受的。萨拉札·班迪博士所说的"落后和不发达不仅仅是一堆能勾勒出社会经济图画的统计指数，也是一种心理状态"①也深刻地道出了另一发展中国家知识分子的同样的感受。这心理状态不是别的，正是最深刻地反映着文化的生命力状态的东西。而那些在现代化进程上较为顺利的国家、民族，则无一不是较为成功地实现了这种"返本开新"式的文化转换。当许多人还在津津乐道地把新加坡等"四小龙"的经济上的成功作为儒家文化能够适应现代社会发展之证明时，一位研究者即向我们表明，新加坡的成功并非由于儒家文化的原样照搬，而是由于其创造了一种新的文化形态，即适合于其经济社会活动的"儒教自由主义"。②所谓"儒教自由主义"，既非传统的儒家文化，亦非来自西方的自由主义，也不是两种文化的简单拼合，而是以这

____

① 英格尔斯：《人的现代化》中译本第3页。
② 参见刘军宁：《新加坡：儒教自由主义的挑战》，《读书》1993年第2期。

两种文化作为原料而创造出的一种全新的文化形态，而传统文化的某些因素在其中扮演着完全不同于其在传统社会中的角色。

以这种眼光反观中国文化和现代化的进程，我们将有可能获得一个新的视野。中国之从 20 世纪走上现代化之路，在开始并非是自愿的，而是为变化了的生存条件所迫的。因而这一过程由于现实的和心理上的原因而处处是被动的，在客观上和主观上都不可能有一个类似于文艺复兴那样的文化上的根本转换作为现代化的前期准备。且由于现实生存问题的逼迫，使得人们把更多的注意力投在了那些较为实际的事务上，而对于文化的根本转换这一事关现代化成败的根本性问题却无暇进行深入的思虑，虽然也发生像"五四"这样大的文化运动，但并未从根本上解决问题。数次文化论争中的"中体西用"论与"全盘西化"论都未曾从文化的重新创造去考虑自己的问题，都未看到创造一种具有自身生命力的全新形态的文化的必要性，都未曾想到，无论是传统文化还是西方文化，若不能由现代中国文化的创造者从普遍的文化生命力之本出发，在现代生存条件下予以重新创造，就不可能真正地构成新的文化形态，从而也就不可能获得新的生命力。离开了对普遍的文化生命力的把握，并以之灌注于每一文化因素，使之构成为一个有机整体，则无论是传统文化的因素，还是西方文化的因素，都是无源之水，无本之木，是无生命的死物，这一点当理解为一种历史的经验教训。

"社会哲学研究"丛书主编的话*

  社会哲学在我国是一个新兴的研究领域。目前学界对于社会哲学研究的对象和内容尚有不同的见解，但从哲学思维的总体性、反思性特征来看，把社会哲学视为对于人类社会生活及其变化的一种总体把握，当是没有疑义的。现今中国正处于由社会主义市场经济的建立所推动的社会转型时期。社会转型就是社会的整体性变动或结构性变迁，对于这一过程的理论把握不能不求助于哲学，而直接担当这种哲学任务的便是作为哲学的一个重要分支或领域的社会哲学。这正是近年来社会哲学在我国兴起的根本原因。

  从历史上看，社会哲学在西方的兴起也是与近代市场经济的发展密切相关的。在古代虽然不乏社会哲学的某些构想，但只是在近代市场经济的发展导致了社会结构的巨大变革，社会结构的复杂性以及社会运动的整体性特征日益显露时，才使得社会哲学的研究成为一种迫切的理论需要，并具备了建立社会哲学理论体系的客观基础。中国正在进行的社会转型是世界范围内现代化进程的一个方面或一个部分，因而西方社会哲学的许多理论成果也就仍有可资借鉴的价值。但中国的现代化是在极为不同的时间、空间中进行的，因而又不能照搬西方的社会哲学理论。中国作为后发展国家，它步入现代化进程的历史起

＊"社会哲学研究"丛书，山西教育出版社 1998 年、1999 年出版。

点和面临的世界格局都与先发展国家即西方主要资本主义国家大不相同，它所遇到的问题要复杂得多。因此，中国必须建立适合自己时代、自己国情的社会哲学。

尤其需要指出的是，先发展国家的市场经济是原生的，其现代化也是原发型的，这种社会转型是一种相对缓慢的社会变化过程。而后发展国家的现代化则是追赶型的，在其体制转轨时期是一种急速的社会变化过程。在这种急速的社会变化过程中出现的问题往往可能迅速地集中和放大，因而蕴含着巨大的社会风险，这就要求极大地增强社会变革的自觉性。显然，社会变革的自觉性的增强不能不依赖于社会哲学的研究。社会哲学要求揭示社会变革的深层原因和深层本质，达到对于社会变革过程的总体把握，因而它也就具有对于社会变革实践的反思的批判的功能。社会哲学的任务正在于通过这种反思和批判，提出一些反映社会变革的本质、能够引导社会变革过程的大观念。

毫无疑问，增强社会变革的自觉性还有赖于各种社会科学的共同努力；社会哲学要发挥自己的功能，也往往必须通过同各种社会科学的有效结合。近代各门经验社会科学的兴起同样是与市场经济的发展、与社会转型过程紧密相关的。在现代社会中，社会科学的作用越来越重要，甚至可以说，一个现代政府离开了社会科学的专家班子就无法运作。中国的社会转型和现代化必然要求中国的社会科学有一个同现实实践需要相适应的大发展。但是，同上述关于建立社会哲学的道理一样，中国的社会科学也需要重建，而不能固守和沿用既有的社会科学理论。社会科学作为经验科学在更大程度上受制约于它所要解释的经验，完全搬用西方社会科学理论是无法说明和解决不了中国的问题的。这一点，社会科学家们也已经越来越强烈地意识到了。近年来关于社会科学的本土化以及方法论的热烈讨论，就颇能说明问题。显然，社会科学的重建不是限于经验层面的修补，而是必须有其基础性原理的修正或更新，这就涉及社会哲学的内容了。社会哲学应当为社会科学提供观念框架和逻辑基础。缺乏社会哲学的视野，社会科学的重建是很困难的。在现今中国，社会科学的重建和社会哲学的重建是两项不可分割的理论任务。从社会科学发展史上看，在其发生之初乃至其后一个相当长的时期内都是同哲学分不开的，许多早期的社会科学家同时也是哲学家这一点就表明了社会哲学与社会科学的共生性。因此，我们的社会哲学研究应当同各门社会科学紧密结合，一方面从社会科学中吸取养料，另一方面也为帮助社会科学在我国的重建发挥一些切切实实的积极作用。

开展社会哲学的研究也是哲学自身发展的需要，它应当为推动哲学基础理论的变革和发展做出努力。哲学按其本性来说是一种对于人类生活的终极关怀，但它应是根植于现实生活的终极关怀，而不是一种无根的抽象王国。作为对于现实社会之总体把握的社会哲学研究便是直接沟通哲学与现实生活的有效途径。现在许多人说我们的哲学不景气，造成这种"不景气"状况的，固然有哲学以外的原因，但哲学自身脱离现实，不能在急剧变化的社会生活中充分发挥其应有的功能，则是一个内在的根本性的原因。开展社会哲学的研究正是克服这一根本缺陷、促进哲学繁荣发展的一种努力。可以相信，社会哲学的兴起将使我国哲学研究的面貌发生重要的变化。

我国社会哲学研究的现实任务，说到底是探索中国社会主义现代化建设的逻辑，它实际上就是从一个确定的角度深化建设有中国特色的社会主义理论的研究。因此，我们的社会哲学研究必须坚持马克思主义的指导。至于社会哲学研究的方法乃至从学科层面上对于研究对象的把握，则不仅应当允许而且应当提倡研究者们去探索。"社会哲学研究"丛书就是按照我们上述的理解去确定基本的研究思路的。这种研究思路未必是完全妥当的，至少不应是唯一的。究竟应当如何有效地开展社会哲学的研究，我们还将和学界同行们继续探索。

社会哲学研究的现状和任务决定了我们必须首先把注意力投向社会现实生活提出的重大问题，而不是急于构造社会哲学的理论体系。因此，这套丛书的最初几批书目多是从哲学上探讨当代中国社会转型过程中的重大问题的研究成果。这种哲学研究固然主要是依据当代中国社会变革实践的新鲜经验，但是，中国经济的特殊性并不意味着据此形成的理论也只是特殊的。社会哲学作为一种哲学理论，不是对于中国社会转型过程的感性描述，而是一种通过概念体系的把握，并且是将中国的特定经验置于世界现代化进程总体中的考察，因而它也就必然具有理论的普遍性。应当说，在这样的基础之上再转向社会哲学基础理论的研究是顺理成章的。随着研究的深入，这套丛书也将推出一批研究社会哲学基础理论的著作。我们的最后目标是和学界同行们共同努力，建构一个体现时代精神并富有中国特色的社会哲学理论体系。

这套学术丛书的作者，一部分是南开大学社会哲学研究所的人员，一部分是其他高校和研究机构的学者，他们中绝大多数是近十年来培养的哲学博士。他们都有扎实的理论功底和知识基础，并且有强烈的社会责任感，思想敏锐，在学术上富有开拓精神，研究和写作态度也很严肃认真。从主观愿望上说，不论编者和作者都是希望把这套学术丛书搞得好一些的，但是，一则由于社会哲学在我国是一个新兴的研究领域，二则由于它所探讨的课题现实性极强，因而不论在理论阐述上还是在对于急剧变化的社会现实的把握上，都难免有失当之处。我们恳切地希望读者给予批评、指正。

这套丛书的出版得到了山西教育出版社的全力支持，我们在此表示衷心的感谢！

社会哲学研究的回顾与展望[*]

一、社会哲学在当代中国的兴起与发展

社会哲学的兴起是与市场经济的发展密切相关的。古希腊时期，工商业经济和城邦民主制的发展，曾经引起了古代哲学家关于社会哲学的思考。近代西方也正是由于市场经济的发展，才使社会哲学成为一个专门的哲学领域，并产生了社会哲学的理论体系。在当代中国，社会主义市场经济的建立和发展，无疑也会使社会哲学的研究成为一种迫切的理论需要。

社会哲学与市场经济的内在相关性在于，只有在市场经济社会的条件下，作为一个专门领域的社会哲学才是可能的和必要的。从可能性上说，市场经济的发展导致了社会结构的巨大变革，社会结构的复杂性以及社会运动的整体性特征日益显露出来，这就使进行系统化的社会哲学研究、建立社会哲学的理论体系具备了客观的基础。从必要性上说，市场经济条件下，人们对社会本身的认识具有了空前严重的意义。这个道理就在于，市场经济社会为人的能动性的发挥打开了空前广阔的空间，人们社会行为的可选择性空前增大了。在自然经济条件下，在

* 本文是作者 1999 年 12 月在社会哲学研讨会上所做的主题报告。原载《理论与现代化》2000 年第 1 期。

计划经济体制下，社会生活对于绝大多数个人来说是一种现成的、既定的东西，只需顺从即可，可选择性很小。而在市场经济条件下，经济上以市场为基本调节方式，政治上必定实行充分的民主制。市场经济和民主政治对于个人来说意味着越来越大的可选择性。当然，不只是个人的选择，个人选择要综合为社会选择。总之，不论是个人还是一个国家、民族，都有越来越大的可选择性。可选择性其实就是所谓自由度。可选择性的增大，无疑是社会发展和人的发展的一种进步状态，是大好事。但同时，它也给人带来了同样大的麻烦。选择得正确不正确、合理不合理，往往决定人们的命运，决定国家民族的命运。不论就个人来说，还是就一个国家、一个民族来说，都是如此。这就是我们常说的机遇和风险同在。显然，这种选择是依赖于对于社会本身的认识的。可见，在市场经济条件下，极其需要哲学为处在艰难选择中的人们提供智慧，以揭示社会生活深层本质为专门任务的社会哲学就尤其显得重要了。总之，社会哲学在当代中国的兴起，绝不是某几个哲学家的心血来潮，而是伴随着社会主义市场经济的发展应运而生的。

中国社会主义市场经济的发展是一个过程，中国社会哲学的发展也是一个过程。20 世纪 80 年代以来，中国社会哲学的发展大致可分为三个阶段，在不同的阶段有其关注的不同的中心问题和不同的理论方法。

1. 20 世纪 80 年代中期至 90 年代初

这一时期，中国的改革开放进行了一段时间，社会生活有了明显的变化，对于改革开放，对于社会生活的变化，需要提供理论上的说明。但是，这一时期就哲学本身来说并未做好理论上的准备，即未能建立起能够解释新的社会现象的基本观念，在方法上也基本上是运用旧的哲学教科书理论原理提供的观念框架，在本质上仍是沿用以往的比较空泛的说明方式。如一般地论证改革是适应生产力发展的要求改变旧的经济体制和上层建筑，等等。至多借用一些当时流行的观念如系统论、控制论等，指证改革是一个系统工程，但如何系统法，却也说不清楚。这时候的"社会哲学"研究总的说来是比较空洞的，很少在深层次上触及真正的社会问题，也没有形成基本的学术规范。但是，这一时期的研究工作也不是没有意义的。首先，它表明哲学活动已开始把目光转向了现实生活，这无疑是一种意义重大的哲学转向。其次，在一定程度上使马克思社会历史理论中的社会哲学维度得到了恢复，或至少是表现了恢复这一哲学维度的要求。本来，马克思的社会历史理论包含历史哲学和社会哲学两个维度，但以往的教科书却将其抽象化为历史哲学一维，而关于社会结构、社会运作方式、运作机制等由社会哲学维度所关注的内容却被忽略了。现在哲学将目光转向现实的社会生活，去研究现实的社会问题，这一方面的内容就不能不在一定程度上得到恢复和重视。再次，这一时期的研究也在一定程度上注意到了一些真正的社会问题，如个人与社会、政治与经济、政治经济与文化、计划与市场，等等。

2. 20 世纪 90 年代初至 90 年代中期

20 世纪 90 年代初，即邓小平南方谈话后，中国的改革开放进入了一个新的阶段，明确提出了建立社会主义市场经济体制的目标。20 世纪 80 年代，基本上还是在计划和市场的比例关系上做文章，既保留传统的计划控制，又引入市场调节来解决资源的合理配置问题。但这种体制不能真正解决问题。国有大中型企业普遍亏损，乡镇企业却异军突起，对外开放也是障碍多多。经济体制的改革必须继续深化。邓小平南方谈话后，党的十四大明确提出建立社会主义市场经济的目标。这是我国现代化过程中一个具有根本性意义的历史转折。经济体制改革的深化，是为了发展，是为了解决发展的问题。邓小平一再强调"发展是硬道理"。但建立市场经济体制，不只是经济发展问题，它会引发一系列社会问题，会引起整个社会生活的大变动。全新的实践方式、全新的社会活动方式、社会生活方式，需要新的理论去适应、去支持。邓小平提出"不争论"，那是不主张搞那些姓"社"姓"资"一类的抽象理论，以免贻误改革和发展的时机。实际上，理论的活动不仅不能停止，而且应空前地加强。新的社会现实问题要有新的理论解决，从以往的教科书理论中是找不到解决办法的。这个时候，恰好也是国际上社会发展理论研究比较活跃，并继续实现发展理论大转变的时候。早先的发展理论基本上只着眼于经济发展，这显然有严重的片面性，后来认识到社会发展不只是经济的发展，而必然同时是政治、文化以及个人人格等全方位的改变。这样，发展经济学便让位于发展社会学，要求从社会生活的整体去研究社会发展问题。这就是整体发展观。作为发展观，自然也要求哲学理论的支持。所以，这一时期，就中国社会哲学的研究而言，主要是着眼于社会发展问题，主要是以国外社会发展理论为学术资源，可以说是一种发展哲学。（事实上学界曾以"发展哲学"的名义开过几次学术讨论会）关于这一阶段的研究，也可以做出如下几点基本的评价。一是开始抓住了现实生活中的问题，归结起来主要是抓住了经济改革与政治体制、文化观念变革的关系问题。这为社会哲学的研究解决了一个方向性的问题。所谓中国社会哲学，无非就是中国人对于自己特有的社会问题所做出的哲学解决。抓住自己的问题是关键。二是虽抓住了问题，但对于问题的理论分析不是很深入的，基本上还是搬用了一些现成的理论观点，包括国外社会发展理论的观点。三是虽叫作发展哲学，但总体上看"哲学"不多，而是过多地进入了具体研究领域，没有把它同实证社会科学区分开来，很多内容几乎成了对策研究。

3. 20 世纪 90 年代中期至 20 世纪末

其标志体现于如下两个方面。一是在理论上有了自己的问题，而且这些问题由于其内在的相关性而构成了一种系列。这一时期社会哲学关注的问题主要有：市场经济条件下中国社会结构变化的基本趋势问题，公平与效率的关系问题，市场经济与道德生活的关系问题，市场经济与传统文化的关系问题，社会转型过程的社会控制问题，社会转型的代价问题，社会现代化与人的现代化的关系问题，市民社会理论问题，如此等等，这些问题确实也是中国建立市场经济中的根本性问题。这些问题得到了比较深入的探讨，并且形成了具有特色的理论观点。二是社会哲学的研究领域纳入了正式的教学科研体制之内，有诸多博士点、硕士点将社会哲学列为研究方向，并组建了科研机构。可以说，到这一阶段，中国社会哲学已趋于成形。

二、社会哲学的意义

关于社会哲学的兴起和发展过程的说明，实际上已经包含了关于社会哲学的意义的说明。因为它是有意义的，所以它的兴起才具有必然性。对于社会哲学的意义的理解，实际上是对于研究社会哲学的目的的理解。

社会哲学的意义主要可以从以下三个方面去看。

1. 对于现实生活的意义

社会哲学兴起的直接动因就是中国社会转型时期社会生活

的巨变。社会哲学作为对于社会生活的总体把握，它的直接的实践意义就在于提高人们对于社会转型过程的自觉性。尤其应当看到中国作为"后发型"（有人又叫"追赶型"）的国家，它的社会转型，特别是体制转轨，是采取急速完成的方式，它要在几十年或十几年时间里完成先发国家几百年做完的事情。这种急速完成的方式，极容易使转型过程中的问题集中和放大，因而包含着巨大的社会风险。这种急速完成的转型方式，也使人们在观念上，特别在价值观念上难以适应。观念的转变是一件比外部体制转变更为困难的事情。在观念转变中，极易出现趋于极端的情况，或者保守不变，或者无法无天。这种观念上的不适应，往往成为社会转型的最严重的阻碍。这说明，社会转型时期极其需要哲学的支持，需要哲学从深层次上解决各种重大的社会问题，为人们提供正确有效的观念引导。开辟社会哲学的专门领域，是十分有利于实现哲学的这种任务的。

2. 对于当今中国社会科学建设的意义

为了说明这种意义，首先需要认可这样一种看法，就是中国的社会科学需要重建。社会科学作为经验科学，它在更大程度上受制约于它所要解释的经验。源于西方发达国家的社会科学理论是不足以解释中国的具体情况的。这几年，社会科学家们对于社会科学本土化的呼声越来越高。"本土化"就是重建。没有社会科学的重建，不完成这个社会科学"本土化"任务，中国的现代化是难以进行的。现代社会中，社会结构和社会运作机制日益复杂化，管理现代化社会的现代政府如果没有一个庞大的社会科学的专家班子，是无法运作的。中国的社会转型，中国的现代化，也必须有社会科学的强大支持。但这种社会科学必须是能够在现代世界背景下解释中国经验、解决中国问题的，必须是"本土化"了的，必须是经过中国科学家们重建的。

"重建"，就不是细枝末节的修修补补，而必须涉及基本理论、基本原理的修正，这在实质上便属于社会哲学的范围了。显然，如果没有社会哲学的帮助，社会科学的重建是难以有效进行的。

一般说来，由于哲学的反思性的特点，社会哲学对于社会生活的总体把握是应当以各门社会科学为中介的。但是，如前所述，现今中国的社会科学本身是需要重建的，是远未成熟的。因此，在中国，社会科学与社会哲学必须走二者相互促进、共同发展的道路，显然不能等待社会科学成熟起来之后再着手社会哲学的研究，而是应当在社会哲学帮助社会科学成熟的过程中使自己也逐渐走向成熟。清楚地认识到当今中国社会科学和社会哲学的这种发展状况及其相互关系，不论对于哲学还是社会科学来说都是非常重要的，对于我们理解社会哲学研究的意义也是非常重要的。

3. 对于哲学自身发展的意义

社会哲学兴起的直接动因是现实实践的需要，对当代中国社会转型的总体把握是社会哲学的直接的实践兴趣所在。但社会哲学作为一种理论活动，作为一种哲学研究，必定会超越特定的实践兴趣，它对于中国社会转型的理论把握必定要上升到对于人类社会生活的普遍本质把握的层面上，必定要在对于人类社会生活普遍本质的把握这一层面的观照下去把握当代中国的社会转型过程。而一旦以人类社会生活总体为对象，它就具有了指向第一哲学的意义。所谓"第一哲学"，在不同时代有不同的中心内容，在古代是本体论，在近代是认识论，在现代则似为广义的实践哲学。关于社会哲学研究对于第一哲学的意义，我们大体上也可以从本体论、认识论和实践哲学的发展这三个方面去理解。这里，只想简单地提一下我们的基本结论。

马克思的哲学变革，最重要之点就是在实践观点的基础上引入了主体间性即社会性的维度，这才通过对主体间关系与主客体关系的相互中介所造成的历史后果的揭示，合理地说明了社会生活的异化现象，进而揭示了历史的本质，使哲学本体论具体化、现实化了。在认识论上，最重要之点也是在于揭示了认识的社会性本质。现代哲学所谓"语言学转向"，是对于近代认识论的单纯的"意识分析"的超越，是要在意识分析中引入语言的中介；而所谓语言分析，说到底就是一个主体间可有意义地交流的问题。这说明，对于认识的社会性本质的研究，是当代认识论研究的一种基本趋势。当代实践哲学的复兴，也必然要更多地关注人类实践的社会性或主体间性这一维度。如果说，在传统社会中由于人们基本上生活在封闭的自然形成的群体中，因而调节人际关系的主要是一种针对个人行为的规范即个人伦理的话；那么，在现代社会中，在市场经济社会中，由于交往的普遍化，因而调节人际关系的就首先是针对社会行为的规范即制度伦理。社会性这个维度显然是越来越突出，越来越重要了。所谓社会性的研究，不外乎就是一种对于人类社会的总体把握，而这正是社会哲学的任务。因此，开展社会哲学的研究是现代哲学发展的一个重要途径，它的意义是不可忽视的。

三、南开社会哲学研究的进展情况

这几年，南开大学的社会哲学研究工作归结起来主要有这么几个方面。

1. 初步形成了比较系统的关于社会哲学的学科观念，包括社会哲学的学科性质、学科定位、研究对象和研究方法等在我看来，这是最重要的研究成果。因为社会哲学在我国是一个新兴学科，在开初的一个长时期里关于社会哲学的学科观念十分混乱，研究工作从总体上看处于一种盲目状态。确立起在学理上比较正确合理的学科观念，是整个研究工作和学科建设的基础和前提。这方面最主要的是以下几点。

（1）明确了马克思主义社会历史理论中历史哲学和社会哲学两个哲学维度的关系。历史哲学的维度基本上是一种纵向研究的维度，它追溯历史的起源和目标，从历史发展过程中揭示人类历史的一般本性和一般规律。社会哲学的维度则基本上是一种横向研究的维度，是直接关注现实社会生活的维度，它研究具体社会形态的社会结构和人们的现实社会生活过程。在马克思主义的社会历史理论中，历史哲学的维度即唯物主义历史观的维度是我们所熟悉的，社会哲学的维度却被我们忽视了。这期间，我们认真研读了马克思的著作，在马克思的著作中这两个维度的区分是十分清楚的，这两个维度的联系也是十分清楚的。对于现实社会生活过程的关注和研究始终是马克思社会历史理论的源泉和起点，从学理上讲，社会哲学是历史哲学的基础。如果抛开了社会哲学的维度，就会退回到马克思一再批判的旧的历史哲学的老路上去。我们看到，在我国社会哲学兴起的早期，学界出现了两种偏向：一是把社会哲学等同于历史唯物主义，认为有了历史唯物主义就不必多此一举再搞什么社会哲学，或者把历史唯物主义教科书的范畴、原理运用到社会生活中去就叫作社会哲学；另一种偏向是把社会哲学混同于具体的社会科学特别是混同于社会学，多限于社会问题的实证研究。这两种偏向都在于没有把握历史哲学与社会哲学这两个哲学维度的关系。我们认为，把握这两个哲学维度的区别和联系，对于思考社会哲学的许多问题都有极其重要的意义。可以说，关于两个哲学维度的观念是我们关于社会哲学的学科观念中最为核心的观念。

（2）找到了社会哲学研究的切入点。这是关于社会哲学研究对象的观念，是社会哲学研究对象的具体化。在我国社会哲学兴起的时候，学者们提出的关于社会哲学对象的规定实际上是很空泛的，是无法把握的。比如：有的说，社会哲学就是关于社会的哲学；有的稍具体一点，说是关于社会的基础、本质、动力、规律等的哲学，这说法并无大的进步。所以，社会哲学的研究多在关于"社会"的概念范式的分类上做文章，从而提出诸如广义社会哲学、中义社会哲学、狭义社会哲学的区分这类的概念。但是，关于社会哲学的研究应当怎样进行，应当抓住什么东西等一些问题，还是很不清楚的。

我们认为，社会哲学研究不能只是抽象地规定对象，最为重要的是选定适宜的切入点。说社会哲学是关于社会的哲学，只是同义反复。这当然是不错的，但却是没有什么意义的。社会哲学当然是对于社会生活的总体把握，但这是社会哲学的一般内容。社会生活总体是有着多种可能的存在样态的，对于社会生活总体的把握必然涉及对于它的各种存在样态及诸样态间转变方式的把握。所以，社会哲学面对的是一个庞大的多方面的研究对象。如果找不到适宜的切入点，研究工作便无从下手、无法把握。

什么是最适宜的切入点？如何选定切入点？理论研究的切入点，归根到底是由研究者生活于其中的社会实践所限定的。具体的社会实践既给理论研究提出了具体的任务，又为富有成效的研究提供最基本的信息资源。一般哲学的研究都是这样子的，社会哲学研究切入点更应当是这样选定的。当代中国社会正在发生的巨变，既要求从哲学层面上提供一种总体性的观念，以实现对于这种巨变的观念引导，又为这种研究提供了最丰富、最直接的鲜活素材。所以，当代中国社会哲学的研究，最适宜的切入点就应是当代中国社会结构的转型。把当代中国社会转型作为切入点，能够最为清楚地把握住社会哲学的维度，它既是对于现实社会生活的关注和研究，又获得了一种透视人类社会生活总体的最好的视角。考诸社会哲学思想史，近代西方社会哲学的兴起，也是由西方国家市场经济的发展所推动的社会结构转型的产物。

（3）确立了以问题为中心的研究方法。有的学者评论我们的社会哲学研究是问题中心主义，我以为这是十分准确的。社会哲学是一种直接关注和研究现实社会生活的哲学维度。它既然选定当前正在进行的现实的社会转型作为切入点，那么，这种研究就必定是、必须是以现实问题为中心的，是以当代中国社会的转型过程中提出的重大问题为中心的。以问题为中心，从方法论上讲，就是反对从概念、原理出发，就是反对体系先行，就是要坚决摒弃一切教条主义的研究方法。社会哲学研究的任务就是要更新社会观念，就是因为旧的社会观念不足以解释和引导新的社会现实，就是要重建社会观念，建立能够解释和引导新的社会现实生活的新的社会观念。新的观念还没有通过我们的研究建立起来，研究者要从观念出发，那就只能从旧的观念出发，那还研究什么？当然，不从概念原理出发并不是不要马克思主义理论的指导，反对体系先行并不是不要体系。

2. 社会哲学研究取得了一批学术成果

我们出版了《社会哲学研究丛书》。1998 年推出第一批四部：《当代中国社会转型论》《从领域合一到领域分离》《社会转型与人的现代重塑》《转型社会控制论》。第二批六本也已经发稿，春节前可以见书。这六本是：《社会转型与信仰重建》《社会转型和文化转型》《市场经济的伦理基础》《社会转型代价论》《可持续发展——一种新文明观》《效率和公平：社会哲学的分析》。

这几年发表了社会哲学论文上百篇，这里面，比较有质量的还多是研究现实问题的文章。我们挑选了这方面的论文 40 多篇，编成了《社会哲学论集》，也已经发稿，近期可以见书。

这些论著都有比较重要的学术理论上的创新，提出了一系列能够较为深入地把握中国社会转型的大观念，主要有如下几个。

（1）关于社会转型过程社会结构变化的趋势的观念。这就是把从非市场经济到市场经济的转变，把握为一个经济、政治、文化三大活动领域的基本结构关系从领域合一到领域分离的转变过程。有的学者评论说，这是提出了中国人自己的社会转型学说。西方提出了各种各样的转型理论，都不足以解释中国的社会转型过程。从领域合一到领域分离的转型理论便具有较强的解释力，所以这一转型理论成为我们把握社会转型的基本观念框架。

（2）关于社会转型过程中两种类型的代价的观念。这就是把社会转型的代价划分为模式代价和过程代价两类，这能够较好地用来对转型过程进行代价分析。如对于代价的本质和意义、代价和风险以及代价的补偿、风险的减弱和避免等重要问题，都能做出较好的分析。

（3）关于文化的层面性结构的观念。这就是把文化划分为理想性文化与实用性文化两个层面，能较为确切地分析市场经济社会中文化分化的状况。

（4）关于复调文化的观念。这一观念能较好地说明理想性文化在市场经济社会中的存在状态，说明传统文化与现代化的关系。

（5）关于市场经济导致诸道德价值疏离化的观念。这有助于说明市场经济社会中道德角色化的现象。

（6）关于市场经济条件下公平与效率之间具有三重关系的观念。这能较清晰地把握市场经济条件下公平与效率的复杂关系。

虽然这些观念还有待于深化和完备，但可以肯定的是，它们是在对于现实生活的分析研究中提炼出来的，对于推进社会观念的更新能够起到积极的作用。

3. 形成了一个中长期的研究思路和规划

（从略）

4. 初步形成了一支专兼结合的研究队伍

（从略）

《论社会有机体的性质、结构与动态》序言*

社会主义市场经济体制的建立使中国社会正在经历全面而深刻的变革。这场社会变革是涉及社会经济、政治、思想文化等各个领域的全面变革，它是整个社会由传统的发展模式向现代发展模式的转变。这种全面而深刻的变革会使社会有机系统的复杂性更充分地显示出来。因此，要使这场关系国家民族命运的变革能够健康发展，减轻阵痛，并较少地付出代价，就必须使变革过程具有高度的理论自觉。从哲学层面上开展对于人类社会这一复杂的有机系统的研究，认识它的基本性质、结构和动态，把握各种社会生活因素之间以及各个方面、各个层次的社会结构之间相互作用的中介、机制、条件和形式，把握社会协调和持续发展的规律性，这对于保证这场社会变革运动的理论水准，是十分必要的。阎孟伟博士的这部专著就是为着这一目的而写作的。

"社会有机体"是马克思主义哲学中一个重要的范畴。马克思本人经常运用这一概念表述社会生活各种因素之间复杂的相互作用、相互制约的关系，恩格斯也特别重视分析社会生活的复杂性，论述了社会物质生活与精神生活、经济基础与上层建筑各种因素之间的相互作用关系。但是社会有机体的思想在马

---

* 《论社会有机体的性质、结构与动态》，阎孟伟著，天津人民出版社 1995 年出版。

恩那里还是原则性的，未予充分展开。立足于马克思主义哲学的基本观点和方法，依据现代社会发展所提供的丰富材料，建构起完整的社会有机体理论，应当说还是我们面临的一项重要的理论任务。

建构社会有机体理论，首先必须揭示社会有机系统有别于其他物质系统的特殊本质和属性。为此，本书作者依据马克思"社会生活在本质上是实践的"这一基本观点，从自然与社会、社会与文化以及个人与社会三个方面对社会有机体的基本性质进行了深入的分析，并提出了一系列有着重要理论价值的新观点。例如，在自然与社会的关系问题上，作者不是简单地通过比较自然与社会的差别和同一来确认社会有机系统的性质，而是以人类实践活动特别是物质生产活动的形成与发展为线索，指出社会有机系统的形成经历了从"自然形成的社会"向"历史地形成的社会"的转变。历史地形成的社会的存在和发展不再直接取决于自然前提，而取决于人类自身历史活动的结果，而这正是社会有机系统特殊本质的最终体现。这就把马克思主义哲学的实践原则确立为考察社会有机系统的基本原则。在社会与文化的关系问题上，作者正确地区分了社会文化的形态、实质与核心，认为文化作为人类历史活动的过程和产物，可以有物质的和精神的多种存在形态，但其实质则是"内蕴于人类实践活动之中，并在实践的过程和结果中被社会化和客观化了的普遍精神"，其核心是社会文化价值观念。应当说对文化实质的这一界定，在很大程度上廓清了长期以来被普遍使用但又含混不清的文化概念。尤其重要的是，作者从这一理解出发，指出社会有机体同时亦是一个文化集成体，文化是社会有机体自我调节的机制，因此文化是社会有机系统的本质属性和精神特质，在社会发展的每一历史阶段上都有与其物质生活相适应的文化精神。社会有机系统因其文化性而从根本上有别于其他任何物质系统。在个人与社会的关系问题上，作者把个人与社会的矛盾概括为两个层次，一是人的自然属性与人的生活的社会性之间的矛盾，一是人的自主活动与自主活动的社会条件之间的矛盾。前一矛盾的解决是个人如何通过社会过程而成为社会实践的主体，后一矛盾的解决则是人的自主活动的发展如何推动社会系统的演变。这样，作者就在归根结底的意义上，把社会系统的发展理解为人的自主活动的社会形式和社会条件的发展，从而揭示出社会发展的终极价值或意义。

考察社会结构，无疑是社会有机体研究的核心内容。社会有机系统远比其他物质系统复杂得多。学术界不少学者试图运用现代系统论的理论和方法去研究社会系统的结构和功能，提出了许多有重要学术价值的新观点、新见解。但是，仅仅从系统的一般特征和动态原则出发来推演社会系统，并不足以把握社会有机系统内在结构的特殊性质。阎孟伟博士在本书中对社会结构的分析不仅吸收了现代系统论的观点和方法，而且把社会结构的形成和演变同人的自觉活动紧密结合起来，提出了研究社会系统结构的新思路。这主要体现在他对"社会隐结构"和"社会显结构"的区分上。他认为，人们之间的社会交往活动和交往关系把众多个人的活动、个人的生活结合成在质态上不可还原为个人的共同活动、共同生活，并在这种共同活动中产生了对于相对完整的社会生活过程来说必不可少的社会生活基本因素。"社会隐结构"就是指社会生活基本因素之间相对稳定的相互结合方式和相互作用关系，它对于每一社会个体来说具有内在性和客观性，并且决定着社会生活的基本方式和进一步发展的可能性空间。"社会显结构"则是社会隐结构所包含的各种客观关系经过精神交往这个中介即通过主观化环节而形成的由社会文化规范体系来调节的可观察的表观结构。这种显结构以各种社会群体和社会组织为基本的构成要素，用社会规范体系来确定和调节结构关系，以一定的权力或权威机构为管理和控制的主导和核心，并具有明确的目标性。因此，社会显结构实际上是通过社会主体的自觉活动而使由隐结构关系所决定的某种可能的演化状态变成现实。社会有机系统在其任何一个历史发展阶段上都必然是隐结构和显结构的统一。作者的上述观点对于考察社会有机系统的结构具有十分重要的理论价值。以往我国哲学界对社会结构的研究，多侧重于对生产力和生产关系、经济基础和上层建筑的抽象分析，而忽视了对社会组织体系、规范体系和目标体系的研究，亦即忽视了主体的自觉活动在社会结构的形成和发展中的作用的研究，这就难免导致一种理论上的片面性，即认为社会结构对于社会主体来说是某种自在的、既成的东西，离开主体的自觉活动和选择作用也会自发地向高级形态演变的东西。与此相反，许多西方学者则特别重视对于社会组织、社会规范、政治体系的研究，因而倾向于否认社会系统的客观本质及其演变的客观规律，以至缺乏对社会系统演变的深层原因和客观动力的探讨。作者通过揭示社会隐结构和显结构特征以及二者的相互关系，就比较充分地阐明了社会系统结构演变的客观机制和社会主体的自觉活动在社会结构形成和发展中的重要作用，克服了以上两种片面性。

　　这部著作在具体地分析和研究社会经济、政治和思想文化结构以及社会有机系统的动态过程等方面，也提出了许多有价值的、独到的观点和见解。在各方面理论的研究中，作者对国内外学术界有关的争论问题、疑难问题都进行了深入的思考，并阐明了自己的观点。值得一提的是，由于作者确立了自己系统的理论观点，对许多学术问题，特别是那些经过长期争论依然悬而不决的问题，也都能以新的视角和方法进行透视，从而给人以耳目一新的感觉。

　　阎孟伟曾从我攻读博士学位，这部著作就是在他的博士论文的基础上修改而成的。对于这部著作的出版，我是由衷地高兴的。阎孟伟博士是一位功底扎实、思维敏捷的学者，他极力赞成哲学的研究面向现实，对以把握当代中国社会转型为主要任务的社会哲学抱有极大的兴趣和热情。这部著作正是属于社会哲学的基础理论研究的成果，它的成功是作者沿着自己选定的学术方向迈进的第一步。我确信，阎孟伟博士一定会沿着这一正确的学术方向走下去，一定会陆续地将更好的研究成果奉献给人们。

《全球化与生态文明论纲》序言[*]

  环境、生态系统以及与之密切相关的人类文明形态的历史变迁，是一个纵横交错、多种因素交互作用的动态过程。从学理层面上对之进行认真的探讨，是当今哲学不容回避的任务，尤其是值得社会哲学高度关注的重要课题。

  由崔永和教授牵头的课题组所完成的研究成果《全球化与生态文明论纲》，是致力于环境问题和文明形态变迁问题研究的力作。该书对人的活动与环境变化的关系，人类活动中"两个尺度"的关系，自然界与人类社会通过实践中介相互制约的关系，以及全球化背景下人类的发展模式与环境趋势的关系等重大理论问题和实践问题，都做了认真系统的研究，体现了中国当今哲学研究面向实践、面向社会、面向未来的理论风格，在我们的哲学园地中增添了一枝颇具特色的鲜艳花朵，这是令人欣慰和值得肯定的。

  哲学是人类对于自身活动的反思，是根植于现实生活的终极关怀。哲学要关注人类生命活动的意义，便不能不关注人类生活的条件即人类生活的环境。哲学是研究人的，但不是单从人自身去研究人，而是从人与周围世界的关系中去研究人。因此，从一般意义上，人和周围世界的关系问题即所谓环境问题，历来是哲学研究的主题。只是在现代条件下，这一问题空前地

* 《全球化与生态文明论纲》，崔永和等著，当代中国出版社 2002 年出版。

尖锐和复杂了。该书的作者们正是力图站在新的时代高度，着力于探寻符合于现代条件的新的理论解决方式。

近些年来，研究环境问题、生态问题的论著已经不少，这方面的哲学著作也有了一些。这部著作的鲜明特点是立足于马克思主义的实践观点，从人类实践活动中"两个尺度"的关系去探讨解决环境问题的途径。这无疑是非常正确的，是这部著作最为深刻之处。人类生活的环境是人自己创造的，人类自己创造的环境是否有利于人类的生存，这归根结底只能由人类改造环境的实践活动的合理性去说明，而人类实践活动的合理性，首先就在于人类实践活动中运用于对象的尺度及其运用过程的合理性。该书对人类实践活动中的"两个尺度"做了深入的阐述，但又不是停留于"人的尺度"和"物的尺度"的两两相分及一些空泛的叙述，而是对这两个尺度分别地做了进一步的分析，尤其是对"人的尺度"的差别性的分析，不仅揭示了不同利益主体之间的价值对立，同时揭示了现今时代的价值走向，从中便可窥探到现代环境问题发生和加剧的真实原因以及解决环境问题的现实途径。

这部著作还有一个突出的优点和特点，就是字里行间充满了激情。这种激情发生于对人类生存质量以至生存危机的忧虑，是基于远虑之情，因而是一种理性的激情。激情对于哲学来说也是十分重要的，许多好的哲学文章都是因为有了激情才写出来的。哲学就应当是激情的理性。这部著作晓之以理，动之以情，极有助于人们认识环境问题的重要性，使人们在如何把发展经济与保护环境统一起来、走可持续发展之路、走中国现代化的新路这一系列重大问题上，都能在理论认识上和情感上得到启迪和升华。

当然，环境问题的酿成并非一日之过，走出环境危机、建设生态文明亦非一日之功。现代问题的实践解决需要持之以恒，对于环境问题的理论探索也不能停步。

在《全球化与生态文明论纲》出版之际，应作者之约，说了以上的一些看法，是为序。

《儒家经济伦理与市场社会精神》
序言[*]

　　杨仁忠教授主持的教育部人文社会科学研究"十五"规划项目成果《儒家经济伦理与市场社会精神》即将付梓。作者要我写个序言，我很乐意借此机会谈谈我的一些看法。

　　乍看这个书名，难免产生一些疑惑：儒家文化中有系统的经济伦理吗？所谓"市场社会精神"是什么精神？儒家经济伦理同现代市场社会精神能有什么关联？待粗读大著之后，这些疑惑便在很大程度上得到了消解。这部著作从多个维度分析了儒家经济伦理形成发展的历史背景以及它的历史传承、基本特征、社会意义等，对于儒家经济伦理与现代市场社会精神、与现代社会利益机制运作的复杂关系也做了深入的阐发，形成了一些能自圆其说的学术见解，能给予人们多方面的启发。

　　在整个现代化的过程中，传统与现代性的矛盾是一个基本的矛盾。所谓现代化就是不断地超越传统，但又在任何时候都不可能割断传统，而总是变革和继承的统一。儒家文化作为中国传统文化的主干，历经 2000 多年风雨的洗礼和无数先哲的传承、积淀，已与中华民族血脉相融。它好也罢，不好也罢，都不能绕开它，都不能不正视它，研究它。可以说，没有对于儒家文化的正确认识和对待，我们的现代化将寸步难行。就此而

---

　　*《儒家经济伦理与市场社会精神》，杨仁忠等著，中国社会科学出版社 2005 年出版。

言，本书探讨儒家经济伦理与市场社会精神的关系，其重要意义是无可置疑的。

儒家文化就其主要内容和主要特征来看，它就是一种伦理文化。作为一种如此博大精深、如此影响深广的伦理文化，必定包含丰富的经济伦理思想。其显而易见的理由有二。一是，它作为一种伦理精神是要支配整个社会生活的，当然也包括社会的物质生活、经济生活。例如，"诚信为本"就不能只是规范其他领域而不规范经济领域特别是商业领域，不能说儒家文化在其他领域倡导诚信而在商业领域却认可欺诈。二是，不论任何时代从事经济活动的主体都不只是"经济人"，而是"社会人"，他不能只是在经济领域中生活，而必须还在整个社会领域中生活，他也就必须接受社会伦理规范。因此，他总是用他接受了社会伦理规范去规范自己的经济活动、商业活动。古往今来的"儒商"都是先成为"儒者"，然后才成为"儒商"的，此即所谓以儒入商。就是说，他总是首先接受了儒家倡导的社会伦理规范，然后在商业活动中也恪守这些规范，如讲求诚信，以礼待人，利己利人即所谓"己欲立而立人，己欲达而达人"，这样才使他即使做个商人也仍不失儒雅风范。因此，按照我的理解，所谓儒家经济伦理，并不是某位大儒曾专门为人们的经济活动制定的伦理原则、伦理规范。除少量直接针对经济活动的思想如"均富""重农抑商"等外，它就是一般的社会伦理。只是今天我们在探讨它同市场经济的关系时要着重于它对经济生活的意义，因而也可以把它叫作经济伦理。可以看出，本书的作者也是这样理解所谓"儒家经济伦理"的。

儒家文化是自然经济、宗法等级制度的产物。它包括的许多封建性的糟粕是必须彻底抛弃的。儒家伦理作为一种经济伦理，从总体上说是与社会主义市场经济不相容的。例如它的"重义轻利""重农抑商"以及家族中心主义等，都会对社会主义市场经济的发展产生消极影响。消除儒家伦理的消极影响，正是我们在推进社会主义市场经济建设时必须实行的观念变革的一个重要方面。但是，儒家文化作为一种支撑一个伟大民族几千年自强不息的重要精神力量，无疑又包含着许多积极的、具有永恒价值的因素。给这些因素注入新的时代内容，便可使它在发展社会主义市场经济、建设社会主义现代化国家的伟大事业中发挥重要的积极作用。"天行健，君子以自强不息；地势坤，君子以厚德载物。"这表述了中国优秀传统文化的精髓。儒家文化倡导的志存高远、仁为己任的博大胸怀，刚健进取、与天争胜的奋斗精神和宏毅坚韧、自尊自强的坚强意志，就一直诠释着中华民族自强不息的民族精神；儒家文化倡导的以天地为胸怀，培育万物、滋养生灵、和谐民间、体恤民生的精神鲜明地表现了中华民族厚德载物的民族风格。儒家文化中这些体现着中国文化优良传统的方面，在新的时代仍是铸造中华民族新的民族精神的宝贵的思想资源。就经济伦理而论，有些伦理思想、伦理规范可以直接地规范人们的经济生活。例如诚信为本、克勤克俭、重群克己、"和为贵"等，对于培养人们诚实守信、崇俭黜奢、敬业乐群的道德观念，对于化解经济交往中因利益纠纷而导致的各种社会矛盾都会发挥积极的作用。即使是某些原本具有片面性的思想如能给予正确的转换和诠释，也可成为一种伦理文化资源，对在市场经济发展过程中出现的某些消极腐败现象发挥矫正的作用。就拿"重义轻利"来说吧，一味地讲"轻利"当然是搞不起市场经济来的，但重义并没有什么不好。儒家强调以义驭利，是很有道理的，特别是针对那种唯利是图、见利忘义、利己主义和拜金主义膨胀的道德腐败现象就可以发挥有力的矫正作用。因此，对于儒家伦理要采取分析态度。这本著作的突出优点，就是它坚持了这种历史的辩证的分析方法。

　　总之，儒家文化需要结合新的时代深入研究，儒家文化的现代价值需要深入挖掘。这本著作在这方面做出了有益的贡献，是十分可贵的。在这本著作付梓之际，说了以上一些话，是为序。

《走出现代性道德困境》序言[*]

十余年前，我在倡导社会哲学研究时，佑新就曾向我表示从事现代性问题研究以及从我攻读博士学位的意愿。数易寒暑，论文终于写成，如今出版在即，我作为指导教师和第一位读者，在这里谈谈阅读论文时的两点印象，即本书所包含的问题意识与创新意识。

有没有真正的"问题"，是衡量一篇论文或一本著作学术价值的重要标准。本书的"问题"发生在现实和理论两个层面。从现实的层面来说，中国社会主义市场经济的发展所引起的整个社会生活即人们的社会活动方式的剧变，其最主要的表现即是人们利益关系的调整和交往方式的根本改变，并由此而导致社会道德生活的重大变化。这种变化究竟是道德上的"爬坡"还是"滑坡"，人们可能从特定的视角出发会得出完全不同的结论。但有一点是肯定的，即市场经济为人们伸张自我的感性欲望提供了前所未有的空间，当这种感性欲望的洪流没有得到有效引导和约束时，就会变得泛滥无归，不断地冲击着人们的道德精神世界，这实际上也正是现实中发生着的人们极为关注的问题，如诚信丧失、行为失范，等等。但是，作者的问题意识不止于此，而是进一步将当代中国市场经济条件下所发生的道德问题视为现代性问题。这种问题意识的深化是有根据的。市

---

* 《走出现代性道德困境》，李佑新著，人民出版社 2006 年出版。

场经济所引起的社会变化，是社会整体结构的转型，亦即现代性社会的形成。正如麦金太尔所看到的，现代性社会中的自我由于摆脱了传统共同体的身份而成了情感主义的自我；或者如舍勒等人所描绘的，"现代人"是一种感觉化类型的人，这种"现代自我"或"现代人"最容易奉行感觉至上与及时行乐的行为原则。当尼采宣称"要以肉体为准绳"①时，他实际上非常敏锐和准确地抓住了现代人的心理价值取向。但是，如黑格尔早就指出的："如果感觉、愉快和不愉快可以作为衡量正义、善良、真实的标准，可以作为衡量什么是人生的目的的标准，那么，真正说来，道德学就被取消，或者说，道德的原则事实上也就成了一个不道德的原则了；——我们相信，如果这样，一切任意妄为将都可以通行无阻。"②正是这种感觉至上的现代性原则，导致了现代性社会中道德权威的丧失和道德相对主义的盛行。因此，作者主张将市场经济条件下的道德问题"置于现代性的问题阈中予以考察"（本书导言）③，这应该说在理论研究的问题意识上是一个深化，而在实践上也可以使我们认识到当代中国道德建设的长期性和复杂性。

　　本书的"问题"不仅发生在现实层面，也发生在理论层面。如何重建现代性道德秩序，是当代思想家们所殚精竭虑的问题。从对现代性道德问题的回应方式来看，大体上可以区分为普遍理性主义、德性论和后现代主义。后现代主义的理论立场实际上是将现代性中的感觉原则极端化，与其说是重建现代性道德，不如说是解构现代性道德。普遍理性主义与德性论则是两种具

---

① 尼采：《权力意志——重估一切价值的尝试》，商务印书馆 1993 年版，第 152 页。
② 黑格尔：《哲学史讲演录》第 3 卷，商务印书馆 1959 年版，第 73 页。
③ 李佑新：《走出现代道德困境》，人民出版社 2006 年版，第 1 页。

有建设性意义的思路，前者力主建构某种外在的普遍性秩序规范，而后者则主张回归传统的德性。无论是在国外还是国内，这两者都是回应现代性道德问题的主导性思路，这两种思路的真知灼见与尖锐对立，构成了"问题"空间。本书的"问题"就是在考察回应现代性道德问题的这两种立场的基础上形成的，作者试图从马克思主义哲学的立场来解决这两种思路所形成的"问题"。

有没有一定程度上的创新，是衡量一篇论文或一本著作学术价值的另一重要标准。本书的可贵之处在于其包含的创新意识和创新之点。兹略举数端。

首先是本书建构了一个对现代性问题的理解框架。虽然"现代性"成了当代人文社会科学文献的主题词和关键词，产生了大量研究文献，但是，对现代性和现代性问题的理解却是见仁见智，众说纷纭。本书从外在的社会制度结构和内在的心灵秩序结构两个层面理解现代性，认为前者以理性为原则，后者以感觉为主导；前者被称为理性化的现代性，或启蒙的现代性，而后者则被冠以审美现代性或浪漫的现代性等名称。对现代性概念做这样的理解应该说是比较全面的。由于理性化的现代性日益发展为形式化和工具化的理性，更由于感觉化的现代性对社会规范和精神价值世界的冲击，因而现代性问题的实质就表现为道德文化以及现代人生存意义的危机，这是从现代性的上述两个层面的含义所得出的合乎逻辑、同时也合乎现实的结论。

其次是本书对现代性道德困境的解决思路。作者不是在普遍理性主义和德性论这两种对立的理论立场之外再寻找某种理论立场，而是从两者的真知灼见与对立中，试图吸收两者之长而克服两者之短，提供一个解决问题的方案，即：既要建构外在的普遍性秩序规范,这在利益分化的现代社会中具有优先性;又要建构现代人内在的心性秩序结构,这是担保普遍性秩序规范有效性的主体人格基础,也是现代人克服生存意义危机的主体德性根基。

再次是对现代社会中建构德性的方式、社会基础和目标的探讨。如果德性是担保普遍性秩序规范有效性的主体人格基础,而重建德性又不可能如麦金太尔那样回归传统共同体,因而在现代社会中重建德性如何可能就成了本书所要解决的关键问题。作者在如下三个方面做了有益的探讨:建构的方式,采取现实历史的方式而非康德、牟宗三式的形上预设的方式,后者只能建构某种道德形上学,而不能解决现代性道德文化危机这样的现实问题;建构的社会基础,在现代社会中不可能像麦金太尔那样重回传统共同体,而只能在现代家庭、企业、社区和社团这些现代型共同体的基础上建构现代人的德性人格;建构的目标,将现代社会中人的德性区分为正直(自觉自愿地履行公平划分权利与义务的社会规范)、美德(以取义务为第一要务而不计权利)和崇高(超越权利与义务而牺牲、奉献)三个不同的层次,其中,正直是社会对每个公民的普遍要求,美德是社会对个体的期待,而崇高则是个体的可能选择。

本书也存在诸多不足之处。例如,从正直的德性向美德、崇高的德性过渡如何可能?作者语焉不详。当然,现代性道德问题这样繁难的理论问题不可能期望哪一篇论文或哪一本著作能做出圆满的、一劳永逸的解决。这是无数思想家在不懈地思考和探索的问题。本书能够对问题做出准确的把握,并能提供一种解决问题的新思路,就是很有价值、很值得向读者推荐的了。

佑新的博士论文能够由人民出版社出版,我是由衷地高兴的。在佑新从我攻读博士学位期间，我们曾就许多学术问题包括本书所论及的问题交换意见，我深感他是一位功底扎实、思想深刻且事业心极强的年轻学者。我相信他还会创造出更多、更优秀的理论成果奉献给人们。

《中国农村社会转型研究》序言[*]

  延平曾从我攻读哲学博士学位，《中国农村社会转型研究》就是由他的学位论文修改而成的。这部著作能够出版，我是由衷地高兴的。在它付梓之际，延平要我写个序言，我当然十分愿意。其实，我自己本来也有些话想借这个机会说一说。

  一切有关中国现代化问题的理论研究，都要从当代中国的国情出发。"国情"是个综合概念，既包括社会状况，也包括自然条件，而中国现代化作为一种社会运动，对它来说更重要的当然是社会状况。"社会状况"也是一个综合概念，是包括经济、政治、文化诸多方面的，而基础性的方面则是它的经济状况。对于中国社会的经济状况也可以从不同的角度或侧面去描述，而就研究中国的现代化或中国的社会转型来说，较为重要的是它的经济结构，因为所谓社会转型就是社会结构的转型。社会经济结构也是由多种结构关系构成的复合体，而就探讨中国这样的发展中国家的社会转型来说，最有意义的是它的工业和农业的关系结构，因为发展中国家面临的由传统社会向现代社会的转型，实质上正是由农业社会向工业社会或者说由农业文明向工业文明的转变。因此，对于探讨当代中国的社会转型来说，最需要把握的、应作为思考现代化和社会转型中的一切问题的出发点的"国情"，就是所谓先进的工业经济和落后的农业经济

---

  *《中国农村社会转型研究》，申延平著，河南大学出版社2005年出版。

二元并存的经济结构。我们国家现在的情况是，经过多年的努力，已经建成了比较完整的工业体系，有些工业部门达到了国际先进水平，工业产值也早已在工农业总产值中占了主要的份额，但同时又存在着大量的、相当落后的农业经济。我国 13亿人口有近 9 亿在农村，基本上还是用手工工具搞饭吃，整个的经济结构特别是劳动力结构尚未实现根本性的变化。这种经济状况决定了中国社会在政治、文化等方面也表现出一些明显的特征，如政治民主化进程缓慢、文化观念变革滞后，等等。当代中国的社会转型，就其主要之点来说，就是要改变这种二元经济结构以及建立在此经济结构基础上的整个社会结构。可见，如果没有农村的社会转型，就谈不上中国的社会转型；如果没有农业的现代化，中国的现代化不论在其他方面走出多远，也只能是片面的现代化。在延平的学位论文答辩会上，我说过这样的话："在中国，'三农'问题是关涉国计民生的天字第一号的问题。"这似乎言过其实，但认真想来，并没有夸张。我说的这番话，单用"农民真苦，农村真穷，农业真危险"一类针对时弊的感叹还是诠释不了的。我的这番话，主要的还不是表示对于当前农村、农业和农民状况的忧虑（当然也包括这一点），而是认为"三农"问题确实是关乎中国社会主义现代化的全局和前途的问题。令人颇感遗憾的是，近一个时期以来我们的理论研究（我主要指哲学的研究）对于农村的事情关注得太少了。因此，当延平提出要将"中国农村社会转型论"作为他的博士学位论文选题时，我便连声表示赞成。

　　对于这篇学位论文，在所谓"学术水平"上我本来不要求过高，因为我觉得在对当前中国农村变革问题的理论研究上即使只是取得一些初步的认识，也会比某些不着边际的"宏论"要有价值得多。但当我读了这篇论文之后，我看到在许多方面超出了我的期望，达到了比较高的理论水平（当然，也有一些缺陷，即使到现在修改成书付梓时，这些缺陷也还未能完全修补过来，但这是不足为怪的）。它的理论水平主要表现在作者很善于做理论归结，因而能够把握到问题的实质。例如，在探讨中国农村社会的经济转型时，把土地制度的变革作为核心，从农村土地所有权和使用权的改革，进而从农业的规模化和市场化、农村产业结构的变化和农民的非农化几个方面分析了中国农村经济走出自然经济范畴、步入市场经济轨道以及中国农民从传统小农生产者转变为独立自主的市场主体的可能方式和途径。在探讨中国农村社会的政治转型时，明确指出这个转型的实质是国家和农村社会的关系的转变，因而着重阐述了在农村社会和国家之间的关系从一体化到走向分离的过程中，农民的政治主体地位、权利意识和参政能力逐渐生长和提高的机制和条件。在探讨中国农村社会的文化转型时，把"天人合一"观念视为中国传统文化的核心，在分析"天人合一"观念演变的基础上，阐述了中国农村社会"大传统"文化和"小传统"文化的关系变化、理想性文化和实用性文化的结构重建，进而阐述了在这个文化转型中农民的主体意识生成和演变的过程和趋势。最后，又把所谓"三农"问题归结为农民问题，归结为农民主体意识的觉醒和弘扬，从而把社会的发展和人的发展统一了起来。这种认识方法、分析方法是很可取的。借助于这种方法，不仅勾勒了中国农村变革的大致图景，而且指明了中国农村变革的可能走向，给人们增添了实现中国社会主义现代化的信心。

延平长期在党政机关工作，他生活和工作时间最长的河南省新乡地区又在中国农村中很有典型意义。这是他写好这部著作的重要基础。从一定意义上说，这部著作中所表达的一些基本的理论认识，是他多年实践经验和实际感受的一种理论升华。延平对研究农村问题有特殊的理论兴趣，且现在仍在农村地区工作，我希望能把这种理论热情继续下去，即使有一天离开了农村工作岗位，也应把研究农村问题的理论热情保持下去，因为中国农村问题不应只是农村人关心，而应是所有中国人都关心的事情。

在《中国农村社会转型论》付梓之际，写了上面这些话，是为序。

《创新：由危机走向进步的动力》序言[*]

  永平于 1993—1996 年曾从我攻读哲学博士学位，他的学位论文曾以《进步观念的当代重建》为书名由湖北教育出版社出版。他在完成学位论文之后，又紧密结合我国改革开放和社会主义现代化建设的现实实践，继续深化和拓展对于社会进步问题的研究，发表了大量的论著。现在他将近十年来发表的关于这一课题的研究论文结集出版，要我写个序言，我当然十分愿意，十分高兴。

  社会进步问题历来是思想家们以不同的方式关注和思考的问题，近代以来更为凸显了。西方资产阶级理性主义的进步观念动摇以后，又出现了社会危机论，许多人对人类社会的进步失去了信心，陷入了严重的思想混乱。社会进步还是不是一种历史的必然趋势？社会进步的目标和尺度是什么？如何实现社会进步？这些都成了问题。这不只是在说别人的事，说西方人的事，同时也是在说我们自己的事。我国在建立社会主义市场经济体制、发展市场经济以后，社会生活发生了巨大的、深刻的变化。如何理解这种变化？这种变化表明社会进步了还是倒退了？市场化取向的社会改革是蕴藏着巨大的风险乃至潜伏着危机的，这种风险或危机是什么性质的？如何看待和对待这种

  *《创新：由危机走向进步的动力》，郝永平著，中共中央党校出版社 2006 年出版。

可能发生的风险和危机？这是我们随时都会遇到的问题。一些人的所谓"理想失落""信念迷茫"，大多与不能理解这些变化、不能理解新生活的意义有关，从理念层面上说，也就是同不能理解社会进步观念的变革有关。可见，这一课题研究的重大现实意义是不言而喻的。

这部著作是几十篇分散的论文的集结，但在思想理论上却体现了一种明显的整体相关性，读起来像是一部预先有所设计的专著。

作者探讨社会进步的问题，但同时又用了很多的精力思考和研究社会危机，这种研究思路是很正确的。危机和进步是互相不可分割的对立面。人类历史的发展过程就是一个危机和进步并立共存的演进过程。社会历史的重大进步，往往正是在克服危机中实现的。如果只承认进步，不承认危机，就无异于把人类历史的发展看成直线的，看成只是在常态中径情直遂的。这不符合辩证法，不符合历史事实。可以说，不理解危机，不理解危机的实质和成因，就不可能真正理解社会进步。西方思想界由社会进步论转向社会危机论，就在这方面提供了重要的理论教训。正确地理解危机，树立正确的忧患意识和危机感，对于理解和推进当代中国的社会进步来说，有它更为特殊的意义。中国的社会改革本来就是一种克服危机的努力，改革尚未完成也就意味着危机尚未消除。不仅如此。中国由市场化取向的改革所推动的社会转型，是在一种独特的历史条件下进行的。中国属于后发展国家，它与先发展国家的情况完全不同。先发展国家的市场经济是原生的，由市场经济的发展所推动的社会转型过程是一种相对缓慢的社会变化过程。而中国作为后发展国家，市场经济不是原生的，是通过体制转轨而建立起来的，体制转轨时期是一种急速的社会变化过程。换句话说，中国是要在几十年的时间里完成别人数百年时间所做的事情。在这种急速的社会变化过程中出现的问题往往可能迅速地集中和放大，因而蕴含着巨大的社会风险。这说明，以推动当代中国社会进步为己任的改革者，更加需要有清醒的风险意识，这样才能有坚忍不拔的意志和毅力。

社会进步不只是表现为在社会演进的常态中进步成果或文明成果的量的积累，而是主要表现为社会因素乃至社会整体的质变、飞跃。因此，在历史上，在许多情况下，常常需要采用革命的手段实行社会变革，才能克服危机，实现社会的进步。在我国，在社会主义条件下推动社会进步，当然不是采用原本意义上的革命方式，但变革仍是必需的。这变革就是创新，包括制度创新、技术创新、知识创新以及思想理论创新（观念更新），等等。作者将创新视为推动社会进步发展的根本动力，视为将危机带来的风险转化为实现社会进步的机遇的根本手段，这是非常正确的。在探讨社会进步问题的理论视野里，让创新问题占据显著的位置，这是合乎逻辑的。

党中央提出的以人为本、全面协调可持续发展的科学发展观，是我们建设富强、民主、文明、和谐的社会主义现代化国家、推动社会进步的根本指导思想。深入研究马克思主义的社会进步理论，对于人们理解和落实科学发展观是极有助益的。

社会进步理论内容极为丰富。希望永平沿着已经确立的思路，针对我国在推进社会进步的现实实践中出现的实际问题和理论问题，继续深入地研究，创造出更多更好的理论成果奉献给人们。

建立中国自己的社会哲学[*]

　　关于社会哲学，我国学界曾存在一种误识，即认为历史唯物论就是社会哲学，因而在过去很长一段时间，不少人对于是否有可能和有必要在历史唯物论之外建构独立的社会哲学存有怀疑。其实，在历史唯物论的创始人马克思、恩格斯那里，社会哲学是可以与历史唯物论区别开来的。

　　我们从马克思卷帙浩繁的著作中可以清楚地看出，他的社会历史理论存在历史哲学和社会哲学两个不同的维度。历史哲学注重从历史发展过程中揭示人类历史的本质和一般规律；社会哲学则直接关注现实社会生活，它从具体社会形态的社会结构切入，研究人们的现实社会生活过程。这一区别构成了社会哲学存在的基础。

　　社会哲学作为一种哲学形式，体现了人们对现实社会生活的总体把握。社会生活的总体有着多种可能的存在样态，因为体现社会整体性的社会结构是多重的，即有多种构成类型。这就是说，社会哲学所面对的是一个庞大的社会体系。因此，研究社会哲学必须找到合适的切入点，否则研究工作便无法展开。理论研究的切入点，归根到底是由研究者身处其中的社会实践所决定的。当代中国正处于由社会主义市场经济发展所推动的社会转型时期，一方面迫切需要从哲学层面提供一种总体性观

　　* 本文原载于《人民日报》2016 年 7 月 4 日、《新华文摘》2016 年第 18 期。

念，以实现对这一社会转型的观念引导；另一方面，社会转型是一种社会整体性或结构性变迁，社会运动的整体性特征能更为鲜明地呈现出来，这就为具有总体性的哲学研究提供了客观基础。因此，当代中国的社会转型无疑是社会哲学研究最好的切入点。

考诸思想史，近代西方社会哲学的兴起就是与西方国家由市场经济发展所推动的社会转型相伴随的。近几百年里，支配西方社会变革和社会生活的许多深入人心的观念，可以说都是由社会哲学提供的。中国正在进行的社会转型，是世界范围现代化进程的一部分。西方社会哲学的积极成果，对我们有可资借鉴的价值。但是，中国的社会转型处在现代化的后发阶段。同西方主要资本主义国家即先发国家相比，它有着不同的制度前提和历史起点，并且面临完全不同的世界格局。因此，建立中国自己的社会哲学，便成为当代中国马克思主义哲学研究的重要任务。

依据这样的理解，在过去 20 年间，我们选择了我国社会转型中的一些重要问题进行哲学研究，推出了一套"社会哲学研究丛书"（共 10 种），其主要内容包括社会结构由领域合一到领域分离的变化趋势、社会主义市场经济的伦理基础、社会转型的文化约束、社会转型与信仰重建、效率与公平、社会转型的代价、转型社会的控制、可持续发展的发展观、社会转型与人的现代重塑等。这些问题是当代中国社会转型在起步时期遇到的一些基本问题。这些研究可以给人们提供一个观察当代中国社会转型的观念框架。这个观念框架的确立尽管是初步的，却是十分必要的。

社会转型时期，新问题层出不穷。社会哲学研究必须与社会转型同步，并力争有一定程度的超前性。随着改革的深化和社会转型的推进，社会哲学研究也会不断拓展和深化。20 世纪末、21 世纪初，政治生活中的哲学问题日益凸显，政治哲学研究开始在我国兴起，引起人们的关注。实际上，社会哲学在广义上就包括政治哲学。这里所说的"广义上"，是指与历史哲学相区分、相对应的意义上。社会哲学研究人们的现实社会生活过程，当然包括政治生活。我们可以将当下热度很高的政治哲学研究看作先前社会哲学研究的一种延续和深入。

（三）政治哲学的当代复兴

社区文明建设的时代意义*

和平区社区文明建设的重大意义，是在城市的社区功能日益强化的背景下凸显的。社区功能的强化表明国家和社会的关系发生了重大的变化，它标志着党和政府的城市工作的基础的转变。这是它的最鲜明、最重要的时代意义。

在计划经济体制下，城市的建设和管理工作是由政府通过行业、部门、单位进行的。在市场经济体制下，城市的社会功能空前复杂且多变化，政府已经无力承载如此复杂多变的社会管理职能，"单位办社会""企业办社会"的管理方式不仅成为不可能的事情，而且成为必须加以革除的弊端。总之，城市的管理职能必然地而且会越来越多地由政府让渡给社会。在这种情况下，政府以什么形式将一部分管理功能让渡给社会，社会如何有效地发挥这种功能，这就成为关系到城市的稳定与发展的大问题了。正是在这个大问题上，和平区的社区文明建设活动，特别是"社区志愿者服务"活动，为我们提供了宝贵的经验，也提出了值得我们长期深入探讨的重大理论问题。

真正意义上的城市社区的形成，社区功能的强化，是同市

---

　　* 本文是作者 1996 年 12 月在总结天津市和平区社区文明建设经验的理论座谈会上的发言稿。本文认为真正意义上的城市社区的形成、社区功能的强化，是同市民社会的兴起密切相关的。正是对于天津市和平区社区文明建设的思考，引起了作者对于市民社会理论的关注和研究，进而促进了对于政治哲学的关注和研究。原载《天津日报》1997 年 1 月 7 日。

民社会的兴起密切相关的。市民社会这一概念，在近代起初主要是指与政治生活领域相对的经济生活领域。但随着研究的深入，人们发现，虽然经济生活构成了市民社会的基础，但市民社会并不能仅仅归结为经济生活。与政治生活相对的社会生活，是一个比经济生活广泛得多的领域。当市场经济兴起之时，不仅经济生活的调控手段有一个从习俗方式或计划方式到市场方式的转变，而且整个社会生活领域也面临着一个重新组织的问题。在自然经济条件下，传统的家族不仅是经济生活的组织者，而且包揽了几乎全部社会生活。而在计划经济体制下，人们便创造了一种新型的社会生活组织，这就是每个人都再熟悉不过的"单位"。单位不仅组织经济生活，而且组织全部社会生活。单位对个人全面地负责其生老病死、婚丧嫁娶，甚至于私人情感、品质修养。此外，个人与某一特定单位的不易更替的关系，也近似于传统的家族。然而，市场经济的兴起却不可避免地使传统的家族和计划体制下的"单位"不再能够原样地存在。家族不可避免地分化成了小型的核心家庭，单位也由于必须追求经济效率和人员的可流动性而不可能再像过去那样是全能的了，它逐渐单纯化为某种职能部门。市场承担了组织经济生活的主要功能，但却不能依赖市场去组织其他社会生活。人们必须创造一种适应于市场经济的社会生活组织形式。显然，政府是无法全部承担这一任务的，所谓政府办社会，在以往其实是通过各个单位而进行的，这种方式便不再可能了。面对这种境况，唯一可能的方法便是社会生活的自我管理，这也就是广泛意义上的市民社会的建立。

这种广泛意义上的市民社会是随同市场经济而出现的，可以说是市场经济的必然产物。但市民社会的形成对市场经济而言，却并非只是消极的副产品，而是也有着它的重大的积极作用的。市场经济的正常运行需要一个稳定有序的社会环境。形成和保持一个这样的环境，单靠法律、行政手段远远不够，还必须有自我管理机制的市民社会健康发展作为要件。其次，作为市民社会之存在形式的各种社区组织也有助于政府管理意图的有效实现，或者说，各种社区组织构成了政府与个人之间的联系纽带，因此，市民社会的发展也成了政治发展的一个方面。

广义的市民社会建设的意义不限于现实生活层面，它同时还有着精神生活层面上的重要意义。事实上，传统的家族也不仅是一种基于血缘关系的现实生活组织，而且其成员间的那种亲密关系同时又构成了人们精神生活的依归或寄托。昔日的"单位"在某种意义上也有此种功能。当家族与单位不再能像以往那样存在时，这种功能便只能转移到新的组织上来。因此，作为市民社会之形式的社区组织所进行的不仅是营造一个新型的健康的现实社会生活方式，而且同时也在营造一个新型的精神家园。这一方面的重要性绝不亚于现实生活方面。在一个荒芜的精神家园中，再多的财富也无法使人获得真正的幸福。和平区的社区文明建设活动，就正是表现了在市场经济条件下，在人与人的关系日益冷漠和疏离的情况下，广大市民改善人际关系、重建精神家园的渴求，它的首要的意义也正是在城市的精神文明建设方面。

一般说来，市场经济是市民社会的基础，市场经济必然造就市民社会；而特殊地说来，中国的社会主义市场经济不同于西方的原发的市场经济，中国正在形成中的市民社会也就有它不同于西方的特点。这种不同或特点，主要就是表现在政治国家和市民社会的关系上。中国的市场经济体制是国家通过社会主义改革有领导地建立的，是自觉的选择。在这个基础上形成的市民社会，也就既有其自发性的一面，又是依靠政府的自觉扶植和支持的。因此，当代中国的市民社会虽然也相对独立于政治国家的社会领域，但它不是或可以使它不至成为同国家对立的力量。在政府的有效引导下，社区活动的目标同政府工作的目标是可以达到一致的。和平区的经验就十分典型地表现了中国市民社会形成过程的这种基本特征。和平区的志愿者服务活动是群众自发地开展起来的，但它一出现就立即得到和平区委、区政府的大力支持和精心培育，并使它得到健康的发展，使它成为为政府分担很大一部分社会管理功能的积极力量，从而有力地保证和促进了社会的稳定和发展。

这样一种与政府活动密切结合的市民社会形式，不仅在中国社会史上是一个创造，而且在世界市民社会史上也是一个创造。市民社会就其自身的功能而言，正是与政治国家互补而构成完整的社会生活的，因而，就事物自身的内在要求而言，二者是互相依赖着的。无市民社会的配合，国家无以完整地实现其功能；而无国家的规范作用，市民社会也难以有序地存在。显然，二者之间保持一种和谐关系是最有利于社会稳定和发展的。

和平区的经验说明，在我国，市场经济需要培育，市民社会也需要培育。这是一而二、二而一的事情。没有充分发育的市场经济，就不会培育出现代的市民社会；没有成熟的市民社会，也不会有市场经济的良性运行。和平区的"社区志愿者服务"活动是在社会主义市场经济条件下出现的城市社会生活的崭新形式，它作为中国市民社会的新的萌芽，作为一种新的时代精神的载体，具有旺盛强大的生命力。可以预料，这种社会生活形式还必将不断地获得重大的发展。

马克思的市民社会理论及其意义[*]

近 20 年来，市民社会问题已经成为一个世界性的研究课题。在不同的文化区域和社会背景下，人们纷纷用"市民社会"这一术语表达着不尽相同的理论诉求和现实关切。有西方学者认为，关于市民社会问题的讨论已经在当代的政治哲学中形成了一个所谓"市民社会的话语体系"。由于这场讨论的复杂性，这个话语体系是声音混杂的。值得注意的是，在这个混杂的"话语体系"中，所谓"后马克思主义"者的声音格外响亮。一些自称为马克思继承者的思想家，例如哈贝马斯、柯亨和阿拉托等人，着眼于当代垄断资本主义的特点，将市民社会视为存在于政治国家之外的文化批判领域，认为只有通过对这一"公共领域"的建设，才能抵抗当代垄断资本主义对人和社会所实施的新异化。他们的观点在西方产生了相当大的反响。

"市民社会"是一个在马克思的早期著作中出现频率相当高的概念。那么，这一概念与当今人们所使用的同一概念是一致的吗？哈贝马斯等人的观点是对马克思市民社会理论的现代性拓展吗？马克思的市民社会理论对当前我国的市场经济建设，

---

　*本文阐明了马克思的"市民社会"概念。马克思批判地继承了黑格尔的思想，把市民社会规定为市场经济社会中人们的物质交往关系及由这种交往关系所构成的、独立于并决定着政治国家的社会生活领域，同时又澄清了某些西方思想家认为马克思把市民社会"几乎完全地化约为经济领域"的误解，并提出应依据变化了的社会现实研究市民社会概念和理论的新发展。与王新生合作，原载《天津社会科学》2001 年第4 期。

特别是政治体制改革究竟具有什么样的意义？如此等等。对这些问题的深入研究，是马克思主义研究的重要组成部分，也是我国现实的社会实践所迫切需要的。

一、马克思对黑格尔市民社会理论的批判和深化

在黑格尔的法哲学中，市民社会是指由相互需要的契约关系而将人们联系起来的市场交往体系及其保障机制。黑格尔认为，这是一个区别于家庭和国家的社会领域。它虽然独立但是却不自足、不完善，需要通过国家的强制统合才能达到人与人真正的联合。因此，黑格尔认为，在国家与市民社会的关系上，是国家决定市民社会，国家为市民社会提供最终的伦理根据。

马克思对于市民社会的考察，在他整个思想体系的形成过程中，具有极其重要的地位和意义。早期的马克思是一个黑格尔主义者，他从唯心主义转向唯物主义的过程，就是通过对黑格尔法哲学的批判完成的。马克思主要是在批判黑格尔市民社会理论的过程中建立了自己的市民社会概念及其全部理论。因此，马克思市民社会理论的最大特点是：一方面，它继承并深化了黑格尔对市民社会的基本规定；另一方面，他把被黑格尔颠倒了的国家与市民社会的关系颠倒了过来。

首先，马克思继承并深化了黑格尔的市民社会理论。黑格尔之前的思想家，如洛克、孟德斯鸠、亚当·斯密等人已经看到了市场经济条件下国家与社会相分离的必然趋势，但是，他们却主要是从抽象的人性论出发来论证这一趋势的。他们认为，社会之所以独立于国家，是由人的自然本性决定的。人在本性上是自由的，这种自由的权利是"天赋的"，国家只是人们对自

己天赋的自然权利让渡的结果，是人们之间订立契约的结果。根据这种从抽象的人性论出发而阐述的社会政治理论，社会是人类联合的本然状态，政治国家只是为它服务的工具。与传统的君权神授论相比，这种社会政治理论的结论是革命性的，直至今天它仍然是现代政治哲学的基本原理之一。但是，这种社会政治哲学的论证方法却是非历史的、抽象的，近代以后一直遭到各方面的批判。黑格尔的巨大历史功绩就在于批判了这种非历史的、抽象的社会政治哲学的基础，从历史本身出发说明了历史的发展，说明了国家与市民社会的关系。马克思对黑格尔市民社会理论的继承，首先在于他对黑格尔这一历史主义方法论的继承。当代美国学者赛里格曼指出："和黑格尔一样，马克思反对任何 18 世纪思想家关于市民社会起源的'神秘的和幻想的'理论。"①不过，马克思并没有像黑格尔那样将历史的发展归于精神的自我运动，而是从社会关系，特别是经济关系中寻求对市民社会的说明。马克思指出："市民社会包括各个个人在生产力发展的一定阶段上的一切物质交往。它包括该阶段上的整个商业生活和工业生活。"市民社会"这一名称始终标志着直接从生产和交往中发展起来的社会组织"②。这样一来，马克思就不仅将黑格尔的"伦理关系"转换为"社会物质关系"，摒弃了他的神秘主义，而且将黑格尔对"社会关系"的认识深化为"经济关系"，从社会关系的本质（经济关系）上说明了社会关系。

比之黑格尔的市民社会理论，马克思的这一理解是对市民社会本质更为深刻的把握。第一，由于马克思是从现实的历史

① 亚当・塞里格曼：《市民社会的观念》（英文版），纽约，麦克米兰公司 1992 年版，第 52 页。
② 马克思和恩格斯：《费尔巴哈》，《马克思恩格斯选集》第 1 卷，人民出版社 1972 年版，第 41 页。

运动出发，而不是从理念的自我运动出发考察市民社会与国家及其附属物的关系，因而，就避免了黑格尔为市民社会设立一个伦理指向的目的论的结局。也就是说，在黑格尔那里被看作自我完善的精神运动，在马克思这里被看作人们自己活动的过程，因此，良好社会秩序的形成（在马克思那里是指国家的消亡和未来的"自由人的联合"）只是历史发展的结果，是人自己不断活动的结果。第二，作为对市场经济社会的把握，马克思把市民社会规定为"物质交往"的关系（其本质是经济交往关系），不仅比黑格尔将其规定为"需要的体系"更为深刻，也比它更为全面。一方面，"物质交往"关系概念，不仅把握了"需要的体系"的本质，而且也揭示了人们在"需要的体系"中实现需要的方式——通过物质的交往实现需要；另一方面，"物质交往"关系概念，更为全面地把握了市民社会中发生的人与人之间的关系，它指明了，人与人之间的关系不仅包含了那些直接由物质需要决定的关系，也包含了那些不是直接由物质需要决定的关系。这就避免了将市民社会看作仅仅由经济交往的"需要的体系"而构成的弊端。

其次，马克思纠正了被黑格尔颠倒了的国家与市民社会的关系。黑格尔的社会历史哲学曾对马克思产生过重要的影响。在对黑格尔法哲学进行批判之前，马克思还只是依据黑格尔的发展学说，认识到普鲁士王国并非绝对理性的体现，而是有待于发展和完善的。但是，在《莱茵报》工作期间，他逐步看清黑格尔哲学的唯心主义体系与现实之间的深刻矛盾，看到经济利益、等级地位在现实生活中的作用，并从这里出发转向了历史唯物主义。这期间，在关于书报检查制度的辩论中，马克思分析了莱茵省议会辩论中诸侯等级、贵族等级、城市等级和农民等级的代表对待出版自由的不同态度，对妨碍人民言论和出版自由的专制国家制度的反动本质进行了无情的批判。这说明马克思已经意识到人们在思想观点、政治态度上的对立是同等级地位的对立分不开的。在就林木盗伐案和摩塞尔河地区农民生活的状况同官方进行辩论的过程中，马克思进一步把等级地位的对立与不同的社会集团和阶级在物质利益上的对立联系起来，这说明他已经开始用物质利益关系解释社会生活。这是一个重大的转折。用马克思自己的话来说，这是从市民社会本身解释社会历史，而这正是他整个历史唯物主义基本原则的最初确立。从学理上看，这一重要原则的确立是通过对黑格尔国家与市民社会关系的理论批判完成的。马克思指出："家庭和市民社会本身把自己变成国家。它们才是原动力。可是在黑格尔看来却刚好相反，它们是由现实的理念产生的。……政治国家没有家庭的天然基础和市民社会的人为基础就不可能存在。它们是国家的必要条件。"①又说："这个市民社会是全部历史的真正发源地和舞台，可以看出过去那种轻视现实关系而只看到元首和国家的丰功伟绩的历史观何等荒谬。"②恩格斯也曾指出："绝不是国家制约和决定市民社会，而是市民社会制约和决定国家。"③马克思早期所确立的这一观点是历史唯物主义的基本观点。它确立了市民社会与国家的基本关系，是理解马克思市民社会理论的基本出发点。

通过对黑格尔市民社会与国家关系理论的批判，马克思确立了自己的市民社会观念。在他看来，所谓的市民社会就是指：在生产力发展的一定阶段上，以直接从生产和生活交往中发展

---

① 马克思：《黑格尔法哲学批判》，《马克思恩格斯全集》第1卷，人民出版社1956年版，第251—252页。
② 马克思和恩格斯：《费尔巴哈》，《马克思恩格斯选集》第1卷，人民出版社1972年版，第41页。
③ 恩格斯：《关于共产主义者同盟的历史》，《马克思恩格斯全集》第21卷，人民出版社1965年版，第247页。

起来的社会组织（如同业工会等）为形式，以整个的商业生活和工业生活为内容，体现着人们特定的物质交往关系，独立于并决定着建立在其上的政治国家及其附属物的社会生活的领域，特别是经济活动的领域。

二、需要澄清的两个问题

在我国学界存在着两种极为流行的观点，妨碍人们对马克思市民社会理论的正确理解，是必须加以澄清的。

第一种需要澄清的观点是："市民社会"一词是马克思早期从黑格尔哲学中借用过来的概念，在他的思想走向成熟之后，他就用"生产关系"和"经济基础"代替了早期这一模糊的说法。依照这一观点，一个合理的逻辑推论是：在马克思那里，只有经济基础与上层建筑的理论，没有市民社会与政治国家的理论。这是一种由来已久的观点。自从斯大林的《论辩证唯物主义和历史唯物主义》被当作理解马克思主义哲学的纲领性文献以来，这一观点就一直内蕴于一切马克思主义哲学的解释体系之中。最近，我国已有学者指出，"市民社会"并不仅仅是马克思早期著作中使用的概念，而且见于他各个时期的著作。在他晚期的《资本论》等著作中，他还经常将"市民社会"与"生产关系""经济基础"并列使用。这说明"市民社会"并不是一个被马克思在晚期发现了"生产关系"和"经济基础"范畴之后弃而不用的"不成熟"的概念。[①]当然，我们关注的是更为

---

① 参见俞可平：《马克思的市民社会理论及其历史地位》，载《中国社会科学》1993 年第 3 期；王兆良：《马克思的"市民社会"思想新思考》，载《哲学动态》1998 年第 7 期。

深入的问题，即传统的马克思主义解释模式为什么会忽视马克思的"市民社会"理论？这一理论在整个马克思主义理论中究竟具有怎样的地位？其实，在传统的马克思主义解释模式中，"市民社会"这一概念以及与之相关的全部理论的被忽视具有必然性。因为在这种解释模式中，社会历史的发展被高度地概括为生产力与生产关系、经济基础与上层建筑之间的矛盾运动，因而，马克思所说的"全部的物质关系"也就被简化为"生产关系"或"经济基础"，"政治关系"也就被简化为"上层建筑"和"意识形态"。这样一来，社会生活和政治生活的复杂内容就在很大程度上被简化了，市民社会与政治国家之间的关系问题自然也就不存在了。同时，很自然地，市民社会也就被它的抽象本质——经济基础所替代，政治国家也就被它的抽象本质——上层建筑所替代。

实际上，在马克思那里，"市民社会"是指整个市场经济社会中的私人生活，而"生产关系"或"经济基础"只是这一私人生活的本质形式。马克思认为，作为"一切物质交往"的私人生活及其领域是与公共权力及其领域相对的，前者是市民社会，后者是政治国家；经济基础或生产关系所构成的领域，只是指私人生活中的市场交往活动及其所构成的经济领域，尽管它是全部物质交往关系的基础性领域。马克思在分析资本主义市场经济的剥削本质时，当然会侧重于对私人生活本质关系的剖析，但是，私人生活的本质和基础并不是它的全部，经济交往关系并不是全部的物质交往关系。市民社会作为一个私人生活的领域，固然以经济交往活动为基本内容，但同时也包含着丰富多彩的其他社会交往活动；政治国家作为公共权力的行使者，固然是统治阶级对被统治阶级压迫和剥削的工具，但同样也是维护社会全体成员的公共利益的活动领域。只有全面地理解市民社会这一私人生活领域及其与政治国家的关系，才能避免将马克思的社会历史学说解释为他坚决反对的纯粹的经济决定论。

第二种需要澄清的观点是：马克思的"市民社会"是一个普适的分析性概念，它不只是指市场经济条件下的私人生活领域，而是指任何一个历史时期内与政治国家相对应的私人生活领域。这是近些年关于市民社会问题的讨论中出现的一种观点。这种观点认为，马克思曾多次使用市民社会的概念来论述前市场经济社会，如："中世纪的市民社会""旧日的市民社会""先前的市民社会""封建社会和行会市民社会"，因此，马克思是认为市民社会存在于一切社会形态之中的。这种观点认为，根据马克思的历史观，自从国家产生以后，社会就分裂为政治国家与市民社会。在市场经济出现之前市民社会就已经存在，只是完全被淹没在政治国家之中而未能独立。那时的市民社会并不是现实的，而只是一种逻辑的存在。只有到了现代的市场经济社会，市民社会才与政治国家真正分离，才成为一种现实的社会存在。[①]

的确，马克思常常用"市民社会"一词指涉欧洲中世纪的私人领域和私人交往关系，但这并不意味着马克思认为市民社会存在于一切社会形态之中，也不意味着马克思认为可以将它作为一个分析性的概念无差别地运用于所有社会的社会关系之中。

在理解这一问题时，必须注意市民社会在西方最初出现的历史条件，正是由于对这一历史条件的忽视或不了解，才使人们误解了马克思的有关论述。欧洲的商品经济最初是在晚期中

---

① 参见俞可平：《马克思的市民社会理论及其历史地位》，载《中国社会科学》1993 年第 3 期。

世纪独立的自治城市中发展起来的，这些自治城市产生了最早的市民社会。欧洲中世纪的晚期具有非常独特的历史条件，在当时，诸侯纷争、群雄割据，整个社会处于极度分裂的局面。城市市民阶层受到领主权的极大压迫和盘剥。他们除了有服劳役或军役的义务外，还要向领主交纳实物、货币和各种苛捐杂税。因此城市在兴起以后，市民们往往以公开的或隐蔽的形式与领主进行斗争。在市民阶层与领主的斗争中，有的城市通过向领主缴纳赎买金的方式获得了一定程度的自主权，形成了欧洲中世纪独有的"自治城市"。有些自治城市甚至被允许拥有独立的司法审判权和选举市政官员的权利。一般地说，城市的自治权是经过教俗领主和国王特许的，后者还要向前者颁发特权证书，这种自治权是总体的专制社会中特许的自治。也正是在这时，西欧的城市里形成了最早的同业工会。这种手工业行会和商人公会（基尔特）在11—12世纪的西欧极为兴盛。它们便是黑格尔所谓既非家庭又非国家的自由人的联合组织——市民社会的最初形式。这种形式的市民社会无疑是后来资本主义市民社会的雏形和前身。这种形式的市民社会不仅不可能存在于一切社会形态之中，也不可能再现于其他民族生产力和生产关系的同样发展水平上，而只能是一种特有的西欧现象。以马克思对这种市民社会的肯定为依据，断定封建社会乃至奴隶社会中也存在着市民社会显然是失当的。当然，我们并不是说这种形式的市民社会不是市民社会。我们所要强调的只是：在马克思的语境中，"市民社会"只能是商品经济关系高度发展的产物，而不可能存在于一切社会之中。马克思从来没有认为市民社会可以是非商品经济社会的社会组织形式，无论它是逻辑上的还是现实中的。在中世纪，尽管商品经济关系在整个社会中还不够发达，在自治城市中却是占统治地位的社会关系，因而形成特定形式的市民社会是非常自然的。应当说，马克思将它们称作"先前的""旧日的""中世纪的"市民社会，这本身就表明马克思对它们与资本主义条件下的市民社会的区别是十分清楚的，表明马克思只是把它们看作一种特殊的市民社会。正是因为如此，马克思才会说："只有到十八世纪，在'市民社会'中，社会结合的各种形式，对个人说来，才只是达到他私人目的的手段，才是外在的必然性。"①

关键的问题在于，无论是马克思还是黑格尔都认为，市民社会与政治国家的分离，是由市场经济"需要的体系"的形成所导致的。它只能建立在"整个的商业生活和工业生活"高度发达的基础之上，因而，它也只能是一种现代现象。对于这一点，马克思有过很多非常明确的论述，如马克思说："正如古代国家的自然基础是奴隶制一样，现代国家的自然基础是市民社会以及市民社会中的人，即仅仅通过私人利益和无意识的自然的必要性这一纽带同别人发生关系的独立的人，即自己营业的奴隶，自己以及别人的私欲的奴隶。"②他又说："在古代国家中，政治国家就是国家的内容，其他的领域都不包含在内，而现代的国家则是政治国家和非政治国家相适应。"③所谓政治国家和非政治国家相适应，用马克思的话来说，就是"完成了政治生活同市民社会分离的过程"。④可见，马克思所说的市民社会，是与现代的市场经济社会紧密相联系的，不可能存在于一切社会之中。如果我们忽视了这一点，就会像有些人那样从"乡

---

① 马克思：《〈政治经济学批判〉导言》，《马克思恩格斯选集》第 2 卷，人民出版社 1972 年版，第 87 页。
② 马克思和恩格斯：《神圣家族》，《马克思恩格斯全集》第 2 卷，人民出版社 1957 年版，第 145 页。
③ 马克思：《黑格尔法哲学批判》，《马克思恩格斯全集》第 1 卷，人民出版社 1956 年版，第 283 页。
④ 马克思：《黑格尔法哲学批判》，《马克思恩格斯全集》第 1 卷，人民出版社 1956 年版，第 344 页。

村自治"的传统中去寻求所谓的市民社会，这也就等于从根本上否定了市民社会问题所包含的巨大的现代价值。

三、马克思市民社会理论的意义

在西方市民社会观念的演变中，马克思的市民社会理论具有重要的地位，无论站在什么立场上，当代西方思想家们对这一点都是公认的。例如，当代研究市民社会问题的著名学者查尔斯·泰勒认为，马克思从经济关系上规定市民社会的本质，为他之后所有的市民社会理论的研究确立了基本的坐标。他说："马克思援用了黑格尔的概念，并把它几乎完全地化约为经济领域；而且，从某种角度讲，正是由于马克思这种化约观点的影响，'市民社会'才一直被人们从纯粹经济的层面加以界定。"[①]再如，赛里格曼在考察了近代市民社会观念的演变之后得出这样的结论：马克思是古典市民社会观念的终结者和当代市民社会观念的开启者。又说："黑格尔和马克思的著作证明了以往各种市民社会模式在 19 世纪中的延续。"他说：在马克思那里，"古典的市民社会观念走向了终结。不过，它仍然存在于 20 世纪自由主义者和社会主义者的理论和实践的背景之中。"[②]

马克思批判地继承了黑格尔的思想，把市民社会看作市场经济中人与人的物质交往关系和由这种交往关系所构成的社会生活领域。这一观点切入了市民社会的本质，从而深化了黑格尔所确立的市民社会的基本观念。马克思对市民社会的这一概

---

① 查尔斯·泰勒：《市民社会的模式》，见邓正来等编译：《国家与市民社会——一种社会理论的研究路径》，中央编译出版社 1999 年版，第 19 页。
② 塞里格曼：《市民社会的观念》，纽约，1992 年版，第 56 页，第 57 页。

括，可以说是近代以降这一问题讨论的总结。他之所以能够做到这一点，关键在于他从市场经济中人与人的关系入手，剖析了市场经济社会的本质，这才使他的理论达到了前所未有的高度。无疑，与马克思所处的时代相比，当今的人类社会已经发生了巨大的变化，市民社会理论也有了很大的发展，但是，这些发展都是在业已确立的市民社会观念的基础上的发展。因此可以说，马克思把市民社会看作特定社会"一切物质关系"的观点，为后来市民社会问题的研究确立了一种崭新的方法和认识路径。不过，必须注意的是，马克思从市场经济中人们"全部的物质交往关系"出发把握市民社会，并将它的本质规定为"经济交往关系"，这并不意味着马克思将现实的市民社会等同于市场经济中的经济交换领域，等同于黑格尔所谓"需要的体系"。

马克思从经济的角度看待市民社会，把它规定为市场经济条件下人们的经济交换关系及其所构成的经济交往领域，这无疑抓住了市民社会的本质。因为正是由于市场交往关系体系的形成，才使独立于国家的私人领域形成了一个因契约关系而联结的整体社会，才使人类社会的活动以现代的交往方式进行。市场交往中的契约活动是市民社会中个人最基本的活动，是人们进行其他一切活动的基础，因而制约着其他一切活动的进行；在市场交往中形成的契约关系也因而成为塑造市民社会中人与人关系的基础。如果离开了市场中的经济交往和契约关系，就不可能有市民社会与政治国家的现代分离，因而也就不可能有真正的市民社会。但是，单纯的、不受制约的经济交往领域，只是最原始的私人自律领域，它是建立在私人财产所有权之上的"孤立的"商品交换领域，是绝对原子化的市场关系。这一领域的确是整个市民社会的基础，可是，从市场经济发展的历史来看，它的纯粹形态只存在于商品经济发育的早期。这种典型的"经济市民社会"只是市民社会的一种过去时态，它只存在于普遍的民主和个人平等极为缺乏的特定历史时期。在那种特定的历史条件下，市民社会的私人自律单纯以私有财产权为基础，私人自律的市民社会仅仅由有产的资产阶级来代表。这种市民社会已经不可能再出现，即使是对在现代社会中刚刚开始建立市场经济的社会来说，也已经不再可能，因为那种特定的历史条件已经消失，不可能再现。换言之，那种纯粹的"经济市民社会"是一种原发性的市民社会，只能存在于原发的市场经济社会的形成时期，因为在这一时期里，国家对经济的渗透能力尚未形成；它也只存在于民主制度尚未充分确立的时期，因为只有在这一时期，自由的经济交往才由对私人财产进行保护的私法而不是由民主而获得保障。马克思是坚决反对仅仅从经济的角度理解社会历史的，他也绝没有这样理解市民社会及其与政治国家的关系，虽然他并没有像后来的哈贝马斯等人那样明确强调文化批判领域在市民社会中的重要作用，但是也不意味着他就否定它可以成为市民社会的一个部分。

　　虽然马克思和恩格斯历来反对将他们的社会历史理论"化约为"单纯的经济决定论，还是遭到了继承者和反对者们的双重误解。泰勒所谓马克思将市民社会"几乎完全化约为经济领域"的说法代表了当代西方思想家们对马克思市民社会理论的基本看法，但这却是一种深刻的误解。这种误解并非毫无缘由，如前所述，它是斯大林模式的马克思主义理论解释体系所导致的。这种解释体系同样是一种误解，而且是一种系统的误解。正如我们已经指出的，马克思的"市民社会"不能等同于"生产关系"或"经济基础"，而且，正是由于它包含了比后者更为丰富的社会关系和生活内容，才成为一个有独立价值的范畴。

因此，对于马克思主义的社会历史理论的研究来说，市民社会理论是一个具有重大意义的问题。长期以来，正是由于对这一问题的忽视和回避，才使得我们无法有力地回应所谓"非经济决定论者"对历史唯物主义的歪曲和攻击。当代一些"西方马克思主义者"，如葛兰西、哈贝马斯等人，从马克思的市民社会理论出发，将独立于政治国家的文化批判领域看作发达市场经济条件下市民社会的新形式，并试图以此拓展马克思的市民社会理论。这些努力虽然还有待深入，却无疑表明了马克思的市民社会理论是一种具有巨大活力和理论合理性的社会历史理论。当然，当代的市场经济社会已经极大地区别于马克思时代的市场经济社会，如何根据变化了的社会现实研究市民社会的新发展，无疑是当前理论工作者新的历史任务。

这也是一个具有重大现实意义的问题。市民社会并不是西方文化的特殊产物，而是市场经济的必然结果。虽然有不少学者对此持有异议或怀疑的态度，但是，只要我们看一看那些不具有西方文化传统的民族在取向于市场经济的发展模式之后社会关系所发生的巨大变化，注意到在它们的社会中迅速崛起的非政府力量的作用和影响，我们就不会再局限于文化主义的立场而看不到经济关系的决定性作用。既然"市民社会"并非只是某种文化的"特殊语式"，那么，当我们今天也取向于市场经济的经济制度时，我们就必须正确地面对和解释社会转型过程中社会生活的重大变化，正确地把握市民社会和国家政治权力之间的关系，以便在变化了的经济关系和全部生活关系上建构与之相适应的政治体制。这也许就是马克思市民社会理论所具有的最大的现实意义。

市民社会观念的当代演变及其意义[*]

一、当代市民社会观念的演变

市民社会的观念是一个与商品经济相伴而生的观念。在近代西方，当洛克等思想家开始为商品经济寻求理论的根据，并试图以它来说明国家的产生及其本质的时候，市民社会的观念实质上已经形成。黑格尔在其《法哲学原理》中第一次明确地区分了市民社会与国家，把市民社会界定为"处在家庭与国家之间的差别的阶段"，将其理解为私人自律的商品交换领域（黑格尔称为"需要的体系"）及其保障机制。这是市民社会的观念第一次被明确地表达出来。黑格尔的这一理解，将市民社会与市场经济紧密地联系起来，揭示了市民社会的本质。马克思在此基础上进一步把市民社会规定为"物质的交往关系"，从而使市民社会主要是一个私人自律的商品交换领域的观念得到了更为深刻的表达。进入 20 世纪之后，市民社会问题的讨论又经历了两次高潮。第一次是在 30 年代，以葛兰西等人为代表；第二

＊本文论述了市民社会观念由近代到当代的演变在于主要从经济的角度规定市民社会，因而把它看作主要是一个经济交往领域转变为主要从社会联系和文化的角度规定市民社会，因而把它看作主要是自治的民间社团及其所构成的公共领域，这一演变是对于市民社会本身历史发展的反映；同时提出，无论近代还是当代，市民社会理论的核心问题都是市场经济社会中公与私的问题。与王新生合作，原载《南开学报》2001 年第 6 期。

次是从 80 年代末开始至今，以哈贝马斯等人为代表。在这两次讨论中，市民社会理论的问题域发生了重大的转变，市民社会的观念也被赋予了新的含义。简要地说，市民社会观念的这一转变是：由近代主要从经济的角度规定市民社会，转变为当代主要从社会联系和文化的角度规定市民社会；由近代把市民社会看作主要是一个经济交往领域，转变为当代把它看作主要是自治的民间社团及其活动所构成的公共领域。

在我国当前关于市民社会问题的讨论中，我们可以清楚地看到这两种不同含义的市民社会观念在人们思想中所造成的迷惑和混乱。站在不同的立场上，不同的论者或者否定其中之一，将市民社会局限于某一种含义；或者把二者混为一谈，将它们理解为同一含义的不同表达形式。这样一来，持有不同观念的论者之间的争论就好像是永不交手的隔岸叫喊，把讨论引向了一种热闹而无实际内容的虚假繁荣。其实，问题的关键在于：这两种不同的市民社会观念之间有无内在的联系？如果有，是什么？是什么导致了这一转变？显然，只有在对市民社会的观念在当代的演变获得了充分的认识之后，这些问题才能得到回答。

晚期资本主义的变化在经济领域中的主要表现是垄断的形成，而在政治和文化领域则是统治的合法性得到了更新和转换。进入 20 世纪之后，西方发达资本主义国家十分注意对市民社会中各种自治团体的影响和统合，极力把它们纳入到国家的政治观念框架之中，使之成为国家意识形态"在野的"帮手。这样一来，在政治国家与市民社会的合力作用之下，当代资产阶级政治统治的合法性在表面上似乎具有了民众同意的合理基础。这一方面使国家统治的合法性得到了来自市民社会的肯定，另一方面也在一定程度上促进了普遍民主的发展。当代的市民社会理论正是在这种背景下产生的。

意大利马克思主义理论家葛兰西是较早认识到资本主义社会的这种变化，并以市民社会理论对之进行批判的思想家之一。基于批判资产阶级政治统治的理论取向，他对"市民社会"进行了全新的解释和界定，赋予了它新的内涵。与黑格尔和马克思不同，葛兰西认为市民社会不属于人们进行劳动生产和商品交换的经济交往领域，不属于经济基础，而是上层建筑的一个部分。在他看来，上层建筑分为两大领域：一是"政治社会"（political society）；二是"市民社会"（civil society）。这两个领域分别是政治国家对社会实施统治的不同权力形式，前者实施的是强制性的权力，后者实施的是建立在民众"同意"基础上的"文化领导权"。他说："当前，我们可以确定上层建筑的两个主要层面，其一可称作'市民社会'，一般这被称为'民间的'各种社会组织的集合体，二是'政治社会'或'国家'。这两个层面，一方面相应于'领导权'的职能，统治集团用以在整个社会行使这种统治权；另一方面则相应于'直接统治'或'管理'的职能，统治集团通过国家和合法的政府来行使职能"①可见，葛兰西实际上是把市民社会看作各种民间组织的总和，包括政党、工会、学校、教会、新闻机构等。它属于政治国家执行自己意志的上层建筑的一部分，政治国家通过它实施着对社会的文化领导权。葛兰西对市民社会的理解是一个创造性的发掘，他使人们把视线从经济交往领域转向了社会文化领域。但是，他对市民社会的界定又有其明显的缺陷，主要表现在以下两个方面：第一，他在把市民社会延展到社会文化领域的同时，却将经济交往领域从市民社会中剔除，对市民社会的理解缺乏全面性和完整性。第二，他把市民社会看作意识形态的组成部

① 葛兰西：《狱中札记选》（英文版），伦敦，劳伦斯和维萨特公司 1971 年版，第 12 页。

分，等同于统治阶级进行统治的工具，这与人们通常把市民社会理解为区别于政治国家的私人领域的观念大相径庭，背离了这一观念所表达的基本意蕴。当然，作为一位马克思主义理论家，葛兰西的理论旨趣就是要为无产阶级改造现实的政治制度提供一种理论武器。他之所以不再将市民社会看作经济基础而看作上层建筑的一部分，主要在于他看到当代资产阶级统治的合法性已经得到了巩固这一事实，因而认为必须从经济的批判转向政治和文化的批判才能切中这种不合法统治的要害。在他看来，当代资产阶级国家的政治统治已经主要不再是靠军队和暴力来维持，而是主要通过对市民社会的文化渗透来取得其合法性的地位，因而，对市民社会中文化领导权的争夺才是无产阶级进行斗争的核心。这无疑是正确的，但是，这样规定的市民社会概念，尽管具有批判资产阶级统治的锐利锋芒，却缺失了分析社会结构及其变迁的实际有效性。

最近一次关于市民社会问题的大讨论是世界范围内的大讨论。这场讨论发生于 20 世纪 80 年代末至 90 年代初，其发端则可追溯到六七十年代。发生这场大讨论的原因在于：第二次世界大战结束后，为了刺激经济发展、遏止经济危机，在西方资本主义阵营中，福利国家政策和国家干预主义普遍盛行，整个社会生活受到全面的控制；在社会主义阵营中，由于深受苏联社会主义模式的影响，国家计划更是无所不包，几乎垄断了社会生产和生活的一切方面。也就是说，在整个国际范围内，政治国家已经成为一架高度官僚化的机器，它按照一整套工具合理性的原则整合社会，压抑一切人们对内心自由的向往和生存意义的渴求。对于深受自由主义传统浸润的西方思想家来说，社会生活的这种改变绝不仅仅是社会生活的表层流沙，而是国家与社会关系深层结构的根本性错位。这种错位所带来的，也绝不仅仅是经济效率的降低和过度膨胀的官僚机构的腐败，而是人的本质的异化和人本精神的失落，是整个人类文化的危机。20 世纪 80 年代末，西方的福利国家政策和苏联模式社会主义的全面失败，使现代国家的神话最终破灭。在这种情况下，市民社会理论自然成为人文科学和社会科学工作者们重新思考合理的社会和政治秩序的最佳理论定位。这一理论定位和几十年来知识界关于权力的合法性、工具合理性的缺陷、国家的合理性限度等问题的讨论一起，构成了当代国际范围内社会哲学的一种主流话语。这一主流话语是一个大合唱，美国的柯亨和阿拉托、亚当·赛里格曼、汉娜·阿伦特等一大批思想家都参与了进来，当然，领唱者恐非德国思想家哈贝马斯莫属。

哈贝马斯等人关于市民社会问题的讨论是沿着葛兰西所开拓的方向展开的，不过，哈贝马斯与葛兰西之间也有着明显的区别。哈贝马斯也强调文化领域是市民社会的重要部分，但并不把它仅仅归结为这个领域，而是认为文化领域是以经济交往的私人领域为基础的；他也认识到晚期资本主义的政治国家对市民社会的统合，但是，并不把市民社会定性为政治国家的意识形态，而是认为它属于与政治国家相分离的私人自主领域。如果说葛兰西的理论是立足于对现有制度的破坏，并把希望寄托在重建一个国家与市民社会相统一的未来社会之上的话，哈贝马斯的理论就是立足于对现有制度的批判，并试图寻找一条通过改造市民社会而提升资本主义国家合法性基础的现实道路。这一基本的理论取向，决定了哈贝马斯的市民社会观念是对社会生活的广泛现实和综合结构的一种提炼，因而具有较为完整的形式和对现实生活较强的解释力。哈贝马斯认为：市民社会是随着资本主义市场经济的发展而形成的、独立于政治国家的私人自主领域。它本身又由两个领域构成：一是以资本主义私人占有制为基础的市场体系，它包括劳动市场、资本市场和商品市场及其控制机制；二是由私人组成的、独立于政治国家的非官方组织所构成的社会文化体系，它包括"教会、文化团体和学会、独立的传媒、运动和娱乐俱乐部、辩论俱乐部、市民论坛和市民协会、职业团体、政治党派、工会"等。①哈贝马斯的市民社会观念中的第一个领域，基本上与黑格尔和马克思市民社会观念所指涉的范围相重合；其第二个领域则大致和葛兰西市民社会观念所指涉的范围相重合。这二者共同构成了独立于政治国家的私人自主的社会生活领域。

哈贝马斯十分重视市民社会的第二个领域——社会文化领域。这是因为，在他看来，早期自由资本主义的危机主要是经济危机，这一危机已经得到了克服；晚期资本主义的危机主要是文化的危机，而这一危机正是根源于政治国家对市民社会中公共领域的破坏。他认为，整个社会系统由三个子系统构成，即经济系统、政治行政系统和社会文化系统。虽然经济系统和社会文化系统都属于私人自主的市民社会，但是，它们对社会的整合所遵循的却是不同的内在逻辑。社会文化系统对社会的整合是"社会整合"，即在自发的社会关系中，通过人们的日常交往而获得群体的认同和个体的发展，从而为人们提供生活的意义和个人的自由。经济系统和政治系统对社会的整合是"制度整合"，即根据现存的政治和经济系统自身的整体需要和组织原则进行人与人的结合。社会整合的原则是人们在交往中的相互沟通和理解，而制度整合的主要操纵机制则是金钱和权力。在哈贝马斯看来，在以市场经济为基础的社会中，政治国家的合法性根据来自市民社会的社会文化领域，政治国家是依照市民社会的社会文化领域中形成的一系列政治原则塑造起来的。

---

① 哈贝马斯：《公共领域的结构转型》，学林出版社 1999 年版，第 29 页。

如果政治国家能够把自己的经济作用限制在只为社会生产过程和商品交换提供一般的条件，而不是直接干预社会生产，就会极大地释放民众对政治国家合法性的压力（就像在早期资本主义那样）；如果政治国家不仅干预经济生产和商品交换，而且极大地渗透到社会文化领域中来，以制度整合代替社会整合，就会造成国家权力全面的合法性危机（就像在晚期资本主义中那样）。这是因为，在这种情况下，一方面，民众对社会的经济期望转化为对国家的政治期望，经济危机遂转化为政治危机；另一方面，由于社会文化领域已经被商品交换的原则所异化，不再能够成为政治国家合法性的社会来源。只有当社会文化系统在市民社会中获得高度的自治和空前的解放，并且与政治国家之间形成良性的互动关系，国家统治才具有不竭的合法性资源，社会才能获得进步与发展。

　　虽然当代西方的其他市民社会论者从不同的角度对市民社会进行了说明，但大多最终落实于文化的批判，而非经济的分析。同时，非常值得注意的是，20世纪90年代以来的西方市民社会理论，越来越倾向于把市民社会看作私人自治组织的联合体——自治社团，或由自治社团所进行的社会运动。换言之，他们更重视市民社会的组织化和制度化的特征。如西方马克思主义者柯亨与阿拉托就把市民社会看作社会文化系统，不过，他们把市民社会界定为生活世界的机构或制度，认为它是存在于社会经济体系和政治国家之间的一系列私人组织、社会运动和大众沟通形式及其所构成的社会系统。他们认为，整个社会应被分成经济、国家、市民社会三个子系统。现代化社会的主要问题来源于市民社会的文化再生产过程，这种再生产不仅提供了个人自由和社会公平的价值，而且为政治国家和经济体系提供制度规范和发展的动力。再例如，查尔斯·泰勒则把市民社会规定为："一个自治的社团网络，它独立于国家之外，在共同关心的事物中将市民联合起来，并通过他们的存在本身或行动，能对公共政策发生影响"。①市民社会理论的这种当代倾向表明，市民社会问题已经越来越超越理论的关怀而切入现实的社会和政治生活。

二、市民社会理论的核心问题

表面上看，市民社会的观念所对应的现实是一个不受国家干预而独立存在的私人自治领域，实际上，这一观念背后却包含着人们试图克服市场社会的内在矛盾——公与私之间的深刻对立——的理论企图。如何解决这一矛盾是市民社会理论的核心问题，也是理解市民社会观念的秘密所在。无论不同时代的不同思想家对市民社会做如何的理解，实质上都是为了表达对这一内在矛盾的关切并试图提供解决的理论途径。亚当·赛里格曼说："尽管市民社会的概念被法国、苏格兰、德国不同的理论做出不同的定义，但是，对于所有试图清楚表达市民社会观念的人来说，这样的问题是共同的：私人和公共之间、个人和社会之间、公共伦理与个人利益之间、个人激情与公共考虑之间的相互关系。""正是这个问题，或者这些问题，对于力图想要阐述一种社会理论的 18 世纪和 19 世纪来说是核心的问题，也正是这些问题，继续成为今天社会和政治事务中最为凸显的问题。"②因此，我们只有理解这一核心问题，才能理解近代和

---

① 查尔斯·泰勒：《吁求市民社会》，载于《文化与共性》，三联书店1998年版。
② 亚当·赛里格曼：《市民社会的观念》（英文版），纽约，麦克米兰公司 1992年版，第5页。

当代两种不同市民社会观念之间的内在联系，才能把握市民社会观念的当代演变所蕴含的深刻意义。

市场经济作为一种现代的经济形式，是以肯定私人利益、肯定个人对特殊利益的追求为前提的，但是，这一前提与社会公共利益之间存在着深刻的矛盾。即是说，在市场社会中，个人自保的权利和人类的道德义务之间存在着深刻的矛盾。由于这一矛盾对于市场社会来说具有本原性的意义，因此，它是造成现代社会中众多最为复杂、最为敏感、最为尖锐的问题的根源。近代以来，几乎所有重要的思想体系都清楚地认识到这一矛盾的存在并力图提出理论的解决方案，不过，在如何解决这一矛盾的问题上却存在着重大的分歧。我们可以粗略地把这些不同的认识归结为三种不同的观点。一种观点认为，市场经济根源于个人自我保存的权利，根据于人类的自然情感，因而它本身就是自然的智慧，是与人类向善的道德天然一致的。依照这种观点，这二者之间即使存在矛盾，也可以通过社会的自然发展而达到自然的和谐。以斯密为代表的早期自由资本主义理论就持此种观点。另一种与之相反的观点认为，人类社会的"类"利益高于一切，它体现为人类的道德要求，因而人类道德要求的实现才是人类社会的终极目标。依照这种观点，人类社会的道德要求不可能在个体对私人利益的追求中自然实现，对私人利益的追求是一切罪恶的根源，而市场社会正是这些罪恶的温床。既然这样，市场社会所含有的这一内在矛盾就决定了它只是一种历史性的存在而必须被超越，必然会被一种能够代表"终极善"的目标所取代。空想社会主义是这种观点的典型代表，形形色色的黑格尔主义也是这种观点较为温和的变种。第三种观点认为，市场社会的确是一种历史性的社会存在，它与人类理想的道德目标之间存在着极大的紧张，但是，在特定的历史条件下它却是不可被超越的，它所包含的内在矛盾只有在其自身的发展中才能得到克服。依照这种观点，市场社会是特定历史时期内人类问题有缺陷的解决办法；人类道德理想的实现是一个历史过程，只有在市场社会的发展中才能超越市场社会而达到人类的理想目标。历史唯物主义的基本观点就是如此。当然，实际存在的社会理论远比我们所列举的这三种观点复杂得多，它们或许是其中的某一种，或是几种观点的复合，而我们在这里只是就其基本观点做一大致的概括。

　　18世纪的亚当·斯密等人虽然极力强调市场对社会的自然调节，但是，他们并非没有意识到市场社会中的这一内在矛盾，只是他们认为，这一矛盾可以通过市场体系这只"无形的手"自然地得到解决。下面这段著名的话清楚地表达了斯密的这一思想："事实上，总的来说他既没有打算促进公共利益也不知道他促进的程度……在这方面，同其他方面一样，他受无形的手的驱使促进一个目标的实现。这一目标根本不包括在他的意图之中，在追求自己的利益时他经常促进了社会的利益，而且比他真的打算促进社会利益时更有效。我从没有听说那些假装为公共利益而经商的人做出过什么有益的事。"[1]18—19世纪的黑格尔将斯密的这一市场体系称为"市民社会"的"需求体系"，并同样认为在市民社会中个人只是为了个人的利益而进行活动。他说："在市民社会中，每个人都以自身为目的，其他一切在他看来都是虚无。但是，如果他不同其他人发生关系，他就不能达到他的全部目的，因此，其他人便成为特殊的人达到目的的手段。"[2]但是，黑格尔并不认为市民社会是自足的，在他

　　[1] 转引自列奥·施特劳斯：《政治哲学史》（下卷），河北人民出版社1993年版，第770页。
　　[2] 黑格尔：《法哲学原理》，商务印书馆1961年版，第197页。

看来，市民社会有其伦理的局限性，只是伦理实现过程中一个有待发展的阶段。它自身并不具备克服其内在矛盾的力量和根据，这个根据存在于它之外更为完善的伦理实体——政治国家之中。只有政治国家才能保证个人利益获得完全的发展并被明白的承认，同时又引导他们追求普遍物。黑格尔深刻地洞悉了市场经济条件下私人利益和公共利益之间的矛盾，洞悉了这一矛盾对市场经济本身来说是内在的和无法依靠自身的力量克服的，因而他认为市民社会是不自足的，并认为只有国家所代表的完善的伦理力量才能克服这一矛盾。马克思尽管反对他把克服这一矛盾的希望寄托在现实国家之上的保守主义立场，但是，对他所揭示的这一内在矛盾以及克服这一矛盾的理论企图却是肯定的。正如赛里格曼所说的："大家都知道，马克思追随黑格尔，试图结合私人领域（个人利益存在于其中的市民社会）和公共领域（政治的考虑）。与黑格尔相反，他把这一结合体看作为了未来的发展而进行的说明，而不是具体化为真实的存在状态。把两个思想家连接起来的是将私人道德或伦理恰当地综合到公共领域中的考虑。"①赛里格曼的这一认识是正确的，但是，他却没有看到马克思与黑格尔在一个根本性问题上的区别：黑格尔把超越市场社会内在矛盾的根据和力量看作存在于国家之中，又把国家规定为体现了伦理精神的抽象精神实体，因而他所讲的超越便只能是一种外在的超越，即通过从外部统合市民社会而达到伦理精神的实现。马克思颠倒了国家与市民社会的关系，认为国家恰恰是受市民社会所决定的，市民社会自身发展的逻辑才是克服这一矛盾的根本性力量，因而马克思所理解的超越便是一种内在的超越，即通过经济基础的改变而达到改

---

① 亚当•塞里格曼：《市民社会的观念》（英文版），纽约，麦克米兰公司 1992年版，第 45 页。

变社会利益关系，最终达到公共利益的实现。至于是否要通过革命的方式改变市场社会的经济基础和各种社会关系，则是一个改变手段的问题，马克思并没有把任何一种手段看作绝对的。这也超出了本文论题范围，我们不拟在此深入讨论。

其实，无论是西方20世纪发展起来的福利国家，还是苏联模式的社会主义，它们内在的理论根据都在于黑格尔哲学，即都是试图通过某种制度安排克服市场社会的这一内在矛盾，从而使公和私、个人利益和社会利益之间达到完美的和谐。只不过前者是在保留市场体系的同时加强国家的干预以缓和矛盾，而后者则是以国家计划完全取代市场以消解矛盾而已。也就是说，在 20 世纪的社会实践中，黑格尔哲学所产生的深刻影响是：人们力图将市场社会内在矛盾的解决归于超越市场社会之外的伦理力量，同时把国家视为这一伦理力量的化身，因而就导致以国家统合社会的两种不同形式的社会实验。在这些社会实验中，对市场社会的理论探索变成了道德的批判，改造社会的实践成为道德的实验。这一切都根源于一种超现实的价值追求，根源于将道德理想国兑换成一个现实王国的价值要求。也许黑格尔自己的表述更能明白地说明这一问题的实质，他说："国家高高地站在自然生命之上，正好比精神高高地站在自然界之上一样。因此，人们必须崇敬国家，把它看作地上的神物。"①

但是，无论是理论的进步还是实践的发展都已证明了马克思曾经表达过的观点：市民社会是政治国家的基础。也就是说，就社会的良性发展而言，国家作为一种源自社会的强制性力量，绝不应成为超越社会的存在，恰恰相反，它对社会矛盾的调和和解决是否合理，正是要由产生于社会的"社会理性"来做出

---

① 黑格尔：《法哲学原理》，商务印书馆1961年版，第285页。

判断。这是一个政治权力合法性的问题。国家的强制性力量只有来自社会理性，即只有得到社会的同意，才具有合法性。所以，在这里，关键的问题就在于这个"社会理性"究竟是什么？17—18 世纪的洛克等人把它看作遵从自然法的"社会契约"。这与"君权神授"论相比无疑是重大的进步，但是，它的重大缺陷不仅在于它必须假设一个社会的"自然状态"和一个民众"一致同意"的"公共意志"，更在于这种假设的"一致同意"的"公共意志"根本就是另一个上帝。依据这个一致同意的"公共意志"而确立的社会理性，最终将导致一种新的压迫性话语，并且这一压迫性话语迟早会转变为现实的压迫性力量，成就一种新形式的专制。换言之，依据"一致同意"的"社会契约"并不能有效地抵制专制国家的无限权力，这二者之间存在着暗通款曲的路径。这是一个人类理性的悖谬。追根溯源，导致这一悖谬的根本原因，就是要在人类的交往之外寻求"社会理性"之根据的思维方式。这种思维方式最终将导致斯密主义与黑格尔主义的合流。因为依据这种思维方式，人类社会的合理发展，在于符合某种纯粹客观的、与人的社会活动无关的自然律，因此，"社会理性"也就在于与此自然律的吻合，而不在于人的理性选择和有目的的活动。斯密正是依此而确定了自发的市场交往体系的合理性；黑格尔也是依此而确定了人为建立的政治国家的合理性，只不过他把客观理解为精神罢了。他说："人们所必须希求于国家的，不外乎国家应是一种合理性的表现，国家是精神为自己所创造的世界，因此，国家具有特定的、自在自为地存在的进程。"①一种社会组织，当它被赋予符合某种"自在自为"的特性时，它就不再与人的活动相关，就成为"地上的神物"，成为只能被"发现"而不能被"选择"的真理。但是，

---

① 黑格尔：《法哲学原理》，商务印书馆 1961 年版，第 285 页。

对于由有意识的人类和人类有目的的活动构成的人类社会来说，这一自在地存在并决定它发展的背后"本体"确实存在吗？20 世纪以来，这一问题成为几乎所有主要的西方哲学流派不断讨论的最重要问题之一。在这一讨论中，实证主义等哲学流派持续的批判掀掉了本体论思维方式的根基，为当代社会哲学家们重新理解社会理性的基础打造了一个新的思维平台。正是在这里，发生了市民社会观念的当代转变。

在哈贝马斯等人看来，所谓的"社会理性"，不是来自对某种人类活动和交往之外的自在存在的把握或发现，而是在人类的交往活动中形成的。具体地说，社会理性就是在社会自主的公共领域中，通过人们自主的理性"讨论"而形成的所谓"公共舆论"和共同价值。他们认为，近代卢梭等人的民主理想是"非公共舆论的民主"，因为"卢梭将普遍意志理解为'心灵的共识，而非辩论的共识'。卢梭等人过高冀望公民及其个人动机和德行能有道德。"①而道德作为"心灵的共识"，又和"上帝"一样具有无上的崇高性和权威性，是一种客观的意志，而非人的主观选择。这实际上是将宗教上帝对人的外在约束转变为绝对伦理对人的内在约束。结果必然是，去除了专制君主的暴政，却导致了所谓"一致同意"的"大众的暴政"。哈贝马斯等人认为，与卢梭关于道德是符合所谓客观目的的"公共意志"相反，道德必须在公共交往过程中确立下来，必须通过人们理性的讨论而达到对不同的个人利益的调和与平衡。人类的道德理想就是在这一平衡的不断被打破而又不断获得平衡中实现的。不存在一个能够符合一切人的所谓客观的"公共意志"。哈贝马斯说："合法的决定并不代表所有人的意愿，而是所有人讨论的

① 哈贝马斯：《公共领域的结构转型》，学林出版社 1999 年版，第 23 页。

结果"①。这样一来，在市民社会理论研究中，"论证的重心就由市民道德转变为民主意见和意愿形成的过程"②。

所以，在经历了 20 世纪一系列的思想探索和现实实践之后，市民社会理论又重新成为当代思想家们解决公与私、个人与社会等问题的一个核心理论。但是，这时市民社会的观念已经发生了重大的转变，已经从黑格尔所关心的如何通过一种外部保障以克服市民社会的内在矛盾，转变为如何在市民社会自身中寻求克服这一内在矛盾的合理机制。赛里格曼说："在近年复兴市民社会和刚刚开始的公共领域的讨论中，公共性是一个核心的概念"。③理解了这一转变，我们就不难理解，为什么黑格尔和马克思将市民社会主要理解为商品交换关系所构成的领域，而哈贝马斯等当代思想家却将它理解为独立的社团及其活动所构成的公共领域。这是因为，无论是黑格尔、马克思还是哈贝马斯，他们的市民社会理论都是为了寻求一种克服市场经济内在矛盾的力量，不同的只是他们在不同的地方找到了这一力量，黑格尔在现实的国家中、马克思在未来的市民社会与国家的统一中、哈贝马斯则在市民社会的公共领域中找到了这一力量。黑格尔和马克思都认为市民社会是必须被超越的，都认为只有超越市民社会才能解决这一矛盾。而他们所要超越的，是自由资本的盲目性与无人格的"需要的体系"和人类道德诉求之间的矛盾与冲突，因而必然把关注的目光集中在这一需要体系自身的运动和它与道德应然之间的紧张和冲突之上。哈贝马斯等现代思想家则认为，市民社会本身有能力克服自身的矛盾，真正的危险在于公共领域被市场的和政治的原则改造为一

① 哈贝马斯：《公共领域的结构转型》，学林出版社 1999 年版，第 23 页。
② 哈贝马斯：《公共领域的结构转型》，学林出版社 1999 年版，第 23 页。
③ 亚当·塞里格斯：《市民社会的观念》（英文版），纽约，麦克米兰公司 1992 年版，第 44 页。

个失去了文化批判精神的领域，市民社会的公众被异化为丧失了批判能力的无差别的"大众"，因为这会破坏社会公共理性的创生能力。所以，在他们那里，独立于政治国家的市民社会就不仅仅是甚至主要已经不是商品经济关系领域，而是与它并存的"公共领域"。在哈贝马斯等人所理解的市民社会中，公共领域及其中的活动才是真正与政治国家相区别的"独立自主的领域"，因为在这里不仅存在着市民社会克服自身矛盾的内在力量，而且存在着政治国家权力合法性及其更新的依据。

三、市民社会观念的演变是对市民社会发展历史的反映

在我国和西方的一些论者中，将黑格尔和马克思等近代思想家与当代西方思想家对市民社会的界定对立起来的观点十分流行。持这种观点的学者认为，黑格尔和马克思将市民社会规定为经济交往的领域，哈贝马斯等人将市民社会规定为社会文化的领域，因而二者对市民社会的认识是完全不同的，甚至是对立的。我们不能同意这种看法，因为它不仅没有看到马克思和黑格尔之间的区别，也没有看到近代的市民社会观念与当代的市民社会观念之间的联系，更没有看到市民社会本身是一个发展过程,而市民社会观念的演变正是对这一发展过程的反映。

黑格尔和马克思从经济的角度看待市民社会，把它规定为市场经济条件下人们进行经济交往的领域，这无疑抓住了市民社会的本质。因为正是由于市场交换体系的形成，才使独立于政治国家的私人领域形成了一个因商品交换关系而联结起来的整体，才使市民社会成为独立于政治国家的私人自主领域。在

资本主义商品经济发育的早期，市民社会和政治国家的关系主要是商品经济的发展要求与封建专制统治之间的矛盾。这时，健全的商品生产和交换领域是使市民社会独立于政治国家的根本条件和基本标志，因此，如何保证这一领域不受政治权力的干预就成为市场社会是否能够健康发展的根本性问题。早期资产阶级思想家们之所以极力强调经济交往领域的独立性，就是试图在它与政治国家之间划出一条明确的界限，以便为市场经济的发展鸣锣开道。在为市场经济的发展争取权利的过程中，私人财产权无疑被看作最为重要的一种权利。所以，早期市民社会论者所说的市民社会就是建立在私人财产所有权之上的商品交换关系领域。这种纯粹由市场交换关系所构成的私人自主领域实质上就是完全自由的市场交换领域。它只是一种思想抽象物而不是真实的社会领域，是早期资产阶级摆脱封建集权控制的一种理想性要求，即使在资本主义自由竞争时期，它也未曾获致纯粹的形态。同样，早期资产阶级思想家们寄望极高的私人财产所有权制度，对这种私人自主领域的保护也只能发挥极为有限的作用。实际上，在肯定私人财产神圣不可侵犯的原则下，政治国家仍然可以大量地干预私人自主的社会生活。经济权利只有通过政治权利才能得到有效的保障，而政治权利只有通过普遍的民主才能获得。随着市场经济的发展，仅仅通过维护私人财产权利的私法保障市民社会的独立性已经远远不够，私人自主的商品交换关系和其他私人生活不受政治国家不当干预的重要保障只能是普遍民主的社会条件。所以，随着市场经济的发展，市民社会就不可能仅仅是一个由商品交换关系构成的独立于政治国家的经济交往领域，同时也是一个由人们的社会文化交往而构成的社会文化领域。哈贝马斯对此曾做过深入的研究，他说："所谓的国家法结构，指的是保障自由的公共权力机关与依据司法组织起来的经济社会之间的关系"。它"建立在公法与私法彻底分离的基础之上","是没有民主的法治国家发展的结果"。①而当"平等公民权普及之后,大众私人再也不能像那些私人(指早期的有产阶级——引者注)一样,将社会基础建立在私人财产所有权之上。而私人在资产阶级公共领域中联合成公民公众"。"当作为福利国家当事人的市民享有作为民主国家的公民赋予自身的地位保证时,这一衍生的私人自律就有可能代替作为原初私人自律的对等力量。"②也就是说,随着平等公民权的发展,原来仅仅由有产的私人所构成的市民社会,逐渐被平等的大众所构成的市民社会所取代,这时的市民社会的私人自律基础发生了改变。这一改变了自律基础的市民社会的"私人性质"已经不再仅仅局限于商品交换所构成的"需要的体系",而是扩大到甚至是主要转移到社会交往的公共领域。换言之,随着平等公民权的发展,保障市民社会独立性的力量已经不仅仅是私有财产所有权(尽管它仍然十分重要),而是转变为个人拥有和实现的社会权利和政治权利。在这种情况下,独立的社团以及它们在公共领域中的活动,自然就成为市民社会最为重要的内容,因为它们是个人自由和社会民主在新的历史条件下最重要的保障力量,是市民社会独立于政治国家的基本标志。

在 19 世纪,马克思把市民社会归结为"物质交往关系"或"经济交往关系",是对市民社会极为深刻的认识。这一认识深刻地揭示了不以人的意志为转移的社会的客观经济结构,其真理性是不容置疑的。它绝不像一些现代资产阶级思想家所攻击的那样只是一种经济决定论。但是,如果因此而把这一思想绝

---

① 哈贝里斯:《公共领域的结构转型》,学林出版社 1999 年版,第 10 页。
② 哈贝里斯:《公共领域的结构转型》,学林出版社 1999 年版,第 13 页。

对化，把马克思的"物质交往关系"仅仅理解为"经济关系"，并把它理解为社会发展中唯一具有决定性意义的关系，从而否定了人类其他交往活动的重要意义，并进而将马克思的"市民社会"仅仅理解为生产和交换的领域，就的确离马克思所反对的"经济决定论"或"机械决定论"相去不远了。恩格斯曾经说过："根据唯物史观，历史过程中的决定性因素归根到底是现实生活的生产和再生产。无论马克思或我都从来没有肯定过比这更多的东西。如果有人在这里加以歪曲，说经济因素是唯一决定性的因素，那么他就是把这个命题变成毫无内容的、抽象的、荒诞无稽的空话。"①马克思和恩格斯是坚决反对仅仅从经济的角度理解历史发展和社会生活的，他们也绝没有这样来理解市民社会。虽然他们没有明确强调社会文化领域是市民社会中的一部分，这也并不意味着他们否定了它可以成为市民社会的一个部分。更何况，即使马克思根据他所处的时代的现实条件而将市民社会归结为"经济交往关系"所构成的私人生活领域，也不意味着市民社会不会拓展其范围，不意味着人们在新的社会历史条件下所产生的新认识是与他的认识相冲突的。

在马克思之后的时代，市场社会的总体结构和运作方式发生了很大的变化：一方面，自由竞争的市场经济时代已经基本结束，上层建筑领域、社会文化领域中的各种问题日益突出；另一方面，在民族解放运动和民主运动的推动下，社会的政治结构也发生了很大的变化，国家的社会化和社会的国家化已经成为一种不争的事实。在这种情况下，政治国家与市民社会的关系已经不是原有的理论模式所能够完全概括的了。葛兰西、哈贝马斯等人正是在这一背景下研究市民社会及其与政治国家

---

① 恩格斯：《致约·布洛赫（1890年9月21[—22]日）》，《马克思恩格斯选集》第4卷，人民出版社1972年版，第477页。

关系的新发展，将独立的社团及其在公共领域中的活动看作市民社会基本的构成，为市民社会概念的内涵增添了新的理论内容。我们认为，哈贝马斯等人对市民社会的这一理解，并不与黑格尔和马克思对市民社会的规定相矛盾，而是一种在继承基础上的深化和发展。也许引用哈贝马斯自己的话更有说服力，他说："我在论述国家和经济的转变时所依循的理论框架，是由黑格尔的法哲学初步勾勒出来，并得到青年马克思的加工"。①

哈贝马斯等人将市民社会理解为独立的社团及其活动所构成的公共领域，这更多地强调了人类的活动和理性的进步对社会历史的作用。他们把社会结构、政治制度、社会运作方式的改善，看作受公民在公共领域中理性的交往活动的影响而发生改变的。这种立足于改善市场社会，而不是立即消灭市场社会的总体理论取向，对我们今天社会历史哲学的研究无疑具有重要的借鉴意义。当代社会的发展已经走出了早期市场经济自发的无政府状态，我们所致力的社会主义市场经济的建设不是重复资本主义市场经济所走过的老路。我们不可能预期首先形成一个"需要的体系"和由一小部分所谓的"中产阶级"来代表的私人自律领域，等到这种市民社会已经充分发展之后，再进行公共领域中更为合理的国家与社会关系的建构。这既不现实也不合理。因此，我们对市民社会的理解，就必须是着眼于整个市场经济发展过程中市民社会演化的总体的逻辑，而不是它曾经在历史上存在过的某种过去时态。换言之，在我们对市民社会进行说明时，只能立足于它已经充分显现的全部面貌，立足于当今人们对它的认识水平，而不能将 19 世纪马克思所认识到的市民社会当作它的现在时态来看待。

总之，市民社会理论具有较为宽广的论域，市民社会的观

---

① 哈贝里斯：《公共领域的结构转型》，学林出版社 1999 年版，第 10 页。

念具有较为丰富的内涵。我们既不能仅仅从经济的角度，把市民社会看作一个单纯的商品交换关系领域；也不能仅仅从文化的角度，把它看作一个独立的社团进行文化批判活动的公共领域。尽管在不同的理论任务中可以强调它不同的方面，但是，当我们要表达完整的市民社会概念时，就必须考察市民社会观念的整个演变过程，使这一概念涵盖市民社会理论的全部论域，以达到对现实市民社会及其发展的全面把握。

市场经济社会中的个人权利
与公共伦理[*]

市场经济是迄今人类所创造的最有效率的经济制度,可是,自从它出现的那天起,却一直遭到来自各方面的怀疑和批判。这显然主要不是针对这种经济制度本身,而是针对它所具有的伦理精神和它所导致的伦理状况的。市场经济的制度是如此具有吸引力,以至任何一个民族最终都不能不选择它;它所具有的伦理精神和它所导致的伦理状况又是如此地令人疑虑,以至人们几乎必须在尝试了一切其他的制度之后才肯把它作为一种不可避免的选择接受下来。这样一个难以抉择的二难困局,是市场经济时代人们普遍怀有的一种困惑,它正源自人类本性深处的伦理关怀。这种困惑是难以消解的,却又应当不断地加以消解。

一、市场经济社会中的伦理问题

市场经济社会是一种利益高度分化的社会,也是特殊性诉求获得充分表达的社会。在这个社会中,个人从传统的共同体

---

　　* 本文阐述了在利益高度分化的市场经济社会解决个人权利与公共伦理的矛盾的可能和途径,指出以亚当·斯密和黑格尔为代表的两种解决方案都有其片面性,正当有效的途径是在市场经济的发展中培育健康的公共领域这一公共伦理建构的社会空间。与王新生合作,原载《伦理学研究》2002 年第 2 期。

中分离出来,超越了传统共同体的集体利益和共同价值的约束,成为独立地谋取其特殊利益的"私人"。黑格尔说:"在市民社会中,每个人都以自身为目的,其他一切在他看来都是虚无。""个别的人,作为这种国家的市民来说就是私人,他们都把本身利益作为自己的目的。"①马克思也说:"只有到 18 世纪,在'市民社会'中,社会联系的各种形式,对个人说来,才表现为只是达到他私人目的的手段,才表现为外在的必然性。"②即是说,在市场经济社会的经济活动中,这些"私人"尊奉个人主义和利己主义的价值标准进行经济交往,为个人的利益而奋斗,似乎不需考虑共同利益、普遍价值和公共伦理。显然,这是完全不同于以伦理为根基进行社会整合的前市场经济社会的。在市场经济社会中,由于个人权利的极度张扬,私人利益和公共利益之间,个人自我保存的权利和人类的道德义务之间显示出深刻的矛盾。在这种情况下,人们必定要问:市场经济社会必然导致个人与社会的疏离吗?它是一种伦理匮乏的社会吗?近代以来,所有重要的思想体系都清楚地认识到这一问题的重要意义,并努力寻求解决的答案。

18 世纪的经济自由主义者亚当·斯密等人,已经意识到市场经济社会中的这一内在矛盾,但是,他们又认为,这一矛盾可以在经济领域中自行得到解决,即可以通过市场的"无形之手"自然地消解矛盾,无须假诸市场之外的力量。斯密下面这段著名的话清楚地表达了他们的这一思想:"事实上,总的来说他(商人——引者注)既没有打算促进公共利益也不知道他促进的程度。他喜欢支持国内工业而不喜欢支持国外工业,他这

---

① 黑格尔:《法哲学原理》,商务印书馆 1961 年版,第 197 页,第 201 页。
② 马克思:《〈政治经济学批判〉导言》,《马克思恩格斯选集》第 2 卷,人民出版社 1995 年版,第 2 页。

样做的目的只是为他自己的安全打算；他对国内工业加以指导以使产品达到最大价值，这样做的目的也只是为了他的个人所得着想。在这方面，同其他方面一样，他受无形的手的驱使促进一个目标的实现。这一目标根本不包括在他的意图之中，在追求自己的利益时他经常促进了社会的利益，而且比他真的打算促进社会利益时更有效。"①根据斯密的逻辑，个人权利和公共伦理之间的确存在矛盾，但市场的"无形之手"是全能的，既可以使个人达到他的私人利益，又可以促进公共利益，既可以保障个人权利，又可以促进公共伦理，一切都将在市场经济社会的经济交往中自然地完成。

到 19 世纪，黑格尔将亚当·斯密的市场交换体系称为"市民社会"的"需要的体系"，并同样认为，在市民社会中的个人只是为了私人的利益而进行活动，人们之间的利益关联自然具备伦理关联。不过，黑格尔又认为，市民社会是有其伦理局限性的，只有国家才是完善的伦理实体，才能保证个人利益获得完全的发展和明白的承认，同时又能引导人们追求普遍物。黑格尔是一个充分肯定市场经济制度的合理性而又极力贬抑其伦理正当性的思想家。在他看来，市场经济社会所弘扬的特殊性原则是使现代生产获得发展的重要制度，但是，由于它与伦理道德所要求的普遍性原则相矛盾，因而必须在政治国家这一更高的伦理实体中使其得到提升，使其特殊性的欲求升华为理性的普遍性原则。黑格尔说："整体必须保持足够的力量，使特殊性与伦理性的统一得到调和。""由于国家是客观精神，所以个人本身只有成为国家成员才具有客观性、真理性和伦理性。结合本身是真实的内容和目的，而人是被规定着过普遍生活的；

---

① 转引自列奥·施特劳斯：《政治哲学史》（下卷），河北人民出版社 1995 年版，第 748 页。

他们进一步的特殊满足、活动和行动方式，都是以这个实体性的和普遍有效的东西为其出发点和结果。"①黑格尔洞悉市场经济条件下私人利益和公共利益之间的矛盾，但他认为，市场经济社会中的这一矛盾无法在市民社会中获得解决，只有国家所代表的完善的伦理力量才能克服这一矛盾，因此，国家必须宰制市民社会，政治强制高于伦理约束。在近代以来对市场经济社会进行道德批判的各种思想体系中，黑格尔的这一观念非常具有代表性，因而也是影响深远的。可是，正是这一观念隐含着全盘否定市场经济社会的极大危险，因为这一观念假设：市场经济社会自身在本质上是非伦理性的，市场交往关系的伦理化只能假诸外力的强制和教育，不可能发诸自体。

在市场经济社会中，个人权利与公共利益之间的确存在着紧张和冲突，甚至可以说，在市场经济社会的一系列矛盾中，这二者之间的紧张和冲突具有基础性的地位，它影响着其他矛盾的解决。因此，关于这一问题的理论解决方案，成为近代以来社会政治哲学中的一个重要问题。虽然黑格尔主义和早期自由主义的争论已经成为历史，可是，在 20 世纪后半期，社群主义和新自由主义之间的争论却告诉我们，只要市场经济社会的基本原则还在支配着社会生活，关于个人权利、公共利益和公共伦理之间关系的理论讨论就不可能终止。今天，当我国摆脱了苏联模式的计划经济体制，将社会主义市场经济建设作为发展目标时，与市场经济相关的整个社会生活的巨大变迁已经发生。如何以马克思主义的理论视角把握这一问题，已经成为当今中国哲学理论研究中的一个迫切问题。

---

① 黑格尔：《法哲学原理》，商务印书馆 1961 年版，第 201 页，第 254 页。

二、两种片面的思想方案及其批判

以亚当·斯密为代表的早期经济自由主义，将市场经济社会归结为市场交换体系，将一切社会关系简约为经济交往关系。但是，市场经济社会并不是一个单纯的经济体，而是一个结构复杂的社会体，它以商品生产和市场化的商品交换为基础，是一个由不同的交往关系构成的社会关系体系。这一社会关系体系既有契约原则支配的市场交换关系，也有包括政治交往、精神交往等在内的其他交往关系。这些不同的交往关系，构成了不同的社会生活领域。在不同的社会交往关系中，人们的活动遵循着不同的交往规范和价值原则。市场交换领域是市场经济社会的基础性领域，追求个人利益的最大化是这一领域的基本原则，虽然这一领域也有其自身的伦理规范（如诚信等），总体上说却是一个利益原则宰制的领域。但是，这并不意味着市场经济社会中的"私人"只是从事经济交往而不从事其他社会活动的人，也不意味着他们利己主义的活动不需要其他非经济因素的规约。当他们的活动超出经济交往之外时，规约交往行为的规范也必将超越个人主义和利己主义的原则，由关涉公共价值的伦理规范所取代。斯密等人简化了人类的社会活动，将全部的市场经济社会缩减为市场交换领域，也就将市场交换关系所遵循的价值原则看成了整个社会生活的原则。而当人的全部社会活动被简化为单纯的经济活动时，其伦理性质当然也就难以辨认了。马克思说："人是最名副其实的政治动物，不仅是一种合群的动物，而且是只有在社会中才能独立的动物。"①即是说，当我们说人在本质上是一种社会存在物时，不仅仅是说人们必然因经济上的相互需要而不可分离，更是说人在本性上就是承认他人、需要他人并和他人相通的。市场经济社会虽然开创了个人自由的广阔场景，却并没有也不可能改变人的社会属性，因而也就不可能改变人的伦理属性。在考察市场经济社会中人们活动的伦理性质时，需要的不是在市场经济的社会联系之外，而是在市场经济社会关系的特殊性之中寻找根据。

人作为具有多重需要的社会存在物，进行着满足不同需要的交往活动。可是，亚当·斯密等人将社会活动简约为经济行为，这必然导致对契约性关系以外的人类关系的否定。根据这种理解，人与人之间除了经济利益之外根本无法相通，一切行为都要用个人主义和利己主义的准则来衡量，人们之间的一切关系都要靠它来调整，超越个人利益的道德就不可能存在。今天，虽然自由主义的思想已经在许多方面发生了改变，但仍然时常有人沿袭这种认识，单向度地理解人的交往活动，为人们描述一个由交换原则全面支配的市场经济社会的图景。在这一图景里，成本最小化和利益最大化的市场原则成为整个社会活动的准则和动力，人对人就像狼，他随时准备陷他人于不测，只要能够以最低的成本获得最大的回报，就会无所顾忌。我们不能同意对市场经济社会的这种图景描述。这倒不是因为它过于残酷而不够道德，而是因为它忽略了道德而不够真实。不真实是由片面性所导致的。由于这种观点将人的需要理解为单一的物质需要，因而将人的活动理解为单一的为物质利益而进行的活动，进而将社会约束机制理解为仅仅由个人主义和利己主

---

① 马克思：《〈政治经济学批判〉导言》，《马克思恩格斯选集》第 2 卷，人民出版社 1995 年版，第 27 页。

义原则支配的机制。在这一利己主义的逻辑中，缺失的正是公共伦理这一维。这一缺失并非只见于某些经济学家的病历档案之中，而是整个自由主义理论的通病，是个人原子主义的逻辑所内在地包含的。

自从斯密以来，自由主义理论一直在建构这样一个以个人需要、个人利益和个人权利为基础的理论体系，以对抗传统的社会观念，为资本主义市场经济鸣锣开道。由此而建构的理论体系成为对资本主义市场经济起支撑作用的核心观念，直至今天，仍然是西方自由经济和民主宪政的基础。这一理论的阿基米德支点是个人本位的观念，即将个人视为界限明确的权利主体的观念。必须肯定，这一理论体系是从一个侧面对市场经济社会中人与人之间真实关系的揭示，是对这种关系所构成的市民社会的说明。它清楚地说明了市场交换体系是如何联结和运作的，人们在其中是如何进行谋求个人利益的活动的，这种个人谋利的活动又是如何促进了社会经济资源的合理配置的。但是，同样可以肯定的是，它对市场经济社会中人与人的关系，以及这种关系所由以构成的社会生活的揭示是不全面的。它不能解释市场经济社会中经济交往以外的人类活动的基础和动力，不能说明人类活动中超越经济交往的社会团结的原因，将人仅仅看作经济动物。正是由于这一重大的缺陷，使得它在为自由市场的经济活动辩护的同时，失去了为自由市场的道德辩护的可能性。

黑格尔主义正好相反，它看到了自由主义者没有看到的另一个方面，强调社会高于个人、共同利益高于个人权利、公共伦理高于个人偏好，但是，却将公共伦理的实现寄望于强制性的政治权力，将特殊诉求的提升寄望于理性化的国家意志。这样一种理论进路同样不能合理地解释市场经济社会中的社会团结。所不同的只是，它否定了自由主义的经济交换体系的伦理完备性，却又假设了国家的伦理完备性。伦理的普遍性固然依赖于怀有特殊诉求的人们对普遍价值的认同，但问题在于怎样获致这种认同。黑格尔主义试图在国家的政治统一性中达致伦理的普遍性，因此，伦理的原则就要由政治的原则来决定，而不是政治的原则由伦理的原则来规约。黑格尔主义者忘记了，普遍价值只有成为人们"内心的法"之后，才能有效地约束人们的社会行为，才能成为"客观的法"，因此，具有普遍约束力的伦理规范的形成不可能是强制的结果，而是应当通过交流、沟通、协商达到的。如果将社会普遍价值的形成建立在政治强制力的基础之上，而不是建立在自主交往的市民社会之中，就必然会毁坏以特殊性诉求为基础的市场经济社会本身。这样建构的伦理也会毁坏伦理自身。

20 世纪以来的多种政治实践其实就是以这种黑格尔主义的观念为理据的。这些实践却证明，无论是以国家干预主义取代自由竞争的资本主义发展战略，还是干脆以国家计划取代市场机制的苏联模式的社会主义，都不仅未能消除现代社会中的各种矛盾，反而会带来社会发展的停滞及其他严重的社会问题。固然，20 世纪的社会和政治运动有其复杂的历史原因，其成毁也难以简单论定，但以黑格尔式的伦理观念为理据的社会观和国家观无疑是值得检讨的。历史的事实一再证实，通过强力而集结起来的"共同意志"并不会导致共同利益的真正实现，不会导致公共道德的合理形成，反而会造成集权主义控制下无主体性的"大众"的生成。这个"大众"不仅不关心公共的利益和价值，而且还以扭曲的方式极力追求私人利益。当他们失去了个人的财产权利，不能为积累财富而竞争的时候，他们就会为个人权力的增长而竞争。那是一种更加残酷的竞争。在那种竞争中，个人权力的扩大仿佛就是个人财富的扩大，仿佛就是个人生存意义的实现。这种通过追求权力而达到的自我价值和生存意义的扩大，与通过财富的积累而达到的个人价值和生存意义的扩大一样，都是一种异化，甚至是更为严重的异化。这里可以看到，黑格尔主义的国家至上同自由主义的个人权利至上，正好是"两极相通"的。在一个个人权利至上的社会中，人们并不能通过个人权利的实现而自动地达致公共价值，相反，对个人权利的极端强调却会使人们将一切公共的事务置于自己的义务之外。结果是，公共利益和公共价值最终被那些所谓代表了公共利益和公共价值的公共权力机关所垄断，个人的权利最终遭到破坏。一些当代西方资本主义国家中，在"福利国家"政策的影响下，大众对政治的冷漠已经达到了相当严重的程度，不少人沉溺于私人生活，几乎完全失去政治参与的热情。个人主义的这种极端发展，创造出了一个消费主义和享乐主义盛行、社会责任感和政治参与热情极度匮乏的社会，与此相应的自然是国家权力的无限度扩张和对社会生活的全面控制。

三、市场经济社会中的公共领域和公共伦理

伦理建构是一种价值建构的活动，它和市场交换活动是两种不同性质的活动。在市场经济社会中，市场交换成为经济活动的一般形式，市场交换体系也就成为受市场交往关系支配的独立领域。这一领域中的活动遵循的是利己主义的市场交换原则。但是，正如市场交换活动并不是人类唯一的活动一样，市场交换体系并不是人类活动的唯一领域，市场交换原则也不是人类活动的唯一原则。如果我们借用西方学者的用语而将价值

建构活动所依存的社会领域称为"公共领域"的话，那么，黑格尔和早期自由主义者显然都忽视了这一领域的存在。这正是他们分别从不同的方向上否定市场经济社会之伦理关怀的根本原因。

市场交换活动是一种目的合理性活动，它要求把手段有效地用于目的，因而要求人们的活动符合自然的必然性。即是说，市场交换活动受必然性的支配，而不是取决于人们的价值选择。价值建构活动却完全不同，它是真正的创造性活动。价值建构活动所追求的是生活的意义，而生活的意义是超越实然的应然，因此，它要求按照符合人的交往需要的方式进行活动。生活的意义只能在人的精神性交往中产生，只能在人的相互理解中形成，只能在人的公共交往中被创造出来。在市场经济社会的公共领域中，价值建构活动如亚里士多德所说是一个"说话"的过程。"说话"可以具有多种不同的形式，既可以是日常交往中的语言交流，也可以是理论的探讨、学术的争鸣，或是社群理念的交锋等。市场经济社会中特殊的价值诉求就是在这一说话过程中得到表达的。当怀有不同利益和价值理念的人们对自己的特殊诉求获得了认识，他们就将在公共生活中把它们表达为个性化的认识、意见或情感，以期获得某种程度的认同。公共领域其实就是这些认识、意见或情感交汇聚积的场所。在公共领域中，那些被表达出来的认识、意见和情感是各自特殊的，甚至是尖锐对立的。通过"说话"的活动，通过人们之间的交流和沟通，通过辩论、纷争，甚至冲突，各自特殊的认识、意见和情感必然会相互交融、重新组合，形成一种总体上不同于任何个人或社群之单个意见的公共理念。这一理念也必然会转化为人们普遍认同的公共精神，内化为大多数社会成员的内心情感、意志和信念。这便是公共伦理的形成过程。

　　显然，公共领域是一个完全不同于市场交换体系的社会领域。与后者相比，它是一个超越了生产劳动和市场交换的直接目的的伦理建构领域，有其自身的活动准则。如果把市场交换体系比作市场经济社会的物质肌体的话，公共领域就可以被比作这一肌体的精神机能。在市场交换体系中，生产和交换当然是最基本的活动形式，其所面对的对象是物。物作为人的活动的材料是"不说话的"。因此，关于生产劳动的知识服从因果必然性的要求，对对象做出必然的和普遍的判断，以期获得确定的、必然性的知识。现代科学技术所构建的知识系统就是这种知识的典型形态。近代正是由于科技理性的膨胀，以至也要求按照其合理性原则来建构社会，这就使得人的社会失去了价值性的追求而为工具性的原则所役使。所以，要寻求现代生活的价值和意义，就应当尊重社会价值建构活动的特殊性，超越市场交换活动这一私人领域而进入文化批判的公共领域。文化批判领域作为一个建构生活之公共意义的领域，是人与人之间进行精神和文化交往的领域，因而，这一领域在原则上超越了工具性原则的支配而指向人类活动的道德意义。这一领域中的活动追求"实践的智慧"，即追求社会生活的公共价值和普遍伦理。实践的智慧可以被主体所掌握和运用，但是却不能像科学技术知识那样被主体无差别地掌握运用，而是一种需要在特殊的情景下以特殊的智慧来把握的东西，因此它只能是"实践的"，即只能在人类交往的过程中获得的。易言之，这种实践的智慧不是对某种必然性的认识，而是在不同意志的相互冲突和协调中产生出来，只有在主体之间的相互依赖、相互交流中，即只有在"说话"中才能够呈现的。它超越了个人市场行为的功利性追求，把活动的目的直接指向普遍的社会规则、社会的公共利益，甚至人类的理想目标。普遍的社会规则、社会的公共利益

和人类的理想目标并不是一种既存的东西，而是不同历史时期
的人们根据自己对应然的理解而不断被创造的东西。这种创造
活动不是任何个人对既存真理的发现，而是在不同价值诉求之
间的平等对话、相互融合中形成的。因此，在"说话"的过程
中形成的公共伦理并不是特殊性的消解，而是它的提升，是通
过肯定特殊性而达到的普遍性，是异中见同，用一句中国古话
来说，是"和而不同"。这种以多元并存和宽容为特征的伦理精
神，就是市场经济社会的伦理关怀，它在个人各种交错的社会
生活中渗透并融化到个人的精神世界之中，成为构成独立个人
的同质性要素，成为将他们联结起来的普遍伦理。

　　市场经济社会中的公共领域，是一个公民建构其价值准则
的文化批判领域，是精神文化和公共伦理生长的社会空间，所
以，这一领域中的产品与市场交换体系所生产的物质形态的产
品极为不同。物质形态的产品具有独占性的特征，一个人的占
有意味着另一个人的失去，对它的消费必然使其减少；精神产
品则是可以共享的，对它的消费并不会使其减少，相反，对它
的消费者越多，它本身就越是增加和放大。因此，在以文化批
判活动为主要内容的公共领域，"私人性"很少，而公共性很多。
在市场交换过程中被利益的特殊性隔离开来的个人，在公共交
往中却被共同的价值和旨趣连接起来；在经济领域中被物欲障
蔽的价值认同，在公共领域中却得到彰显。可见，在脱离了物
质生产和消费的公共领域中，产品的私人性质和独占性质可以
被消解，社会交往可能在此产生出反映公共利益和公共价值的
公共伦理。人类的交往无非可以归结为经济交往、政治交往和
精神交往三种不同的形式。与其他交往形式相比，精神交往是
一种最能体现人类交往之自由本质的交往方式。它是对可能世
界的意义交流，因而使人可以超越现实而达于对可能世界的追

寻。"精神活动或精神生活的实质是对于对象的象征性把握或象征性的赋形,人借助于精神活动而超越现实性,在自己面前打开了一个可能的世界。"①只有在精神交往中,人们才能够生产共享的产品。"人们之间精神的交往因而也就是意义的交流。人们交流自己所把握到的意义而各自进入了对方所把握到或打开了的可能世界即对方的意义世界,从而也就理解了对方。双方理解的结果就是两个意义世界的融合,而这就又创造出一个新的意义境界。"②精神交往的这些特性,使它与经济交往和政治交往相比有着明显的优越性。一方面,它不像政治交往所依赖的强制性规范那样对人的活动构成一种压迫性,从而影响交往的自由创造和个性化发展;另一方面,它也不像经济交往所依据的利益整合原则那样,使人的活动构成了一种物的依赖性,从而使人的活动取向于直接的功利性。这就使精神交往有可能超越狭隘的个人利益而指向对社会共同利益、普遍价值和公共伦理的关注,也使它可能将契约行为中的私人利益与建立在辩论理性基础之上的公共利益相结合,对经济和政治交往关系起一种引导的作用,从而为克服市场社会的内在矛盾提供一种本于市场社会自身的力量。

　　总之,在市场经济社会中,个人权利与公共伦理之间的矛盾不可能被彻底地消除,只能在历史的进程中被不断地消解。公共领域是市场经济社会在自身发展中产生出来的克服自身内在矛盾的社会空间。如果我们肯定市场经济社会是我们当下所不能超越的社会形式,如果我们肯定人类是一种可能通过理解和沟通而建构自己生活秩序的物种,我们就不能把公共领域仅

---

① 陈晏清等:《现代唯物主义导引》,南开大学出版社 1996 年版,第 278 页。
② 陈晏清等:《现代唯物主义导引》,南开大学出版社 1996 年版,第 278—279 页。

仅看作一种遥远的理想性存在。公共领域就存在于市场经济社会之中，在其中形成的公共伦理是一种产生于市场经济社会自身的理性力量。只有理解了这一点，斯密式的经济自由主义伦理观和黑格尔式的国家主义伦理观的局限性才能够被超越。当前，我国正在进行的社会主义市场经济建设是一个历史创举。它将市场经济的经济形式与社会主义的政治制度结合起来，创造了一种全新的社会模式。这一市场经济社会的新模式，为更好地解决个人权利与公共伦理之间的矛盾提供了一个全新的历史平台。我们有理由相信，随着我国社会主义市场经济的进一步发展，社会的公共领域和公共伦理也必将随之健康成长。也只有这样，我们才有可能在创造经济奇迹的同时，创造出社会的和文化的奇迹。

《市民社会论》序言[*]

在我国，市民社会问题的研究始于 20 世纪 80 年代末、90 年代初。在十余年的时间里，这一问题吸引了我国多个学术领域中的众多学者参与讨论，已经成为一个跨学科的热点问题。这里，首先令人感兴趣的倒不是这一问题本身，而是看似简单的另一个问题：市民社会问题为什么会引起这么多中国学者的理论兴趣？这实际上并不是一个很简单的问题，因为它关涉到对于中国的社会结构及其变动的认识这样一个重大而复杂的问题。

人们还记得，在计划经济的年代里，国家对整个社会生活的控制达到了无所不在的地步。在那个年代，每一个企业都是国家的企业，每个社会"单位"都是国家的"单位"，每一个工作和生活在"单位"里的人当然也就都是国家的人。那时，人们几乎不会去想国家与社会的区别，因为它们之间的确没有什么区别：国家就是社会，社会就是国家。"国家与社会一体"——那个曾经被我们视为当然的社会存在状态，其实就是那个时代的社会结构。可是，20 世纪 80 年代以后，那种社会结构被市场经济的浪潮逐渐打破了。特别是当非国有经济开始在中国呈现出迅猛的发展之势时，整个社会生活也随之发生了明显的变化。国家逐渐退出某些社会生活的领域，社会

---

*《市民社会论》，王新生著，广西人民出版社 2003 年版。

生活的自主空间在增长，人们社会生活的自主性在增强。这种变化是我们每一个身处其中的人都能深切地感受到的。可是，感受是一回事，理解又是另一回事。在我们感受到的这种变化的背后，是我们不能直接感受到的社会结构的巨大变迁。换言之，在市场经济体制的建构过程中，一个新的社会生活空间在悄然形成并不断扩大，它便是相对独立于国家的私人自主的社会生活空间。这一社会生活空间的形成和扩大，意味着国家控制整个社会生活的时代的结束，意味着社会生活的总体结构由"国家与社会一体"的结构形态逐渐转化为"国家与社会相对分离"的结构形态。社会生活是变动的，但是，社会结构形态却是相对稳定的。社会结构形态通常体现着特定社会中社会秩序的稳定形式。因此，一种新的社会结构形态的形成，实质上标志着一种新的社会类型的出现。在当今中国，由新的社会结构形态支撑的新的社会类型不是别的，就是我们通常所说的"市场经济社会"。那么，在这个新的结构形态中，那个已经出现并正在逐步扩展的私人自主的社会生活空间是什么？它就是西方学者所说的市民社会。

由此看来，市民社会问题的研究在中国的兴起，并不像有些人所认为的那样，是中国学者们对西方理论的盲目照搬，而恰恰是根植于巨变中的中国社会的现实生活的。"市民社会"这一概念的确来自西方，但是，正如"自由""民主"等观念也来自西方一样，这一事实并不妨碍我们以之分析中国的国情，不妨碍我们在自己的国情下进行类似的理论探讨。

在当今中国，私人自主的社会生活空间的确已经初步形成并正在不断扩展。无论我们将其称为"市民社会"或别的什么，都无碍于问题本身的探讨。以中西传统和国情的差异为由，怀疑甚至否定中国市民社会的发育和成长，是缺乏根据的。认清了这一点，也就在很大程度上认清了在当今中国进行市民社会问题研究的理论意义和现实意义。当今，我们正处于一个伟大的变革时代，如果不能对这一变革时代的社会结构变迁有所认识，就不可能真正地把握这一变革的实际后果和发展趋势。因此，我非常赞成学界对市民社会问题进行全面的研究，并且希望这一研究能够向更为深入的层面推进。

十多年来，我国学界关于市民社会问题的研究取得了许多有价值的成果。这些成果大致包含以下几个方面：第一，对西方市民社会理论的译介和研究；第二，对于马克思的市民社会理论的发掘；第三，关于中国近代市民社会的发育问题的讨论；第四，关于如何建构中国市民社会问题的探讨。这些成果涉及政治学、社会学、法学等诸多领域；参与这一讨论的不仅有国内的学者，也有关注中国发展的海外学者。这种研究局面无疑是可喜的。但是，也应当看到，虽然经过了十多年的时间，许多问题的讨论至今却仍然停留于表浅的层面。可以说，到目前为止，人们对市民社会问题所涉及的理论和现实，还缺乏系统的理论考察。

王新生博士的《市民社会论》，可以说适应了当前的这种理论需要。这是一部试图对市民社会问题进行系统理论考察的著作，是一部基础性研究和前沿性探索紧密结合的学术专著。市民社会问题是一个源自西方的理论问题，因此，在这部著作中，作者首先对市民社会观念的形成与演变过程进行了全面的梳理，试图为这一问题的有效讨论建立一个具有公共性的言说平台。在做这项工作时，作者并没有流于单纯的观念史考察，而是依据市民社会观念演变的内在逻辑，分析了当代市民社会观念与近代市民社会观念之间的区别，指出了将这二者混同所导致的理论混乱，从而为陈述自己在市民社会问题上的理论观点打下了基础。作者认为，市民社会观念的形成与演变，与市场经济的发展有着密切的内在关联。当近代思想家们将商品交换领域看作一个独立于国家的私人自治领域时，实质上已经意味着市民社会观念的形成。所以，在近代思想家那里，市民社会就是指私人自律的商品生产和交换的领域。然而，在当代，市民社会的观念却发生了重大的转变，由原来从经济的角度规定市民社会，转换到主要从文化的角度规定市民社会，市民社会又被看作独立的社团在公共领域中的活动及其所建构的公共领域本身。

市民社会观念的演变是对市民社会现实变迁的反映，因此，作者在对市民社会观念的演变进行梳理的同时，更着力于对现实市民社会的深入考察。作者认为，以往许多学者常依据近代的市民社会观念对现实的市民社会加以解释和说明，这势必导致认识和实践上的重大误差。最为明显的误差之一，就是不能从历史发展的过程中把握市民社会的完整概念，而是或者将其归结为已经过去的早期形态，或者将其归结为目前显现的当代形态。在这部著作里，作者所力图表达的核心观点是：市民社会是一个由家庭、"需要的体系"、公共领域三个方面共同构成的私人自主的社会生活空间，这三个方面具有一种历史地递进的层级关系，且在不同的历史条件下它所凸显的方面会有所不同。这一社会生活空间与国家所代表的公共权力相对应，为市场经济社会中公共权力的良性运作提供了社会基础。作者还指出，在我国当前关于市民社会问题的讨论中，一个普遍的误识是，将市民社会仅仅归结为私人自主的经济交换领域。作者认为，这一源自黑格尔的观念忽略了当代社会与近代社会的区别，因而忽略了在现代社会中家庭作为私人生活的隐私的属地以及公共领域作为文化批判的领域在市民社会中的地位。应该说，这是一种颇有见地的观点。这一观点不仅有效地说明了当代西方市民社会理论与近代市民社会理论之间的联系和区别，而且也有效地解释了导致它们之间区别的社会历史原因；不仅明确地规定了"私人自主的社会生活空间"的实际内容，而且对它们之间的层级性关系做出了令人信服的说明。也许作者的一些观点不会得到所有人的赞同，例如，作者对"公共领域"的解释，似乎就与当下人们的普遍理解存在着较大的区别，但作者的说明和论证倒也自成一家之言。

围绕着本书的核心观点，作者从市民社会的构成、市民社会的约束机制、市民社会的文化、市民社会与国家的关系等几个不同的方面，对所论的问题进行了细致全面的阐述。从总体上看，这些阐述是理论性的而非经验性的。也就是说，作者并不是通过一种社会学和政治学的考察而对市民社会进行一种描述性的说明，而是要通过社会哲学和政治哲学的考察，获得对市民社会的总体性的理论把握。应当肯定，这种方法论上的选择，对于作者出色地完成这一课题的研究具有至关重要的意义。近些年来，关于市民社会问题的讨论在我国的各个领域中展开，政治学界、法学界、社会学界的学者，都已在各自的领域中就这一问题进行了有意义的探讨。但是，从既有的研究成果来看，这些讨论也存在明显的不足：一是缺乏理论上的系统性，二是缺乏相互间的公度性。这就使问题的讨论很难进一步深入。这一现状说明，当前我国理论界关于市民社会问题的讨论亟须哲学理论的支持。

在完成了对市民社会的一般性理论考察之后，作者还对中国市民社会的历史、现状以及未来可能的走向，做了自己的分析。作者指出，在中国近代，随着民族工商业的发展，私人自律的社会生活领域也就相伴而生。可是，由于整个社会并没有发生体制性的改变，再加上当时"救亡图存"的特殊历史境遇，就使得刚刚发育的市民社会在自己所取向的集权主义国家中走向自毁。改革开放以来，中国的社会发生了深刻的变化。在国家向社会让渡权利的过程中，自由流动的社会资源和自由活动的社会空间不断扩展，中国的市民社会已经出现。尽管它还比较弱小，尽管它的发展还存在着许多障碍，但是它的壮大却是必然的。

《市民社会论》一书可以说是一部社会哲学、政治哲学的力作，一部创新之作。它的出版，对于推进我国市民社会问题的研究，乃至推进我国社会哲学、政治哲学的研究都将起到积极的作用。

新生曾从我攻读博士学位，这部著作就是由他的博士学位论文修改而成的。他在写作论文的过程中，曾就市民社会理论所涉及的方方面面问题同我进行过多次的讨论。他的论文写得十分艰苦。他的关注社会现实问题的理论热情，敢于探讨新问题、提出新见解的理论勇气，以及思维的敏捷、学风的扎实，都给我留下了深刻的印象。他一再表示过，愿意沿着这部著作开始的学术方向，从政治哲学的角度对市民社会及其相关的许多问题继续研究下去。我相信他是能够做出更好的研究成果，能够在政治哲学的领域有所建树的。

政治哲学的当代复兴及其意义*

一、政治哲学的衰落与复兴

肇始自苏格拉底的政治哲学是哲学的一个特殊分支。政治哲学不仅追求知识而且追求德性，不仅追求德性而且追问德性与知识之间的关系，因此，它是一种关于人类应当怎样生活的智慧。它的目标是对政治事物进行善恶之别、好坏之分的价值判断，对政治事物的内在本性进行形而上的反思。可是，19 世纪以后，随着自然科学成就的日益突出，其方法论原则也日益渗透到各个知识领域并逐步占据统治的地位。这就使以探讨政治事物的价值和意义、追问政治事物的内在本性为目标的政治哲学陷入了知识合法性的危机。科学主义的知识论原则不承认政治哲学的合法性。根据这种知识论原则，只有关于经验事实的知识才是真知识，因此，对政治问题的科学研究只能诉诸事实而不能进行价值判断，更不能诉诸形而上的思辨。也就是说，科学研究的目的是为了探求真理，而探求真理就必须遵循价值中立的原则，必须以可证实的经验事实为依据，而不能以价值

* 本文论述了政治哲学在当代复兴的原因和背景、当代政治哲学与古典政治哲学的联系和区别、政治哲学与政治学的知识论分野以及政治哲学作为一种特殊的哲学形式的合法性和意义等。与王新生合作，原载《哲学研究》2005 年第 6 期。

判断或理性思辨为依据；政治哲学的价值判断和形上思考阐述的则是一些规范性命题，既无所谓真也无所谓假，它们不仅不是认识真理的有效方式，而且会妨碍人们对政治问题的真理性把握，因而现代政治科学的一个重要任务就是要革除这些附加在人类知识中的"赘物"。自19世纪中叶至20世纪六七十年代，政治科学的研究经历了从政治思想史家们所称的"传统主义时期"到"行为主义时期"的发展，虽然这期间政治哲学的规范性问题始终未被完全排除掉，但实际上政治哲学的衰落与危机已是一个不争的事实。

政治哲学的危机只是从一个侧面反映了在强大的科学话语面前整个人文话语的衰落。正如19世纪末的英国学者梅尔茨在总结这一人类知识原则转变时所说的那样："科学据说是精密的、实证的和客观的，它同那些不精密的、模糊的和主观的其他思想相对立。科学据说用确定的、直接的和一般的术语传达其结果或观念，而有一个很大的文学和思想部门则以不确定的、象征的和间接的表现方式运动。科学声称立足于清晰和精确的知识，因而与其他立足于意见、信念和信仰的思想领域相对立。"①梅尔茨指出，19世纪中叶以来，这种科学主义的知识原则首先在法国，然后在英国，最后在德国日益渗透到学术研究和大学教育之中，并成功地将与之相对的宗教和人文话语驱逐出去，形成了科学主义的一统天下。政治哲学在19世纪以后的衰落与危机实际上从属于知识观的如下演变过程：开始是人文话语与科学联手铲除宗教观念，接着就是科学主义的知识原则对人文话语的放逐。在人文话语被科学话语所替代的同时，政治哲学也就被作为科学的政治学和行政学所替代。

近代以来，以经验理性为基础的实证主义知识原则不断扩

---

① 梅尔茨：《十九世纪思想史》，商务印书馆1999年版，第61页。

张并取得了节节胜利。它不仅建立了现代的科学体系，而且建立了整套的现代知识观和以这一知识观为基础的世界图景。这种结果的一个方面是，原本试图通过哲学而获致知识的完整性和统一性的愿望遭到了重创，甚至被抛弃。各门具体科学在相互隔离的知识领域中进行着日益细化的知识积累，具有各种不同专业知识的科学工作者在日益专门化的分工中进行着几乎各不相干的劳作。在这些劳作中，人们得到的是一个破碎化了的生活世界。这种结果的另一个方面是它所导致的"社会的技术化统治"和"技术统治的意识形态"的形成。在一个被充分技术化和"合理化"的世界中，经验理性正在以新的物化方式塑造着个体和社会的生存个性，塑造出一个高度理性化的生活世界。在这样的世界里，一切超越性的关怀和价值性的诉求，均因其不可与实证知识相通约而被贬斥为"非科学的"或"非理性的"，被排除在"合法知识"之外。世界的技术化统治说明，想要克服意识形态的经验理性自身已经变成了一种独大的意识形态，想要排除非理性的实证性知识自身已经变得恣意狂妄。怎样在经验与理性、真理与价值、实然与应然之间保持一种张力？怎样既使现实世界接受生活意义的指引，又使理想世界接受经验理性的限制，从而避免它们在世界秩序建构中产生单一性的膨胀？对于这些困惑，当代人只能重新求助于哲学，因为在宗教信仰的权威被摧毁之后，只有哲学仍然担当着知识之完整性和统一性的责任，守望着人类的应然价值。在当代复兴的政治哲学正是在人们对哲学的这种期望中重新登场的。

纵观当代哲学史我们可以看到，20 世纪后半期以来，政治哲学问题的讨论正日益成为哲学研究的一个重要领域，成为当代哲学一个新的栖居地。无论是列奥·施特劳斯对古典政治哲学问题的沉思所引发的争论，还是罗尔斯对正义问题的辨析所导致的政治学研究的革命性转向，或是社群主义与自由主义的对峙所引发的重新审视伦理学的基本问题的兴趣，都超越了以经验理性为基础的"精确的政治科学"的范畴，形成一种以考察政治事物的本性与政治事物的应然目的为内容的研究领域和致思进路。这种正在复兴的政治哲学因其不同于第一哲学和其他领域哲学的问题域，而成为一个特殊的哲学领域，也因其研究问题的方式区别于科学主义的知识原则，而成为一种研究政治问题的独特思路。

当然，政治哲学的思考方式会随着时代的变化而变化，因而，政治哲学的当代复兴并不意味着传统政治哲学的直接复活。例如，政治哲学中的根本问题之一是对"政治是什么"的问题的追问，但是，追问政治是什么的问题有一个方式问题，即思入此问题的路径的问题，而这一方式或路径在不同的时代里是大不一样的。在古代，这一问题是一个可以被直接谈论的本体论问题；而在当代条件下，当传统的形而上学已经遭到持续而有说服力的批判之后，对这一问题不再像古代哲学一样采取一种直接性的态度，将其作为一种直接的本体论证明去对待，而是将其转换为一种限定和澄清思的条件的思考。当代的分析哲学其实就是通过对语言和逻辑的分析而澄清思的条件，澄清人们可以在何种意义上以及在什么语言条件下谈论这一问题。罗尔斯对公正、正义的分析因循了古代政治哲学中的基本问题，因而他的《正义论》的问世被看作政治哲学在当代复兴的标志，但他却是在接受并利用了当代分析哲学成果的基础上构造其政治哲学体系的。他的正义问题研究虽然冲破了 20 世纪以来伦理学研究中的形式主义倾向，强调研究实质性道德观念在政治哲学中的中心地位，却不再以预设一个当然的道德结论为起点，而是力图避免古代政治哲学的这一独断论的思入问题的方式。

他非常清楚地知道，政治哲学的研究必须时刻站在现代哲学所构筑的语义和逻辑分析的方法论基础之上，通过对语言和逻辑的小心分析和对不同道德观念的反思平衡得出结论。也就是说，在很大程度上，他所要做的工作就是对正义、公正之思之条件的澄清。和古代政治哲学家一样，罗尔斯的这种公正、正义"是什么"或"应当是什么"的研究，是对政治观念的善恶判断和应然态度的哲学反思，可是，他却完全是以现代哲学的方式阐述这些问题的。

在一定意义上，我们可以将重新复兴的政治哲学看作一种典型样式的当代哲学，因为它的问题域、切入生活世界的独特视角，以及对现实世界的理想性关怀，使它成为反思当代人类生存问题的最佳方式之一。作为对于政治的内在本性和应然价值的哲学反思，政治哲学关注的是政治价值观、理想的政治模式和政治规范的理论基础。这就决定了它的批判锋芒直接指向了经验理性的单一膨胀所导致的人类生存困境；也决定了它不像一般哲学那样远离现实的生活世界，不像有些领域的哲学那样缺乏价值评判的视野，而是直接面对人的当下生存状态。它不仅从一个不同于政治科学的角度揭示了经验理性的困境，而且从一个不同于其他领域的哲学的角度彰显了哲学在解决当代人类生存困境中的独特价值。因此，理解政治哲学的复兴，也将会为我们理解当代哲学的发展脉络和致思路径并在此基础上发展哲学，提供一种极具价值的进路。

二、政治哲学与政治学的知识论分野

政治哲学的复兴意味着以哲学的方式考察政治问题重新获

得了合法性，也意味着哲学这种知识类型在当代的重新登场。当代哲学史家保罗·利科说："政治哲学实际关心的是对理论根据或基础的问题进行分析，这一点使其与日益增加其描述性与经验性论述的政治学形成对照"。①的确，虽然政治事物始终是人类关注、思考和言说的对象，但是，在不同的学术视域内，人们对政治事物的思考方式和言说方式却存在着很大的差异。正是这些差异，构成了具有共同关注对象的政治哲学与政治学的根本区别；也正是这些差异，为说明政治哲学的复兴提供了知识论的根据。

　　科学是以讨论和解释经验世界为目标的，因而，作为科学的政治学关注作为经验事实存在的政治事物，关注政治事物的具体表现、政治活动的具体过程。政治学通过对政治事物的经验性研究把握政治活动的过程、公共权力的存在形式及其运作规律等。这种关于经验世界的说明是由我们称之为"经验陈述"的命题构成的，它们只陈述事实而不涉及价值，只谈论"是什么"而不追问"应当是什么"，因此，只要这些经验命题与人们所观察的经验世界相符合，它们的真理性就可以被证实。政治哲学则关注政治事物的内在本性，关注政治事物的价值指向和政治活动的应然规范，因而，它主要通过对涉及公平、平等、正义、自由等基本社会价值的研究，把握政治评价的基本准则；通过对政治事物总体性特征的反思，把握它的内在本性。规范性活动的核心是"应当是什么"的问题，因此，政治哲学对政治事物的价值论研究就是要对人类应当怎样生活，或者说对人类生活的伦理目标进行哲学的追问。这些追问由一些规范命题构成，是关于政治事物的价值判断和形上反思，不可能得到经验证据的证实。

---

① 保罗·利科主编：《哲学主要趋向》，商务印书馆 1988 年版，第 302 页。

　　但是，这绝不意味着政治哲学不提供有用的知识。政治哲学不是直接地研究现实的政治事物，而是对政治思考的反思，是对政治理论的基本理念、规范、准则得以成立的条件及其价值的再思考，即关于政治之思的条件和意义的反思。所谓反思政治理论得以成立的条件，就是要澄清政治理论中相关范畴、理念和准则确立的基础和前提。哲学是理念层面的东西，政治哲学则是建立人类政治活动的理念，即为人类的政治活动提供理念的支撑。一个社会为什么要建立和实行这样的而不是别的政治制度，一个国家和政府为什么要制定和实施这样的而不是别的政策和政治措施，一个人或一个群体为什么会采取这样的而不是别的政治行为，凡此种种皆由人们的价值准则决定，即由他们认为是应当的行为准则决定。将这些价值准则用特定的规范固定下来并实施于特定的政治共同体，就是具体的政策、制度和法律。这些价值准则是政策、制度与法律的根，而后者只是前者的藤蔓和枝叶。一个民族的文化因子中所含有的特殊价值观念之所以常常使外来的制度发生适应性的变形，原因即在于价值准则对具体政策和法律发挥着潜在的制约作用。因此，人类当然不仅需要研究政治共同体具体实施的政策和法律，也要追问这些政策和法律所依据的价值准则。即使是对于一些有理论素养的政治学学者来说，这一点也是明确的。美国政治学家莱斯利·里普森在其产生了广泛影响的政治学著作中探讨完政策和法律问题之后说："上面对制度的审视表明，尽管它是政治自由的基础但是却不能保证善的生活。虽然可以通过程序的制定帮助自由，接下来的目标是制定政策。决策的内容和实现的方法都应当包含在国家的哲学中，而要完成的目标比使用的方法更重要。国家在寻求社会的一体化时必须有伦理理想，否则不是善的生活具有对权力的优先性，而是权力窃取了福利的优先性。在这种情况下，就无法回答奥古斯丁提出的问题：如果没有正义，国家与大的抢劫集团有何不同？"①也就是说，仅仅以经验的方法研究人们的行为和约束行为的制度是不够的，必须进一步追问支配行为的伦理准则，必须进一步追问制定制度所依持的伦理根据,而后者只有通过政治哲学才能完成。政治哲学的复兴不是偶然的，因为任何一个政治共同体的人们都不仅关心它们采纳什么样的制度，同时也会关心这些制度的伦理根据。

实际上，在人类的知识体系中，存在着三种可能的知识类型：一是以对世界的观察为基础的经验知识；二是以逻辑推理为基础的分析知识；三是以多种不同理论为根据的规范知识。美国政治学家阿兰·艾萨克认为，政治哲学主要是一种规范知识，政治学严格地属于经验知识，而分析知识则是政治学家和政治哲学家共同使用的。他说，当代政治学家只承认前两种知识的有效性，但是，当他们"试图将自己的知识运用于现实的世界，以解决社会和政治问题"时，就无可避免地要运用规范知识。他又说："尽管哲学家偏重于规范，科学家偏重于经验，但他们又往往在相同的基础上相遇"。②的确，正是实践的企图使作为科学的政治学遭遇到政治哲学，遭遇到一种无法克服的知识类型和思维方式的重新出场。

---

① 莱斯利·黑普森：《政治学的重大问题：政治学导论》，华夏出版社 2001 年版，第 331 页。
② 阿兰·艾萨克：《政治学的视野与方法》，南京大学出版社 1988 年版，第 17—18 页。

三、哲学之作为政治哲学

海因里希·迈尔说:"在史学家首先看到的是苏格拉底的死的地方,哲人恰如其分地看到了政治哲学的生"。①尽管迈尔的这一说法里包含着一种对政治哲学和苏格拉底的双重特殊理解,但他力图从古代哲学的早期转向出发说明政治哲学与第一哲学的关系的意向却是值得肯定的。这一意向凸显了如下追问的重要性:苏格拉底之所以要从研究宇宙、自然的本性问题转向人的、社会的、政治的问题,是不是意味着他不再关注世界"存在"的奥秘?这是不是仅仅意味着哲学的问题域和研究对象向"人"的一种转向?这些问题将从哲学史的源头上向我们显示,作为哲学的政治哲学是何以可能的。

在苏格拉底看来,政治生存是作为文明人的城邦公民唯一有意义的生存方式,因此,研究关于人的哲学与研究关于政治的哲学是一致的。他甚至认为,只有通过说明人的政治生存才能真正地说明人的生存,因此,研究关于人的哲学,研究与人的生存密切相关的政治哲学,并不意味着放弃对世界终极问题的考察,而是要通过对人这种特殊存在及其社会生存方式的考察,有效地深入到世界存在的奥秘。在他看来,对于人来说,世间最基本的存在就是人本身,而政治的生存方式则是最能体现作为社会动物的人之本性的生存方式,只有通过对这种存在和生存方式的把握,才能有效地思入存在本身。苏格拉底将

① 海因里希·迈尔:《为什么是政治哲学——或回答一个问题:哲学何以要转向政治哲学》,载萌萌主编《启示与理性》,中国社会科学出版社 2001 年版,第 5 页。

"是什么"的问题转化或落实到"何以是好的"问题上，这就使哲学在政治哲学中得到了典型的体现，使哲学成为政治哲学。对于古代哲学而言，达到了对存在本身的把握也就是把握了终极的真理，这是哲学的使命。因此，在苏格拉底看来，人作为只能通过对自身的反思而认识真理的存在物来说，只有通过对"何以是好的"问题的追问，才能达到对"是什么"问题的理解。与前苏格拉底的哲学相比，这一致思进路无疑是一个转折，因为追问"何以是好的"就是追寻合理的生活，而合理的生活只有在追求善的政治生活中才能充分显现出来，才能被更真切地反思。人无法离开自己和自己的生活世界抽象地考察外部世界，只能在完善自己和改善生活世界的过程中不断拓展自己的外部世界，理解自己的外部世界。这就是苏格拉底完成的哲学转向。从这一转向中我们可以看到，政治哲学并不是哲学在政治领域中的应用，而是哲学活动的一种特殊方式，是解决哲学根本问题的一种特殊方式。换言之，政治哲学并不是关于政治学知识的概括和总结，而是通过对政治事物的一般本性的反思而深入地理解人的生存和世界本性的学问。在这里，政治事物不仅仅是一个特殊的场域，更是思入人生和世界切要问题的一个特殊视点。在这一视点上，哲学通过透视人的政治生存方式而显现人的一般生存方式，通过显现人的一般生存方式而显现存在本身，显现人的全部生活世界及其对人的意义。

从政治哲学的问题域来看，政治哲学只是一种特殊的哲学形式，但是，政治哲学之所以能够在当代复兴并成为哲学研究中的一种显学，并不是因为它所关注的领域的特殊性，而是因为它以一种特别的方式切入哲学的根本问题，因而它以一种切中了当代人的生存困境的特别方式，为人们理解世界和人生的根本问题提供了一种独具价值的反思路径。现实的生活世界不是一个抽象的总体世界，而是一个多层面、多维度的总体世界，因而当代哲学也必然是多视角的。不同的视角从不同的维度"看"同一个总体的世界，以不同的方式"说"同一个总体世界，形成了当代哲学中不同的哲学视界。近代哲学向现代哲学的转向使得对世界笼统的直接性追问成为不合理的理性僭越，也使得以此为基础的体系哲学的建构成为不合时宜的宏大叙事。因此，从现实的人出发，从人的现实生活世界出发进行哲学之思，就成为不同形式哲学的当然归宿。在当代，哲学不可能再以直接的方式言说总体，因为那种言说方式只适合于素朴的视界所把握到的混沌总体；按照韦伯的说法，在人类的现代知识系统中，这已是不得不被祛除的"巫魅"。哲学曾与科学联手击败了统治世界的宗教，在这一过程中哲学也改造了自身。在经过了科学知识原则的"洗礼"之后，哲学更需要从一个个深度的切口上探入，在不同的维度上深刻地把握总体世界。这些不同的维度并不是总体世界的各个孤立部分或要素，甚至不是它的不同层面，而是总体世界不同的显现方式。例如，对于人这种存在物而言，其生存境况既可以通过生产劳动显现，也可以通过精神文化活动显现，还可以通过政治活动显现，这些不同的显现形式都不仅是人的生存的一个方面，而且是透过这个方面显现出来的总体生存境况。从精神文化的贫困中透射出来的是人的总体生存困境，而不仅仅是精神的被奴役；从异化劳动中透射出来的也是人的总体生存困境，而不仅仅是经济的被奴役。既然这些不同的维度本身就是世界总体的显现，那么，对其不同维度的认识也就不是对总体世界不同要素、部分甚或层面的有限性认识，而是在不同视角上对它的总体性把握。虽然不同的维度的认识是从一个个有限的视点上切入，但却从一开始就超越了这些视点的有限性而指向总体和根本。这种把握世界的方式之所以不可为科学的方法所替代，就在于它的对象是总体的世界，在于它试图通过对总体世界的把握而探寻人类生存的意义。这也就是我们透过政治哲学的当代复兴所把握到的当代哲学的价值与意义。

后形而上学转向与
政治思维方式的变更[*]

在 20 世纪的下半叶，从罗尔斯的扛鼎之著《正义论》问世开始，西方学界为回应罗尔斯的理论主张展开了各种争论，涌现了一批有分量的政治哲学著作，形成了各种政治哲学流派，政治哲学从此走出了 19 世纪中叶以来的衰落局面，呈现出全面复兴的态势。政治哲学在当代全面复兴的原因，除了时代状况的变化外，也与哲学思维方式的变换密切相关。新的哲学思维方式为政治思维创造了新的思想语境，促进了新的政治理念的产生。这应当是政治哲学在当代复兴的内在原因。

一

当代哲学思维方式的变更主要表现为传统形而上学向后形而上学的转变。自亚里士多德把形而上学定义为一门研究"是者"及其本性的科学后，它便初具了自身的形态。传统形而上学追求万事万物的本源，即追求终极性的存在；强调存在与意识的同一，寻求知识的确定性和绝对性；崇尚理性，相信理性

---

　* 本文提出各时代的政治思维方式是紧密地相关于哲学思维方式的，认为当代哲学思维方式的变更主要表现为传统形而上学向后形而上学的转变，并较为系统地阐述了这种哲学思维方式的变更对于当代政治思维的影响。与赵前苗合作，原载《天津社会科学》2006 年第 1 期，《新华文摘》2006 年第 11 期。

的力量能够给人类带来一切福祉；追求社会生活的至善，追求人生的根基和终极价值。从亚里士多德到中世纪的经院哲学家，再到近代的笛卡尔和黑格尔，众多哲人都在力图构建形而上学的体系，使传统形而上学体系日臻完善。诚然，在哲学史上，也有一些与此不甚和谐的情形。培根提出归纳试验的方法，并用这种本只应用于经验事实的科学方法去解决形而上的问题，抽去了形而上学中的价值性尺度和超验性追求的取向。培根之后的霍布斯、洛克、贝克莱、休谟也在一定程度上沿袭了培根的唯科学方法，把经验当作知识的唯一来源。这种经验主义传统发展到孔德、穆勒、斯宾塞等便形成了一股实证主义思潮。实证主义企图用实证的方法代替思辨和抽象，用实证的科学知识取代形而上学。而另一些哲学家则走向了另一个极端，他们把天赋观念视作知识的基础，也同样把传统形而上学置于一种尴尬的境地。此外，近代以来，西方社会面貌发生了持续的、剧烈的变化，社会生活日趋复杂，新的社会矛盾、社会问题层出不穷，传统形而上学不论就其思维方式还是基本理念来说，都在新的社会问题面前显得苍白无力。传统形而上学无可挽回地走向了衰落。

自从传统形而上学出现困境，便有些哲学家思索其症结之所在，试图找到摆脱困境的出路。康德首先走出了这一步，后来哈贝马斯等继续探究，逐渐完成了后形而上学的转向。一些后现代主义者如詹姆斯、皮尔士等从后现代的视角，从建设性的维度表明了对传统形而上学的态度，把自己的思想融入后形而上学思潮之中。另外一些后现代主义者如福柯、德里达、利奥塔等则从对现代性的一种批判和否定态度，从终结形而上学的态度表明他们对传统形而上学的理论立场。当然，上面所提到的哲学家中有的并不是生活在传统形而上学走向后形而上学的明显转折时期，也有的哲学家的思想并不是可以全部地归入后形而上学转向的范畴。之所以提及他们，主要在于他们的思想含有后形而上学的理论意蕴和思想维度，有一些与后形而上学的思潮相契合的地方，为传统形而上学向后形而上学的转向起到了一定的推进作用。

后形而上学的转向表现为思维方式和理论旨趣的全面转换。从本文所要讨论的问题的角度来说，后形而上学区别于传统形而上学之处，主要包括以下一些重要的方面：（1）强调实践优先于理论；（2）要求理性的重建；（3）肯定和强调异质存在的合法性；（4）提出和强调主体间性的概念以克服传统哲学的主客二分的缺陷；（5）重视公共性的探求。可以看出，所谓后形而上学不是反形而上学，即不是对形而上学的否定、拒斥和颠覆，而是对传统形而上学的一种反思、批判和重构。后形而上学的转向只是弥补传统形而上学的缺失，走出传统形而上学的困境，是在形而上学自身中完成的对传统形而上学的超越，可以说是走向一种形而上学的新形态。

二

后形而上学转向在哲学思维方式和理论旨趣上的转换，经过积淀而造成了一种后形而上学的语境。这种思想语境必定会影响到各门学科领域和社会生活领域。政治生活的领域当然也不例外，它甚至比其他领域的反应更加敏感。我们可以从上述后形而上学在思维方式和理论旨趣上变换的几个主要方面，分别地说明它对于人们的政治生活及政治思维方式的影响。

所谓后形而上学转向首先是一种哲学的实践转向。针对传统形而上学理论至上、热衷于构造理论体系的思维方式，不少哲学家纷纷提出哲学回归生活世界，提出实践活动优先于理论活动的思想。其实，这种实践优先的思想在历史上也有一个萌发、形成的过程。最早可以追溯到亚里士多德。亚里士多德把知识分为理论的、实践的和制作的三类，理论最优，实践次之，制作即技术居末。他虽然把理论看得优于实践和技术，但是，他把实践从技术和理论活动中区分出来，并把它规定为一种追求善的活动，这就给了后人重要的启示。后来，康德把实践理性置于高于理论理性的位置，就使实践优先的思想得以初步确立，对此后哲学家的思维方式产生了久远的影响。马克思创立的哲学就是一种实践哲学。"哲学家们只是用不同的方式解释世界，问题在于改变世界。"①这不仅道出了马克思的哲学变革的实质，在一定意义上，也可以说它道出了后形而上学转向的最根本之点。马克思的"改变世界"的哲学把所谓后形而上学转向引向了正确的方向，并将其置于坚实的唯物主义的基础上。当代哲学家哈贝马斯提出根植于生活世界的交往理性，也使实践优先于理论的原则得到进一步充实。实践优先原则的确立，是哲学范式的转换。从此，实践活动受到越来越多的哲学家的关注，社会生活世界成为哲学家们理论探索的第一视域。当代政治哲学在后形而上学的实践优先思想的影响下，其思考的关注点也发生了重大的转变，即不再满足于抽象的理论思辨，而致力于考察人的社会生活实践。传统政治哲学关注的城邦、国家等宏大叙事退居次位，权利、自由、社会公平、民主等有关人的日常生活的话题则不断凸显。哈贝马斯认为，社会一体化资源已由原先的上帝、宗教、神转而被货币、权利和团结所替

---

① 马克思：《关于费尔巴哈的提纲》，《马克思恩格斯选集》第 1 卷，人民出版社 1995 年版，第 57 页。

代。作为当代政治生活基本内容的民主，也越来越被视为一种生活方式的形式了。

在传统形而上学中，与其理论优先原则相应的是理性至上的原则。传统形而上学认为理性的力量是万能的，只要依靠理性就可以获得绝对的知识，可以主宰世界。当然，它强调的是以个体主体为中心的理性。到了20世纪，这种关于理性的神话已经破灭，绝对理性主义的弊端暴露无遗。哲学家们纷纷反省人类理性的能力以及理性主义膨胀的社会后果，对绝对理性主义的批判便构成了所谓后形而上学转向的基本内容。这种要求重建理性的哲学思潮对于政治思维方式的影响，最突出的是道德实践理性的凸显。凸显道德实践理性就是要改变那种工具理性和技术理性把外界事物或他人仅理解为实现某种期望的条件或手段的目的性态度，消除理性化过程中将理性片面化和扭曲化的后果，消除理性中的暴力成分。这体现在政治哲学的思维之中，就是要克服以往经验主义政治观的缺陷，克服政治生活中技术理性的过度膨胀。另外，后形而上学的理性重建思想也包含了否认一劳永逸的理性的存在，从而强调过程和程序的重要性。这体现在政治哲学的思维之中，就是要克服以往先验主义政治观的缺陷，不再事先预设一个目的，而是依靠程序和过程来保证某种政治理念和政治主题的贯彻和实现。对于要求理性重建这种政治思维的理论和实践，许多当代政治哲学家进行了不懈而又卓有成效的探索，哈贝马斯的话语民主和罗尔斯的程序正义理论当是突出的代表。

"'一'和'多'一开始就是形而上学的主题。形而上学试图把万物都追溯到'一'。自柏拉图以来，形而上学就明确表现为普遍统一的学说；理论针对的是作为万物的源泉和始基的

‘一’”①。在作为传统形而上学的主题的“一”和“多”的关系中，“一”是本源，“一”派生“多”，“多”源于“一”。20世纪初，美国哲学家威廉·詹姆斯开始了反对传统形而上学对“一”和“多”关系的理解。在他看来，传统形而上学把“一”看作本源，“多”由“一”派生而来，这压制了人们对特殊事物和多样事物的好奇心，阻碍了对其他所有事物的认识，使人的理智止步于抽象统一性。他认为，同一性和多样性是相互协调的，二者中没有哪一个更为基本或更为重要，熟悉各种事物的差异和认识它们的联系是同样重要的。这就是肯定和强调异质存在的合法性，它构成了当代多元性思维方式的哲学根据。这种思维方式深刻地影响着当代政治哲学家们，使得他们在处理价值观念、生活方式和文化问题时持多样性共存的宽容态度。对于价值观念，一些政治哲学家以多种价值之间不可通约为理由否认存在最高和终极的价值，认为不同价值观念应该同时存在。如伯林认为：“对人类的问题，追求一种唯一的、最后的、普遍的解决，无异于是追逐海市蜃楼。有许许多多理想值得追求，其中有些理想是互不相容的。”②对于生活方式，他们也主张应该是多种多样的，人们可以选择这样的生活，也可以选择那样的生活，不能说一种生活方式优于另一种生活方式。对于文化问题，他们指出，文化传统存在着多种差异性和不一致性，不可能存在一个统一的评判各种文化孰优孰劣的标准，也不存在一种能够统一一切文化的文化，因此，要承认非唯一标准、非统一化以及多样性的共时存在。

　　近代哲学是一种主体性哲学，它表现了一种主客二分和对

---

　　① 哈贝马斯：《后形而上学思想》，曹卫东等译，译林出版社 2001 年版，第 137 页。

　　② 拉明·贾汉贝格鲁：《伯林谈话录》，杨祯钦译，译林出版社 2002 年版，第 43 页。

立的哲学思维方式。从笛卡尔开始，主体性被不断地弘扬和膨胀。笛卡尔提出"我思故我在"，把自我的存在看得高于一切。费希特把自我看作独立自存的，而外部事物则只是"自我意识"的创造物。谢林更是把非我中对自我的一丝限制都给削去，把主观与客观、主体与客体之间的关系规定为一种无任何差别的绝对同一，被黑格尔描述为恰似一头"黑夜中的黑牛"。黑格尔对主体性概念做了最完备的规定，正如哈贝马斯所言存在着四种内涵：个体主义、批判的权利、行为自由以及唯心主义哲学自身。黑格尔对主体性原则内涵的理解确比前人更加深刻，但也使原本由主体性的膨胀而导致的主客的分离和对立更加系统化，主客之间的张力达到最大化。主体间性概念的提出就是要弥补传统形而上学的主客二分和对立的缺陷，这便构成了所谓后形而上学转向的一个重要内容。强调主体间性，是要凸显主体之间的内在的共在和联系。在主体间性的观念框架内，认识主体、行动主体、言语主体等各类主体都处于一种对等的关系之中，不再存在谁更为优先或更为重要之分。这同对于语言的意义的重视也有密切的关系。在传统形而上学的思维方式中，语言只是思维的外壳和形式，只是思维对象的指称符号，但在一些当代哲学家如哈贝马斯看来，语言是文化的载体，储存和积淀了以前文化的全部内涵和意义，语言是人和世界发生关系的中介，不但发言者即言语主体以反思的、不直接的方式同世界发生关系，而且认知主体、行动主体也不再直接地与主观世界、客观世界及社会世界发生关系，他们都是通过语言这个中介与各种世界发生关系。哈贝马斯还认为，主体所运用的语言要满足可以理解的要求，各个参与者言说的命题内容涉及的事实或事件必须是真实的，言语行为涉及的规范关系必须是正确的，言语者的意图是真诚的，与言语命题所表达的内容必须是一致的。在这些哲学家看来，只要获得和坚持关于语言意义的这些认识，就可以帮助人们走出传统形而上学和反形而上学之间无休止的争论怪圈，解决在传统形而上学框架中无法解决的个体性问题。这种思维方式和理论旨趣对于当代政治哲学的影响就是促使当代政治观诉诸对话和协商，放弃强制和暴力。对话性政治的追求在于政治共识的形成，在于消除各种歧视和暴力性关系，形成一种协商政治机制。对话性政治还要求参与主体不能考虑自我及他人的社会地位、家庭出身、传统习俗等，都要处于完全平等的状态。

近代哲学弘扬的主体性，主要是个体主体性。在近代，主体性的觉醒，个体性的弘扬，都是具有历史必然性的，也是有其进步意义的。主体性和个体性都是支撑所谓"现代性"的重要思想基础。但是，正像主体性的膨胀一样，个体性的膨胀也走向了历史进步的反面，产生了严重的社会后果。个体性膨胀的结果是，原子式的每个个体都以自我为中心，都自命不凡，无时无处不表现出本能式的排他性，最终是个人主义的恶性膨胀。每个个体都要凸显其个体性，就势必造成个体之间以及个体性和公共性之间的紧张和冲突，这必定会损害社会的公共利益，也会使个体性的真实生成环境遭到破坏。因此，对近代形而上学的主体性思想的反思，同时会引发对个体性思想的反思。这种反思也必然要影响人们的政治思维，甚至可以说它主要地影响着人们的政治思维。这是因为，对于个体性的思考直接进入到了近代以来政治思考的核心。近代政治思考的核心问题即是个人权利与公共善的关系问题，就是个人与社会或个体性与公共性的关系问题。因此，在当代，对公共性的追寻成为政治哲学最重要的理论旨趣。其中，公共理性的建构是公共性政治追寻的基点和合理性根源，在此基点上，公共领域、公共利益、公共权力、公共决策、公共伦理等都进入了当代政治哲学理论追问的视域。

三

　　从后形而上学转向中政治思维方式的变更可以看出，各时代的政治思维方式是紧密地相关于哲学思维方式的，因而，政治哲学也就不是游离于整个哲学发展状况的一个哲学领域。德国当代政治哲学家奥特弗利德·赫费说过，"从概念上廓清政治的正义性观念，尽可能使它成为可应用的标准，成为正义原则，一直是哲学的最高任务……政治讨论亦主要是从哲学角度进行的，而且成了道德的统治批判的决定性部分，并以这种形式建立了哲学的法和国家伦理学"[①]。政治哲学只是从人们的政治生活这一特殊领域切入，以达到对于人的生活、人与世界关系的总体把握，政治哲学的追问同样是一种形而上的追问。因此，政治哲学不是同第一哲学不相干的。毋宁说，包含政治哲学在内的各领域哲学，正是在传统形而上学即体系化哲学解体之后第一哲学的当代形式。

　　改革开放二十多年来，我国的哲学研究也以自己的方式推进了所谓"后形而上学"的转向。这也不能不对包括政治哲学在内的马克思主义哲学的发展产生深刻的影响。我国正在兴起的政治哲学，不仅其主题发生了改变，而且，也初步表现了大不同于以往的政治思维方式。当今的政治哲学研究逐渐走出了纯理论的思辨，而转向于关注人们现实社会政治生活的重要问

---

　　① 奥特弗利德·赫费：《政治的正义性——法和国家的批判哲学之基础》，庞学铨等译，上海译文出版社 1998 年版，第 3 页。

题，转向于思考人们现实的生存状况。例如，关于"以人为本"的科学发展观和建构和谐社会的哲学研究中就包括了丰富的深刻的政治哲学内容。再如，关于良好社会秩序的政治建构和伦理建构的探讨，关于市民社会，关于非政府机构，关于协商政治，关于公共利益等问题的探讨，也超出了以往政治思考的视域，并鲜明地体现了当代政治思维的特点。总之，深入研究后形而上学转向与政治思维方式变更之间的关系，这不仅对于推进政治哲学的研究，推进哲学思维方式和政治思维方式的同步改革具有重要的意义，而且对于推进我国的政治文明建设也有重要的现实意义。

是自由还是奴役

——评哈耶克的自由观*

美籍奥地利经济学家哈耶克是新自由主义的奠基人之一。关于"个人自由"的观点，是哈耶克全部政治哲学理论的核心，也是新自由主义经济学派的根本性理论前提。尽管哈耶克的"个人自由论"以及整个新自由主义经济学说已经被拉美、苏东等地区的实践证明是一种给发展带来灾难的理论，但国内学界仍不乏称颂之声。因此，对于哈耶克的自由观进行一番认真的分析显然是十分必要的。

一

哈耶克的自由观十分明确地把自由与必然的关系从自由问题的论域中排除出去。他把自由限定在一个十分狭小的范围内，认为自由就是一种"人的状态"，"在此状态中，一些人对另一些人所施以的强制，在社会中被减至最小可能之限度"①。一个人是否自由，取决于他能否期望按其现有的意图形成自己的行动途径。来自他人的强制之所以构成了对个人自由的侵犯，

---

* 本文批判了新自由主义的重要代表人物哈耶克的"个人自由"理论。与阎孟伟合作，原载《求是》2008年第17期。

① 哈耶克：《自由秩序原理》，邓正来译，上海三联书店1997年版，第3页。

是因为这种"强制"使一个人的环境为他人所控制，以至于
"除了选择他人强设于他的所谓的较小危害之情境以外，他既
不能运用他自己的智识或知识，亦不能遵循他自己的目标及信
念"①。这种强制实际上使人彻底沦为实现他人目标的工具。
当然，哈耶克并不一般地排斥对人的活动的限制或强制，在他
看来，强制不能完全避免，因为防止强制的方法只能依靠强制，
但必须把行使强制的权力赋予国家，即由国家对个人私域加以
保护，以免遭他人的干预，由此形成所谓"个人主义秩序"或
"自由秩序"。

　　哈耶克强调这种"自由秩序"或"个人主义秩序"只能建
立在分立的财产制度（即保护私有财产）上。从"财产分立制
度"出发，他明确反对追求事实上的平等，认为"平等地待人"
与"使他们平等"是两回事。前者是指任何个人都不能受到他
人的强制，都有按照自己的知识和信念行事的权利，因而这是
一个自由社会的前提条件；后者则是用强制限制的方式，使人
们彼此相同，这意味着一种新的奴役形式。因此，个人主义的
主要原则是，任何个人或集团都无权决定另外一个人的情形应
该怎样，这是自由的一个非常必要的条件。

二

　　不容否认，对于市场经济社会而言，哈耶克的这些思想对
于维护个人的基本权利，对于维护市场经济的秩序有一定的积
极价值。但问题在于我们能不能把哈耶克的自由观看成对人的

---

　　① 哈耶克：《自由秩序原理》，邓正来译，上海三联书店 1997 年版，第 16—17
页。

自由的一种终极理解？或者说，以哈耶克为代表的自由主义所主张的这种自由是否真的能够免除人对人的强制和奴役？

　　回答只能是否定的。因为哈耶克明确反对"使人平等"，而只赞成"平等地待人"。所谓"使人平等"就是实现人们事实上的平等。而所谓"平等地待人"不过是要求国家的法律要平等地对待每一个人，要平等地维护每一个人的基本权利，特别是其中的财产权利。在市场经济条件下，维护这后一个意义上的平等必然会使人不平等，就是说必然带来贫富分化，必然带来苦乐不均。就市场经济的运作机制来说，收入差别在其适度的范围内可以提高市场的活力和经济活动的效率。但哈耶克自由观的要害是把反对"使人平等"同实现"社会公平"的要求绝对对立起来，从而反对为实现社会公正所做的任何努力。1971年，美国学者罗尔斯发表了《正义论》一书，使正义问题成了政治哲学的主要议题。人们普遍认同的观念，便是"正义是社会制度的首要价值"。然而哈耶克对此却公开表示反对，明确主张人们放弃对公正的追求，认为"坚持让一切未来的变化符合公正，这无异于要求终止进化过程……因此，罗尔斯的世界绝对不可能变成文明世界：对于有运气造成的差异进行压制，会破坏大多数发现新机会的可能性"①。哈耶克这种拒绝社会公正的态度必然使他无视财富分配上不平等的过度扩张。显然，市场经济本身所导致的这种贫富分化趋势是没有止境的，如果没有社会公正策略予以适当限制，它必然会使越来越多的人丧失财产，沦入贫困者阶层。对于那些贫困者来说，尽管他们在法律上依然被平等地对待，但是一个没有财产的人还需要平等地维护财产权吗？在市场经济社会中，对于个人自由来说，真

---

　　① 哈耶克：《致命的自负》，冯克利、胡锦华译，中国社会科学出版社 2000 年版，第 83 页。

正能够使人免除他人强制和奴役的不是财产权利，而是财产本身。完全丧失了财产的人，就不能不接受资产者对他的奴役和强制。

当然，这并不是说，在市场经济社会中法律上或基本权利上的平等和人的独立性、自由性都是骗人的鬼话，而是说在这种"平等"和"自由"之下产生的事实上的不平等以及由此导致的人与人之间的奴役关系，是出自市场经济的"自发倾向"。因此，如果没有恰当的社会公正政策和策略来进行调节，过度的贫富分化就必然会在事实上衍生出对人的奴役关系。但哈耶克把财产本身、财富的多少问题从自由问题的论域中排除出去，无非是想告诉人们，法律上的、形式上的平等和自由就是你所能获得的全部平等和自由。

由于哈耶克完全否认社会公正的要求，因而他对资本主义社会贫富分化的事实不但没有一丝忧虑，而且对少数富人占有财富的合法性给出了肆无忌惮的解释。他说："在一个进步的社会中，如果不允许少数人享有财富，那么我们就没有理由相信这些财富还会继续存在。这些财富既非剥夺于其他人，亦非其他人不可享用的东西。它乃是先锋人士所开创的新的生活方式的最初标志。"[①]从这段话中，我们至少可以看出哈耶克的三重意思：其一，财富的继续存在与财富的创造者无关，而仅仅与财富的少数拥有者相关。也就是说，正是因为财富积聚在少数富人手中，而没有让占人口绝大多数的劳动者（他们是财富的创造者）来共同分享，财富才得以继续存在。其二，富人拥有的财富并非来自剥夺，并不是出自对他人剩余劳动的无偿占有。这些财富在理论上是任何人都能享用的财富（但问题是，当少数富人拥有了这些财富的时候，绝大多数的劳动者也就在事实

---

① 哈耶克：《自由秩序原理》，邓正来译，上海三联书店1997年版，第159页。

上丧失了享用这些财富的权利）。其三，少数富人是开创新的生活方式的"先锋人士"。更令人愤慨的是，哈耶克还公然为富有者骄奢淫逸的生活辩护，宣称"从量上来看，富有者在娱乐中的浪费与大众在相似且同样的'非必要的'娱乐中的浪费相比较，的确是微不足道的"，甚至富人的那些"最为荒谬的生活尝试"也能产生"一般意义上的有益的结果"。①相反，穷人的浪费却"偏离了一些从伦理标准上来看极为重要的目的"②。不仅如此，哈耶克还把资本家对工人的剥削美化为保障人的生存的"道德实践"，认为西方国家的资本家为西方社会和发展中国家的无产阶级提供了维持生活的手段，声称"只要我们成功地维持并改进使扩展秩序成为可能的私有财产基础，我们就能养活目前包括共产主义国家在内的世界人口"③。这就把劳动者血汗的榨取者毫无羞耻地说成劳动者的衣食父母，甚至说成国际主义的慈善家。由此我们可以看出哈耶克所鼓吹的自由是什么人的自由！

三

从上述分析中我们完全可以看出，哈耶克的自由观与马克思主义自由观有着本质上的区别。

就自由的基本价值而言，自由总是个人的自由。马克思主义同样是以个人自由的完整实现为基本目的的。马克思所设想

① 哈耶克：《自由秩序原理》，邓正来译，上海三联书店1997年版，第159页。
② 哈耶克：《自由秩序原理》，邓正来译，上海三联书店1997年版，第158—159页。
③ 哈耶克：《致命的自负》，冯克利、胡锦华译，中国社会科学出版社2000年版，第150—151页。

的未来的理想社会就是一个个人自由得以全面实现的社会，"在那里，每个人的自由发展是一切人的自由发展的条件"[①]。不仅如此，马克思还历史地肯定了自由主义所推崇的"个人自由"的合理性和价值。在他看来，资本主义生产是一种以资本为基础的生产，只要这种生产还是发展社会生产力所必需的，是生产力发展的适当形式，这种生产"在纯粹资本范围内的个人运动"就表现为"个人的自由"，或个人之间的自由竞争。以资本为基础的资本主义生产本质上就是交换价值的生产，相应地，资本主义社会中的平等与自由，也就是建立在交换价值基础上的平等与自由。"如果说经济形式，交换，确立了主体之间的全面平等，那么内容，即促使人们去进行交换的个人材料和物质材料，则确立了自由。可见，平等和自由不仅在以交换价值为基础的交换中受到尊重，而且交换价值的交换是一切平等和自由的生产的、现实的基础。"[②]

哈耶克把在交换价值基础上的"个人自由"理解为一个人所能获得的全部自由，理解为个人自由的终极形式。与哈耶克自由观根本不同的是，马克思则进一步深刻地揭示了交换价值基础上的自由的不彻底性和表面性。他说："在现存的资产阶级社会的总体上，商品表现为价格以及商品的流通等等，只是表面的过程，而在这一过程的背后，在深处，进行的完全是不同的另一些过程，在这些过程中个人之间表面上的平等和自由就消失了。"[③]因为，"交换价值作为整个生产制度的客观基础这

---

① 马克思和恩格斯：《共产党宣言》，《马克思恩格斯选集》第1卷，人民出版社1995年版，第294页。

② 马克思：《〈政治经济学批判〉(1857—1858年草稿)》，《马克思恩格斯全集》第46卷上册，人民出版社1979年版，第197页。

③ 马克思：《〈政治经济学批判〉(1857—1858年草稿)》，《马克思恩格斯全集》第46卷上册，人民出版社1979年版，第200页。

一前提，从一开始就已经包含着对个人的强制"①。产生这种强制的客观机制在于：交换价值的实现使"私人利益本身已经是社会所决定的利益，而且只有在社会所创造的条件下并使用社会所提供的手段，才能达到；也就是说，私人利益是与这些条件和手段的再生产相联系的。这是私人利益；但它的内容以及实现的形式和手段则是由不以任何人为转移的社会条件决定的"②。这样，个人之间的全面的相互依赖性使物化的社会关系成为外在于每一个个人的异己力量。马克思认为，交换价值基础上的个人自由之所以在现实中是一个悖论，就在于这种自由本质上不过是"自由竞争"的表现形式。因此，"断言自由竞争等于生产力发展的终极形式，因而也是人类自由的终极形式，这无非是说中产阶级的统治就是世界历史的终结——对前天的暴发户们来说这当然是一个愉快的想法"③。马克思的这一观点应当是我们认识和评价哈耶克自由观的基本立足点。

哈耶克的"个人自由"理论，不管他个人的意图如何，最终是要维护私有制，维护一个人奴役人、人压迫人的世界，一个没有公正甚至不能讲公正的世界，一个在事实上是少数人占有巨大财富和享有高度自由的社会。因此，哈耶克的自由理论是为维护资本主义的统治服务的。这种理论当然敌视引导无产阶级解放事业的马克思主义。应当说，像哈耶克这样极端地反对社会公正和人的解放的学者，即便在当代新自由主义的理论阵营中也并不多见。不过，这种极端的态度倒是能够从反面提醒我们在发展市场经济的同时注意社会公平和正义问题。中国

---

① 马克思：《〈政治经济学批判〉（1857—1858 年草稿）》，《马克思恩格斯全集》第 46 卷上册，人民出版社 1979 年版，第 200 页。

② 马克思：《〈政治经济学批判〉（1857—1858 年草稿）》，《马克思恩格斯全集》第 46 卷上册，人民出版社 1979 年版，第 102—103 页。

③ 马克思：《〈政治经济学批判〉（1857—1858 年草稿）》，《马克思恩格斯全集》第 46 卷下册，人民出版社 1980 年版，第 161 页。

正在通过改革来建立和完善社会主义市场经济体制，而完善的
社会主义市场经济体制本身就应当包含两个方面的基本要求：
其一，必须在维护个人的基本权利的前提下完善市场机制，以
最大限度地谋求市场效率；其二，必须有效地调节社会利益的
分配格局，限制贫富的过度分化，以谋求最大限度的社会公平
和正义。社会主义市场经济应当而且必须优于资本主义市场经
济，应当而且必须更好地实施更为完善的社会公正政策和策略。
而这恰恰是因为社会主义市场经济坚持社会主义的基本经济制
度、基本政治制度、基本文化制度，同时也坚持马克思主义自
由观的缘故。

政治哲学的时代使命*

从人类开始自觉地反思自己的政治生活，并将这种反思诉诸一种系统的哲学表达起，政治哲学就作为哲学的一个分支存在了。在西方，这一历史可以追溯到古希腊的苏格拉底。作为一种特殊形式的哲学，政治哲学是对政治事物的内在本性进行形而上的反思，对政治事物进行善恶好坏之别的价值判断，它为人类的政治活动提供理念支撑，即为合理的社会秩序的建构提供理念基础。因此，可以说政治哲学是一种关于人类应当怎样生活的智慧。可是，在19世纪中叶至20世纪中叶这一时期内，当以追求知识的严格性和可实证性为目标的科学逐步确立了在知识体系中的统治地位之后，用"事实的描述"取代价值判断，用"科学的理解"取代形而上的追问，便越来越成为各个学科的基本准则。在这种情况下，以探讨政治事物的价值和意义，追问政治事物的内在本性和应然形态为目标的政治哲学，也就陷入了知识合法性的危机。只是到了20世纪后半期，政治哲学才又在世界范围内悄然复兴，曾经被认为"已经死亡了"的政治哲学再度兴起，并很快成为哲学研究中的显学。

政治哲学的当代复兴表明，仅仅从经验层面考察政治事物，

* 本文提出政治哲学在当代复兴的根本原因是社会生活的变迁，认为马克思主义政治哲学在中国的复兴，关键是抓住时代的问题，实现政治哲学的主题转换，即以全球化背景下和社会主义市场经济条件下社会秩序的政治建构为马克思主义政治哲学的主题。原载《求是学刊》2006年3期。

是不能满足理论和实践的需要的，在对于政治生活的思考中，政治哲学有其不可取代的作用。政治哲学并不是积累起来的关于政治事物的经验性认识，也不只是关于政治事物的认识中较为深刻且具有普遍性的认识。它与作为经验科学的政治学之间的区别，从根本上说是思维方式或把握世界的方式的区别。从致思趋向上看，政治学关注的是作为经验事实存在的政治事物，是政治事物的具体表现、政治活动的具体过程，是通过对政治事物的经验性研究而把握政治活动的过程、公共权力的存在形式及运作规则等。政治哲学则是关注政治事物的内在本性、价值指向和政治活动的应然规范。它主要是通过对政治事物总体性特征的反思而把握它的内在本性，通过对涉及公平、平等、正义、自由等基本社会价值的研究而把握政治评价的基本准则。政治哲学是一种有别于经验性研究的规范性研究，其核心是"应当是什么"的问题，是要对人类应当怎样生活即人类生活的伦理目标进行哲学的追问。这种追问是哲学的，因而是终极的，它所要追问的不是政治活动的具体目标，而是由政治事物的内在本性决定的终极价值。从思考方式上看，政治哲学作为哲学不像政治学那样去直接地研究现实的政治事物，而是对政治思考的反思，是对政治理论的基本理念、规范、准则得以成立的条件及其价值的再思考，即关于政治之思的条件和意义的反思。所谓反思政治理论得以成立的条件，就是要澄清政治理论中相关范畴、理念和准则确立的基础和前提。例如，以英美语言哲学为基础的政治哲学的任务，就是要对政治学的语言进行分析，从而使政治学的研究能够在一种合理的基础上进行。它并不是研究政治行为本身，而是要为研究这种行为本身的政治学提供一个基础。所谓反思政治理论的意义，就是要以预设的人类生活的应当目标为基准，判别不同政治理念及在其基础上建立起

的政治制度等的好坏、善恶、正义与非正义，判别它们对文明
的人类生活所具有的价值。这都显然是有别于实证研究的政治
学。

　　政治哲学在当代复兴的最根本、最深刻的原因是社会生活
的变迁。20世纪中叶以来，人类社会生活发生了一系列重大的
改变，这种改变以政治的方式体现出来，并深刻地影响着人类
的社会生存方式。在西方发达国家，第二次世界人战后试图以
"福利国家战略"对自由资本主义进行调整的努力深刻地改变了
近代以来一直统治着西方社会的社会秩序和价值观念。但是，
这种改变的后果并不理想，它在降低传统冲突的可能、在为社
会大众提供了一种更为安全的生存网络的同时，也产生了一系
列难以克服的社会问题。这种社会生活的总体性改变产生了一
系列新形式的政治冲突和抗争，而且这些冲突和抗争又难以被
归入任何一种政治冲突的传统形式，因而难以在传统的政治理
念下得到合理的解释。同时，在世界的另一端，苏联和东欧社
会的剧烈变化，苏联模式的传统社会主义的失败造成了社会生
活的新分化、新格局，市场化取向的社会主义改革也引发了一
系列全新的政治问题。在这样一个社会生活急剧变动和各种问
题相互交错的历史时期，人们迫切地需要有为社会整合和社会
发展提供新的政治理念的政治哲学，去发挥它对社会的导向和
规范作用。

　　更为重要的是，20世纪下半叶以后，全球化进程大大加速，
与以往的时代相比，全球化已经成为当今时代最具历史意义的
时代特征。这样一个迈向全球化的时代，并不是福山们所期望
的历史终结，恰恰相反，它是一个充满矛盾、风险和冲突的时
代。它向我们展示了一个传统的理论模式完全无法把握的矛盾
体系、风险模式和冲突类型。在这个时代里，传统的价值观念

不再受到尊崇，既往的秩序不再稳定，旧有的社会结构将会在新的基础上重构。所有这些问题表明，在现代条件下，人们对传统的政治价值和实践行为的认同在发生转变，即人们的政治认同和社会归属在发生转移。生活在现代社会中的人们不能不思考这样的问题，即如何在被现代化和全球化毁弃了的废墟上重建自己的家园？这个家园的构建应当遵循怎样的正义原则？我们将怎样获得这种正义原则？对于这些问题的回答正是当代政治哲学无可推卸的历史使命。

政治哲学在世界范围内的复兴无疑会波及变革中的中国社会。中国社会主义市场经济的发展，使整个社会生活包括政治生活经历着空前的历史性的大变动。中国已经无可选择地汇入了全球化和市场化的世界历史进程。可是悠久而独特的文化传统、庞大的人口压力、落后的生产力、未能完全消除的旧有计划体制的影响等，为中国的市场化与全球化的进程设置了难以想象的复杂局面。上面论及的问题为包括中国在内的世界各个国家所共有，而它在中国的表现则更为复杂。驾驭这种复杂的局面需要高超的政治智慧和清醒明晰的政治理念。推进市场化和全球化的进程是一项巨大的社会工程和政治工程。完成这一社会变革的伟大工程需要观念上的自觉，而这种观念上的自觉则依赖于哲学的智慧。因此，作为中国社会转型发展过程的灵魂和指导思想的马克思主义哲学也必须与时俱进，必须进行一个同这一伟大社会工程的需要相适应的哲学理论变革，其中就包括马克思主义政治哲学的重建。怎样从时代生活的要求出发开展政治哲学的研究，把握当代政治生活的根本性问题，从而提炼出符合时代需要的政治理念，已经成为我们面临的迫切的时代课题。

马克思主义政治哲学的重建，显然不是要从某种僵化的概

念出发去重新编织一个政治哲学的理论体系，而是要研究现实
的政治生活，从中提炼出能够揭示当代政治生活的本质、能够
引导和规范当代政治生活的基本政治理念，并逐渐将这种理念
系统化。因此，重建马克思主义政治哲学的决定性的一步是实
现政治哲学主题的转换。哲学的主题本来就是历史地变化的，
各个时代有各个时代的问题，政治哲学也当然如此。就马克思
主义政治哲学来说，无产阶级夺取政权以前，主题是革命，是
破坏旧国家、建立新国家，而在夺取政权之后，则是管理好、
建设好新国家。对于已经汇入市场化、全球化的世界历史进程
的当代中国社会来说，政治哲学的主题就应是全球化背景下和
社会主义市场经济条件下社会秩序的政治建构。马克思主义政
治哲学的重建需要综合和利用各种哲学文化资源。首先是深入
发掘马克思主义哲学的文本资源，但对马克思主义文本的解读
必须由这一主题来引导。当然也要充分汲取现代西方政治哲学
研究的积极成果，但这种汲取应当以这一主题为基准。当代中
国社会秩序的政治建构问题显然同西方社会遇到的问题有许多
共同之处，是现代市场经济社会政治建设的共同问题，但中国
的政治建设有其独特的历史前提和现实基础。因此，对现代西
方政治哲学汲取哪些、摒弃哪些以及如何汲取等，都要着眼于
中国的问题，都应从有助于建构当代中国政治哲学这一目标出
发。只有紧紧地抓住时代的问题，马克思主义政治哲学的复兴，
才能担当起时代的使命。

政治哲学的兴起与当代中国
马克思主义政治哲学的建构[*]

近几十年来政治哲学在世界范围内的复兴，尤其是近年来政治哲学在中国的兴起，是值得我们予以特别关注的、重大的哲学事件。在政治哲学兴起的思想潮流中，马克思主义哲学自然也不能置身事外，而是必须积极地予以应对，积极地回应现实生活与理论研究两个方面所提出的挑战，具体地说来，就是必须构建起一种适应于现实生活的马克思主义政治哲学理论。这是时代赋予马克思主义哲学的重大使命。本文试图根据马克思主义哲学的基本观念，对政治哲学的兴起进行一种阐释，并在此基础上考察建构一种适应于现实生活的马克思主义政治哲学的必要性和可能性。

自 20 世纪 70 年代罗尔斯的《正义论》发表以来，政治哲学在西方世界已成为炙手可热的显学。在中国学界，近十多年来，政治哲学也受到越来越多的关注，成为一种中心话语。对政治哲学的兴起这一问题人们可以从不同方面进行解释，例如从精神生活内部不同方面关系的变化去解释，但从马克思主义

* 本文是作者 2006 年 8 月在全国第六届马克思哲学论坛上做的主题发言稿。文章在运用社会存在决定社会意识的观点对政治哲学的兴起、衰落和复兴的根本原因做出分析的基础上论证了建构一种现实性的马克思主义政治哲学的必要性和可能性，认为马克思创立的政治哲学是基于事实性和价值性的理想的统一的政治哲学即理想性的政治哲学，在现时代，应在承续理想性的马克思主义政治哲学的批判传统的同时，着力建构一种适应于现实生活的现实性的马克思主义政治哲学，即基于事实性与价值性之现实的统一的政治哲学。原载《中国社会科学》2006 年第 6 期。

的观点来看，最为根本之点还是应从社会存在的变化去理解这一精神现象的变化。

任何哲学研究都是密切地相关于研究者所处的社会生活状况的。哲学并不是一种与人们的实际生活无关的奇思异想，而是对于人们自身生活的反思，是与人们的生活相互映照的，政治哲学更是如此。可以说，作为一种理论体系的政治哲学，并非对于任何社会都是必需的，严格意义上的政治哲学在很多社会与历史时代并不存在。从马克思实践哲学关于理论与实践的关系上看，任何一种关于人类社会的理论，都是根源于现实生活中的问题，是现实生活中的问题引发了人们的理论思考。人类由于其有限性，其现实存在总是不完满的，总是"有问题"的。人们生活中的问题有两类；一类是在好奇心驱使下所遇到的问题，这类问题一般说来是没有止境的；另一类问题则是现实生活中必须解决的问题，这类问题则是具体的、有限的。前一类问题可能只是一种思想中的"疑问"，是一种"question"；后一类问题才是真正事关人们生活能否正常地进行的现实的"问题"，是一种必须解决的"problem"。政治哲学是对于社会生活的反思，因而它的"问题"便只可能是现实政治生活中必须解决的问题。

就政治哲学而言，何种历史条件下政治生活的问题能够成为政治哲学中的问题，这涉及决定着人类社会形态的实践方式的变迁问题。就文明时代而言，可以粗略地将社会形态划分为自然经济或非市场经济社会与市场经济社会两大类，在这两种社会形态中，人们的实践方式是根本不同的。实践方式亦即"做"什么的方式。"做"有两个方面，一是"做事"，涉及人与物之间的关系；二是"做人"，涉及人与人之间的关系。做事的产物为物品，而做人的产物则为社会关系或社会组织。自进入文明时代以来，在最基本的层面上，人类有两种可能的"做"或实践的方式，一是非构造性之做，另一则是构造性之做。非构造性的做事的典型是农业生产，做人的典型则是基于自然血缘关系或拟血缘关系的共同体交往，合起来就是以自然经济为基础的实践方式。在这种做事方式中，如在农耕和畜牧生产中，人的活动一般并不改变对象本身，而是顺应对象的存在规律，从外部予以照料、改善。在这类生产中，人的活动虽然也有贡献于最终的产品，但不是决定性的，而是辅助性的；且往往虽然"生产"出了某种产品，但却对其中的机理一无所知，正所谓只知其然，而不知其所以然。在这种做人方式中，人的受动性就更为显著了。一个人所生活于其中的全部社会关系，对于个人而言，通常都是既不可选择，又不可能改变的。一切似乎都具有一种现成性、永恒性，甚至神圣性，从而也就具有一种不可移易性。无论在中国还是在西方，一切既成的社会关系、社会组织，如宗族、村社、教会，都被视为天意或上帝的作品，只能当作"纲""常"和神意去崇拜，若欲更改，便为大逆不道。在这种情况下，人所生活于其中的世界对人而言便只能显现为一种现成的存在，即一种超乎人力的、不可改变的"实体"。构造性的做事之典型是工业生产，做人之典型则是基于自觉的利益关系的联合体交往，合起来也就是以工商或市场经济为基础的实践方式。在这种做事方式中，人的活动不仅触及了对象自身，而且一般地按照人的目的重新构造了对象。在工业生产中，人的活动不再是辅助性的，而是根本性的、主导性的。在农业和畜牧业中，即便没有人的参与，植物和动物照样能够生长、生产，尽管效果会有所不同；而在工业中，若没有人的设计、控制和参与，便不可能有生产。自然界在没有人参与的情况下，已经创造出了种种植物与动物，而人不过对其进行了改进而已；

但自然却没有创造出飞机、汽车、火车、宇宙飞船和电脑。相应于工业生产的能动性、人为性，人们的社会关系也成为人为的或人造的。市场经济破坏了传统社会中视为神圣的一切社会关系和社会组织，而代之以出于利益关系和基于契约关系的市民社会。而建基于市民社会基础之上的民主政治，亦不过是市场经济在政治领域的翻版而已。与自然经济社会中基本社会组织基于血缘、地缘等自然性的资源不同，市场社会中的基本社会组织如公司、工会、政府等，都具有明显的人造性和可改变性。在这种情况下，人所生活于其中的世界对人而言便不可避免地显现为一种人为的、构成性之存在，即作为活动主体之产物的存在。

照此观点，政治国家作为一个存在物，在非市场经济条件下对于个人而言基本上是一个现成的东西，而不是一个人为的事物，因而关于政治国家如何构成、如何运行等，也就不成其为一个问题。在这种历史条件下，绝大多数社会成员对于政治事物而言，只是一种消极性的存在，而只有极少数占统治地位的社会成员能够对政治事物产生相当有限的积极的影响。但既然这些人只是极少数的，而绝大多数社会成员的行为不能对政治生活产生积极的影响，那么政治问题也就只是极少数人的问题，而对绝大多数人并不是问题。于是，在非市场经济社会中，便至多只会限于统治阶级内部极少数人的秘传的"君人南面"术之类的东西，而不可能有作为公共知识的政治哲学。而在市场经济条件下，由于个人权利的发展和政治生活明显的人为构成性，政治国家对于个人而言不再是一个现成的东西，而是可以影响其存在状态的东西，因而关于政治国家如何构成、如何运行等，也就成为问题。成了问题就需要人们去研究，包括政治哲学在内的政治理论也就自然地应运而兴了。从历史上看，政治哲学最先发端于古希腊。柏拉图的《理想国》、亚里士多德的《政治学》可以说开了政治哲学之先河。而造成政治哲学在古代一枝独秀这一现象的，不是别的，正是希腊（特别是雅典）社会的工商业性质，以及由此而决定的古典民主制度。既然希腊城邦是由希腊公民构造而成的，特别是殖民地城邦更是通过极为明显的人为立法构造而成的，那么，城邦国家如何构成，以及各种构成方式的优劣等也就成了需要人们去研究的理论问题。但脆弱的古代工商业很快就消失了，政治哲学也随之衰落了。直到近代，政治哲学才又一次在更大的规模上发展了起来。而造成这一发展的，不是别的，亦正是市场经济在世界范围内的蓬勃兴起。至于中国的情况，似乎更能说明问题。政治哲学伴随着市场经济兴起而随后兴起，颇为直观地显示出了政治哲学与市场经济的对应性。

尽管政治哲学为市场经济社会之对应物，但市场经济也有不同的存在形态，因而与之相对应的政治哲学也就必定有所不同。这其中的原因自然在于不同存在形态的市场经济社会有着不同的问题，从而要求有不同的理论去解决。从历史上来看，政治哲学在近代西方发生之初，主要是各种各样的国家或政府的构成理论，其中最有影响的便是从霍布斯、洛克到卢梭的社会契约论。其所以这样，便是因为处在新的社会形态降临前夕的人们的问题正是政治国家是如何构成的，如何才能建立一个合理的政府，等等。随着西方社会转型的完成，政治国家如何构成，其合理性何在等事关政治生活之根本的问题似乎已不成其为问题，而是转变为政治的正常运行之类常规性问题，这时候的政治理论自然也就转向了对于常态政治的运行机制的经验性分析。但这种经验性分析已不再是政治哲学，而成了一种经验性研究的政治科学。

　　从政治哲学转变为政治科学，这意味着政治哲学的衰落。政治哲学现在被视为屠龙之术而受到嘲弄，如果还有所保留的话，那也只能是对政治理论概念做语言分析的哲学技术了。但是，社会生活总是会发生变化的。20 世纪 30 年代经济危机和第二次世界大战以后发展起来的福利国家，便是对 19 世纪自由资本主义国家政治生态的重大改变。而正是福利国家的发展所带来的政治生活的整体性变化，已不再为经验性的政治科学研究所能解释，才激发了政治哲学在 20 世纪 70 年代的复兴。而其后经济全球化对于福利国家体制的冲击，则更进一步对政治哲学研究提出了许多重大的理论问题。忽略了社会经济政治生活的这些变化，只看到精神生活自身的某些变化，对于政治哲学的兴起、衰落与复兴的解释便不可能抓住问题的实质。

　　当代中国政治哲学的兴起虽然与西方世界政治哲学的复兴有着千丝万缕的关联，但又有相当不同的背景，因而不可混为一谈。在中国，如前述，政治哲学的兴起首先是为市场经济的发展所决定的。正是市场经济的发展从根本上改变了国人的实践方式或"做事""做人"的方式，同时也从根本上改变了中国社会生活的经济、政治、文化各个方面，给哲学理论提出了必须予以解答的问题，才使得政治哲学应运而兴。其次，中国的市场经济同时又是在西方福利国家已充分发展和经济全球化加速的背景下发展的，因而它所面临的问题便不仅仅是市场经济在近代刚刚兴起时所面临的问题，而是要复杂得多。而这也就给中国的政治哲学提出了更为复杂和困难的理论任务。这是人们在从事政治哲学研究的时候必须充分注意到的。

　　上面我们所做的分析表明，政治哲学在西方世界和中国的发展，就其与社会生活变化的关联性而言，具有一种必然性，亦为社会生活所必需。在这样一种历史背景下，不言而喻，发展一种适应于现实生活的马克思主义政治哲学的任务也便提上了议事日程。马克思主义产生于资本主义市场经济已确立之时，按前面的分析，它不可避免地会有一种政治哲学。这对于西方学界的大多数学者来说，也根本就不成其为一个问题。对他们来说，马克思主义当然有一种政治哲学，甚至马克思主义主要的就是一种政治哲学。但是，由于种种理论上和实际上的原因，在很长时间中，马克思主义政治哲学却淡出了哲学的视野。因而，在中国发展马克思主义政治哲学，在某种意义上也是政治哲学的一种复兴。

但说马克思主义有一种政治哲学，并不意味着既有的马克思主义政治哲学有着与人们通常得自自由主义政治哲学概念相同或相似的那种理论内容。任何一种政治哲学所追求的，都是在其理论内达成价值性与事实性的某种统一，或所谓可欲之事与可行之事的统一。在这一问题上，马克思主义哲学作为一种唯物主义历史观，更是十分突出地强调了历史事实性对于价值性的限制，强调了任何价值、任何规范的历史合理性，而非超历史的、永恒的抽象合理性。这也就是将价值性与事实性的统一理解为一个在历史中变化的过程。在不同历史时代，事实性对于价值性的限制范围和方式会有所不同，从而所可能达成的统一也便有所不同。也就是说，在不同的历史时代，由于变化了的事实性的作用，会提出不同的价值目标。那种超历史的永恒的价值之类的观念，在马克思看来只不过是一种宗教的或唯心主义的哲学幻想而已。至于如何把握住一个历史时代所规定的价值目标，不同的政治哲学基于其理论立场的不同，可能会有不同的理论进路。因此，在同一历史时代，不同的政治哲学对于价值性与事实性的统一方式，便会有着相当不同的理解。但就一个历史时代而言，既然其事实性是客观的，那么，一种政治哲学是否真正地体现了时代的精神，就在于它是否真正深刻地把握住这种为历史的事实性所规定的具有客观可能性意义的价值目标。

在 19 世纪资本主义在工业革命之后完全地确立自身存在之时，马克思主义哲学认识到资本主义这一历史事实性在促进生产力高度发展的基础上，开放了一种人类解放的可能性，而这一可能性在以往历史上是不存在的。马克思主义政治哲学正是对于这一客观的可能性的把握。它首先是批判性的，是对于资本主义剥削制度的无情批判，同时它也是建设性的，是对于新的能够提供人的自由发展的社会制度的建设性构想。显然，马克思主义的这种政治哲学是与自由主义、保守主义等流派的政治哲学完全不同的。这些派别的政治哲学理论所指向的虽然也是一种价值性与事实性的统一，但那事实性在马克思看来并非真正的事实性，而只是一种局限于资产阶级狭隘眼界的现成的事实性。马克思所理解的事实性则是一种代表历史发展趋势的事实性，是一种有着现实依据的理想的事实性。如果说其他各种政治哲学所达成的理论统一，是一种屈从于现成事实性的现实的价值性与事实性的统一，那么，马克思主义所达成的理论统一，则是基于理想的事实性的价值性与事实性的统一。这样一种政治哲学可称之为理想性的马克思主义政治哲学。

但在 20 世纪末期，马克思主义政治哲学所实现的理想的价值性与事实性的理论统一，却受到了严重的挑战。一方面，马克思所设想的作为人的自由发展之基础的生产力的无限发展，受到了资源有限性这一事实性的挑战；另一方面，作为自由时间增长之前提的必要劳动时间的缩短，受到了消费社会来临这一事实性的挑战。我们适应历史事实性的变化提出的建设"和谐社会"的构想，与马克思所设想的能够实现价值性与事实性的理想的统一的共产主义社会相比，也显然是一种价值性与事实性的现实的统一，是一种现实的选择。马克思主义是坚持历史主义的，是将价值性与事实性的统一受历史发展制约视为其基本原则的。因此，面对事实性的这些变化，既不能轻率地宣称理想性的马克思主义政治哲学已经过时，也不能不顾历史事实的变化，将马克思主义教条化。正确的做法显然应该是适应历史事实的变化，根据马克思主义政治哲学的基本原则，发展一种基于现实的价值性与事实性之统一的现实性的马克思主义政治哲学。无疑，这样一种政治哲学目前尚不存在，要将其构建成功亦绝非轻而易举之事，但我们以为，在深入把握历史事实性变化的基础上，将其建立起来，也绝非不可能之事。而这一任务，当可视为时代赋予中国马克思主义哲学研究者的一项不可推卸的历史使命。

　　发展一种现实性的马克思主义政治哲学，并不意味着理想性的马克思主义政治哲学已经过时，失去了其存在的价值。即便不考虑理想性的马克思主义政治哲学的建设性意义，仅就其对于现实资本主义社会或一般而言的市场经济社会之弊端的批判来说，它也有着一种无可替代的作用。因而在现今时代，承续这一批判传统，发展理想性的马克思主义政治哲学的批判之维，就仍是一项意义重大的理论任务。

《公共领域论》序言

公共领域问题是当代政治哲学研究的一个前沿性问题。这个问题作为一个专门的理论问题是在 20 世纪中后期，由汉娜·阿伦特和哈贝马斯等人提出来，从市民社会话语中浮出水面的。至今国内外学界的研究大多仍局限于市民社会的话语系统内，这就难免在一定程度上遮蔽它的学术价值和实践意义。

正是基于这种学术背景，杨仁忠的《公共领域论》尽力将公共领域从市民社会话语系统中离析出来，作为一个独立的论域，试图形成一个关于公共领域的独立的理论话语系统。该书首先运用社会史与观念史相结合的研究方法从政治哲学的视角对公共领域的古典传统、中世纪演变、近代生成及其与社会结构变迁、人类文明演化之间的内在关联进行了系统的梳理，分析了公共领域的不同历史形态以及现代公共领域的形成机制与特征。在此基础上，该书又颇为深入地揭示了公共领域问题的理论意蕴，特别是它的政治哲学意义与宪政民主价值。

该书着力于公共领域理论与马克思主义政治哲学的关联性研究，力图为公共领域理论提供一种符合马克思主义政治哲学的解释模式。因此，该书在如下几个方面可能为政治哲学的研究提供重要的启示：一是它揭示了公共领域和公共领域观念产生、发展的社会基础，及其与民主政治、市场经济和市民社会的内在关联；二是它是梳理出了一条从洛克和卢梭到康德和阿伦特，再到哈贝马斯和罗尔斯的现代公共领域理论形成和演变的线索；三是形成了一个具有通约性的关于"公共领域"的哲学定义，并确定了公共领域概念的理论空间和学术价值，从而在一定程度上克服了西方学者在这一概念使用上的多义性和不确定性；四是从自由主义宪政民主与共和主义宪政民主的比较分析中，探讨了公共领域的宪政功能，尤其是它的民主、法治和人权价值，从而使公共领域理论的学术独立性获得了现实价值性的支撑。可以看出，作者的研究工作是力图运用马克思主义的基本理论，并力图立足于中国语境的。因此，它的学术价值和现实实践意义是显而易见的。

仁忠曾跟从我攻读博士学位，这部著作就是由他的博士学位论文修改而成的。他的论文做得很认真，很艰苦。他多年从事中国哲学史的教学和研究工作，读博士时改为研究政治哲学，论文的题目又是主要以西方政治哲学的研究为背景。这两种研究工作，在研究方式和话语方式上都有明显的差别。由于我国哲学界长期的学科分立所造成的许多学者在知识结构上的缺陷，使得实现这样的转变往往并不容易。仁忠的论文能够做到这个水平，并能由人民出版社出版，我由衷地感到高兴。仁忠功底扎实，学术潜力很大，政治哲学又是国内外学界普遍关注的重要研究领域，就是公共领域理论也涉及问题甚多，给研究者们提供了广阔的理论空间。我相信仁忠一定能够沿着已经选定的研究方向继续努力，创造出更多更好的学术成果。

当前我国马克思主义政治哲学研究的几个问题[*]

近年来，我国马克思主义政治哲学的研究取得了长足的进展，它在马克思主义哲学中的重要性也越来越得到人们的认同。不过应该看到，随着这一领域研究的逐步深入和展开，一些根本性的问题也日渐显露出来，亟待澄清。

一、马克思主义政治哲学的理论定位

在我国，虽然"马克思主义政治哲学"的提法早已有之，但真正意义上的马克思主义政治哲学研究却是最近十多年的事情。这里存在着一个唯物史观与政治哲学的关系问题。

在马克思、恩格斯等经典作家的著述中，关于社会政治生活的论述占有十分重要的位置，有着极为丰富的内容，以往的马克思主义哲学解释体系也并未忽视对这些思想的研究。不过应该看到，这种研究并不是在政治哲学特有的学科视角下进行的。而且，在关于什么是马克思主义政治哲学，以及是否存在着马克思主义政治哲学的问题上，人们的理解也存在着很大的

---

* 本文探讨了马克思主义政治哲学的理论定位、马克思主义政治哲学的理想性层面与现实性层面的关系、如何看待和借鉴当代西方政治哲学的研究成果亦即研究马克思主义政治哲学的方法论问题。与王新生合作，原载《哲学研究》2010 年第 7 期，《新华文摘》2011 年第 1 期。

差异。在以往的唯物史观解释框架中，关于社会结构的理论以及关于阶级、国家、社会革命的学说即被理解为"马克思主义政治学说"。一些人笼统地将其称为"马克思主义政治思想"，一些人干脆直接将其称为"马克思主义政治哲学"。这些说法肯定马克思主义有其政治哲学，并对它做出了一种极为宽泛的理解。与此相反，也有人认为，政治哲学是关于现实政治秩序之正义性的理论，而作为现实制度批判者的马克思等经典作家从未从事过这样的理论建构工作，因此在马克思主义理论中，只有对现实政治秩序之正义性的批判理论，没有政治哲学。

如果将马克思主义的政治学说直接视为政治哲学，那么在历史唯物主义和政治学等学科之外的确就不再需要建立什么政治哲学，因为它们本来就是历史唯物主义和政治学等学科的具体内容。从另一方面看，马克思等经典作家的确反对为现实政治制度的正义性进行辩护，他们也从来没有建构过类似于罗尔斯正义论那样的政治哲学，在这一意义上也确实可以说没有马克思主义政治哲学。但是，判断一种理论（如马克思主义理论）中是否包含着某一学术领域（如政治哲学）的依据不在于名称，而在于它是否参与了该领域基本问题的讨论。从政治哲学史上可以清楚地看到，自从马克思主义产生之后，几乎所有重大政治哲学问题的讨论都有它的声音。从当代西方看，马克思主义在政治哲学论争中所起的作用更加突出。在当代西方的诸多政治哲学流派中，有些将马克思主义作为直接的或者潜在的敌手，有些将其引为同路人，有些则自称为其继承者。这些学术流派都试图用它们所理解的唯物史观进行政治哲学问题的讨论。对于它们来说，马克思主义不仅是政治哲学的一个重要分支，而且已经成为政治哲学中堪与自由主义相对而立的另一极坐标。马克思主义在政治哲学问题的讨论中所发挥的作用表明，它实际上是有自己的政治哲学的；问题只在于，怎样从全部马克思主义的政治理论中为它的政治哲学找到合理的理论定位。

为了清楚地在理论上为马克思主义政治哲学定位，首先需要在马克思主义政治理论中对作为具体科学的政治学与作为哲学的政治哲学进行区分。政治哲学显然不同于政治学等具体科学。哲学之于具体科学的区别，在于它能够为后者提供一种基础性的立场、观点和方法，而正是这一点使它成为特殊而独立的东西。同样清楚的是，在全部马克思主义理论中，唯物史观便是一种基础性的和具有方法论意义的东西，它为全部的马克思主义政治理论提供了基本立场、观点和方法。离开了这些基本立场、观点和方法，全部的马克思主义政治理论就失去了根基，其理论特殊性也就无法把握。可见，关于马克思主义政治哲学理论定位的问题，密切关联于对唯物史观的理解。这就向我们提出了一些基本问题：什么是马克思主义政治哲学特有的学科视角？这一学科视角怎样不同于政治学等具体科学的学科视角？马克思主义政治哲学与唯物史观究竟是怎样的关系？

在最为一般的意义上，政治哲学是规范性学科，不同于描述性学科。可是，根据传统的马克思主义哲学解释框架，唯物史观是依据科学事实揭示社会历史发展规律的学问，其理论任务是向我们揭示客观的社会结构和历史规律"是怎样"的，因而它只能是关于客观事实的描述性理论，而不是关于社会生活"应当是怎样"的规范性理论。也就是说，它只诉诸科学的事实，考察社会结构的客观性和历史规律的必然性，而不诉诸应然的道义原则，考察社会政治制度的正当性。关于唯物史观的这样一种基本理解，使得以规范性问题为主要内容的马克思主义政治哲学的合法性成为一个问题。这就意味着我们不仅应当放弃马克思主义政治哲学，而且应当放弃一切以马克思主义的名义进行的道德言说。但是，这种将马克思主义排除在政治哲学和伦理学之外的理解是有问题的，问题的根源即在于对唯物史观的片面理解。

笔者认为，唯物史观并不是关于社会历史事实的描述性理论。换言之，不能从唯物史观中排除考察问题的规范性方式。或者说，不能将唯物史观理解为只是以认知的方式考察问题的认知性理论，而是应当把它看作同时包含着以规范性方式考察问题的历史观和方法论。这两种方式相互补充、有机统一，构成了唯物史观对社会生活及其历史的总体把握。一方面，在认知性进路上，唯物史观通过对作为客观事实的社会历史条件的描述和分析，实然地揭示社会的客观结构和历史的客观规律；另一方面，在规范性进路上，它又通过诉诸应然的价值准则揭示人类社会的道义目标，向我们指明活动的目的。在唯物史观中，这是两个可以相互区分的理论维度，是考察问题的两种不同方式，但却并非相互冲突，而是可以统一的。它们之间的统一为把握事实与价值、实然与应然之间的统一提供了基础。在理解这种统一时，应当注意两个方面：一方面，这里讲它们是两个不同的理论维度，仅仅是指它们向我们提供了两种不同的考察问题的方式，而不是说它们隶属于不同的理论，它们仍同属于唯物史观；另一方面，既然是考察问题的两种不同方式，那么在面对同样的社会生活和社会历史时，它们便可以分别在不同的视角下对其进行考察，形成不同的学科路径，从而支持分疏性的学术研究。马克思主义政治哲学就是在这一意义上有其独立存在的价值：它的规范性进路使它能够揭示在唯物史观的认知性进路上无法很好说明的问题。

政治哲学的核心问题是以规范的合理性为基底的道义原则问题。马克思等经典作家虽然非常强调要以科学的方式认识世界，但他们从来也没有放弃过对资本主义的道义批判和对未来社会的价值构想；虽然他们很少甚至有时还反对讨论道义规范问题，但在他们的理论中仍然存在着一个考察问题的规范性方式和理论维度。所以，将唯物史观仅仅理解为认知性理论，甚至进而认为它是与作为规范性理论的政治哲学不相容的，既无法解释马克思主义的基本理想，又存在着将唯物史观解释为机械决定论和反人道主义理论的危险倾向，这种倾向在传统的马克思主义哲学解释框架中就曾实际出现过。在马克思主义的全部社会历史理论中，规范性的道义尺度和认知性的真理尺度其实是相互结合而不可分割的。为了避免割裂它们之间的关系，为了更为深入地研究马克思主义政治哲学，我们必须深入理解这两个维度及其关系。[①]只有在此基础上，才能准确把握马克思主义政治哲学对于唯物史观的特殊价值，把握政治哲学致思方式的特殊性，从而为研究马克思主义政治哲学的核心问题、基本观念和方法提供准确的理论定位。

同时，既然政治哲学作为一种特殊的领域哲学有其独特的论辩方式，它便也就有其独特的概念和范畴系统。因而，如果将它简单理解为传统教科书框架中的唯物史观，就会遮蔽它的独特的致思方式。在学术理论活动中，这样做将不仅会使马克思主义无法与其他政治哲学进行有效的对话，而且会使马克思主义在当今强大的自由主义话语面前处于失语状态。事实上，这并不是无端忧虑。在当代西方，就关于权利、民主和正义等重大政治哲学问题的讨论而言，自由主义几乎独占了话语权。西方的这一学术状况也在一定程度上影响了我国的政治哲学研究，以致似乎只要一谈到权利、民主和正义等问题，就只能求助于自由主义的理论话语。造成这种状况的一个重要原因即在

① 参见王新生：《唯物史观与政治哲学》，载《哲学研究》2007年第8期。

于，长期以来人们根据对唯物史观的传统解释，将权利、民主和正义等问题从唯物史观中排除了出去，使它们成为马克思主义哲学中的真空地带。威尔·金利卡认为，在关于这些问题的理解上，以往人们突出强调的是马克思关于未来共同体构想中的超越性理想。根据这种超越性理想，未来社会是一个没有经济匮乏、没有利益冲突、没有种族和宗教分歧的社会。对于这种社会而言，权利、民主和正义都是多余的，因此以权利的正义性为核心的政治哲学讨论也就是没有必要的。①他说："因此，直到不久之前，几乎没有什么马克思主义者有兴趣去发展一种关于正义、权利、宽容或民主的规范理论。可是，今天几乎所有的分析的马克思主义者都承认，匮乏、冲突、多元以及理性的不完善是人类的永久特征；任何有吸引力的规范的政治理论都必须解释政治制度应该如何面对这些事实。而向这个方向迈进的第一步就是去发展一种马克思主义的正义理论。"②

金利卡的这一理解是正确的。建构马克思主义正义理论并在此基础上建构整个马克思主义政治哲学，是当今马克思主义哲学的一项重要任务。而在当今的世界格局中，对于以马克思主义理论为指导的社会主义市场经济和民主政治建设来说，这一任务显得尤为迫切。

---

① 金利卡：《当代政治哲学》下卷，刘莘译，上海三联书店 2004 年版，第 319 页。

② 金利卡：《当代政治哲学》下卷，刘莘译，上海三联书店 2004 年版，第 319 页。

二、马克思主义政治哲学的理想性层面
与现实性层面的关系

最近 30 年里，我国在马克思主义哲学研究上所取得的进展，很大程度上源自学术性方面的推进。这种推进是非常值得肯定的。但是，推进马克思主义哲学研究的学术性本身并不是最终目的，这一研究的最终目的应该是为了更好地解释和作用于现实生活。对于当前我国正在兴起的马克思主义政治哲学来说，强调这一点尤为重要，因为政治哲学的所有问题都直接关联于现实的社会生活。政治哲学问题的这一特点，使得当前我国的马克思主义政治哲学研究深刻地折射出马克思主义哲学研究的学术性与其实践意义之间所具有的张力关系。

这一问题可以从两个不同的方面看：一方面，就整个马克思主义哲学而言，这涉及对其基本理论与其政治哲学关系的理解；另一方面，就马克思主义政治哲学而言，这涉及对其理想性层面与现实性层面关系的理解。

就整个马克思主义哲学而言，笔者以为，马克思主义政治哲学虽然以社会政治问题为对象，因而是一种领域哲学，但它并不是马克思主义哲学基本理论的外在补充，而是它的原本内容。因此，只有从深化马克思主义哲学基本理论的意义上理解我国当前的马克思主义政治哲学研究，才能真正把握这一正在兴起的领域哲学的价值。①也只有在此意义上，我们才能通过政治哲学的研究，反观马克思主义哲学研究中的学术性取向与

① 陈晏清、王新生：《政治哲学的当代复兴及其意义》，《哲学研究》2005 年第 6 期。

其实践意义之间的关系。

近代以来政治哲学的任务实际上就是整个哲学的时代任务，而在马克思主义出现之前，这一任务主要是在自由主义思想体系中完成的。从思想史上看，自由主义的主要思想成果是建立在启蒙运动对宗教神学批判的基础上的；而对于启蒙运动之后的哲学来说，在政治解放所达到的正义视野内寻求对人和社会的终极解释，安置人的自由和生存的意义，已成为替代宗教而解释世界和人类生存意义的唯一方案。即是说，对于近代以后的哲学而言，在宗教的神圣形象被揭穿之后，原本存在于神圣世界与世俗世界之间的紧张和冲突就被政治国家与市民社会之间的紧张和冲突所取代，因而神圣与世俗之间的伦理冲突便被政治制度的正义性与市民伦理之间的冲突所取代。这就像黑格尔所揭示的那样，近代以后市民社会与政治国家之间的冲突已经成为伦理冲突的一种主要形式。[①]从表面上看，这是哲学从宗教言说转向了政治或伦理言说；更深入地看，这是哲学关于世界图景和人类生存意义解释模式的转向。从根本上讲，哲学对于生活的意义无非是建构一种理解世界的思想模式，从而把握和解决自由与必然之间的矛盾。启蒙运动之后的哲学所建构的这种理解世界的现代模式，力图在神学思想体系失去解释效力之后，重新把握人类生活中理想世界与现实世界、自由与必然、应然与实然之间的紧张和冲突，为人类生存提供意义的解释。这是一种既不同于宗教也不同于思辨哲学的理解世界和人类生存意义的思想模式。在宗教理解模式中，把握自由与必然等矛盾的企图可以靠着神圣的保障来落实；在思辨哲学体系里，这一企图可以通过某种形而上学的设定来落实；但在启蒙运动之后关于世界的新解释体系中，人的自由以及体现这一

---

① 黑格尔：《法哲学原理》，范扬，张企泰译，商务印书馆 1961 年版，第 3 篇。

自由的人的生存方式的问题就只能靠政治制度的正义性来落实。也就是说，权利原则及其所代表的制度的正义性为人类生活规定了自由的限度，除此之外人类不能对自由有更高的奢求。马克思说，这是启蒙运动以来政治解放所能够达到的最高目标。①因此，启蒙运动之后的哲学，无论它们以何种抽象的语言和特别的论题表达其内容，最终都只是一种立足于"市民社会"之上的解释世界的哲学体系。在这里，哲学作为第一哲学本身就是政治哲学，因为它们所处理的是同一个问题。

马克思要超越的正是这种哲学。他在《关于费尔巴哈的提纲》中直接地将自己的哲学与他所要超越的那种哲学的差别表达为两种唯物主义的差别，实际上更一般地说是关于新旧两种哲学观的差别："直观的唯物主义，即不是把感性理解为实践活动的唯物主义，至多也只能做到对'市民社会'的单个人的直观。""旧唯物主义的立脚点是'市民'社会；新唯物主义的立脚点则是人类社会或社会化了的人类。"②在这里，马克思为他的全部理论找到了一个完全不同于以往理论的立脚点。仅仅从新旧两种唯物主义的区别上理解马克思所陈述的这个新立脚点是不够的，而且，仅仅从哲学史的意义上理解马克思主义哲学的这一实践转向也是不够的，因为这一陈述中包含着马克思明显的实践意图：这个新的立脚点越出了市民社会所代表的社会关系类型及其所要求的伦理原则，因而超越了只能在以个人权利为基本原则的正义范围内解决社会政治问题的视野，这就从根本上突破了近代以来的哲学试图通过政治制度的正义性为人的自由规定的限度。这是一种超越政治解放、立足于人类解放

① 马克思：《论犹太人问题》，《马克思恩格斯全集》第 3 卷，人民出版社 2002 年版，第 170 页，第 183 页，第 189 页。
② 马克思：《关于费尔巴哈的提纲》，《马克思恩格斯选集》第 1 卷，人民出版社 1995 年版，第 57 页。

基础之上的全新哲学观。在马克思看来，近代以来的哲学作为启蒙运动的产物以政治解放的成果为自由划定了限度，使人陷于自我权利的樊笼中而不能获得真正的自由，这与它所追求的解放宗旨之间构成了矛盾。马克思说：这种哲学虽然以自由为宗旨，"但是，自由这一人权不是建立在人与人相结合的基础上，而是相反，建立在人与人相分隔的基础上。这一权利就是这种分隔的权利，是狭隘的、局限于自身的个人的权利"①。马克思是在克服现代性所自构的理论困境的意义上，将新哲学的立脚点确立为不同于"市民社会"的"人类社会"的。要克服这种理论困境，就必须克服它的实践基础，必须超越市民社会的伦理原则。这才是马克思哲学"实践转向"的真实含义。在这里，马克思所变革的是整个哲学，也包括政治哲学。因此，在马克思主义哲学研究中，只有通过揭示马克思哲学变革的实践宗旨而把握这一变革的真实含义，才能为马克思主义哲学研究的学术性找到真正的实践落脚点。在这一意义上完全可以说，不深入地理解和阐释马克思主义政治哲学，关于马克思主义哲学研究的任何学术性进展都将会因失去其价值底色而失去其学术性价值。

不过，必须注意的是，马克思从超越"市民社会"的"人类社会"的立场出发，在逻辑上必然要求对以个人权利为基础的自由的超越；但是，关于这种自由的理论只能是一种超越现实政治制度之正义性的理想性政治哲学。

就马克思主义政治哲学自身而言，超越现实政治制度之正义性的理想性政治哲学只是它的一个层面，它的另一层面是其现实性层面——对现实生活的正义关怀。这种正义关怀需要通

---

① 马克思：《论犹太人问题》，《马克思恩格斯全集》第 3 卷，人民出版社 2002年版，第 183 页。

过对现实政治制度之正义性的肯定得到落实，而关于现实政治制度之正义性的理论即是现实性的政治哲学。如果说马克思主义政治哲学的超越性层面是批判性的，那么其现实性层面则是建构性的。即是说，其超越性层面是依据超越性理想对现实社会之政治秩序的批判，而其现实性层面则是关于现实政治秩序应当是怎样的理论建构。马克思和恩格斯在他们的有生之年的确没有就现实政治秩序之正义性进行过理论的建构，但是不能因此就将马克思主义政治哲学仅仅理解成批判性和超越性的，不能认为今天我们也不能依据他们的思想原则进行这种建构，更不能据此认为不能有马克思主义政治哲学。马克思主义不是无政府主义和乌托邦主义。在其政治哲学中，超越政治解放所确立的理想性原则并不是非历史地取消现实政治秩序的根据，而是强调在超越性的立场上批判性地理解现实秩序及其制度规范，从而使其不断走向合理。超越政治解放的政治理想并不是对现实政治秩序的当下否定，而是以理想性原则对其缺陷的批判。在现实的社会生活尚未越出政治解放的历史任务时，现实的社会生活就仍然需要以权利为核心的正义原则加以规范，需要以民主的政治制度保障这些正义原则的落实。有些人常常用马克思本人的言论来证明马克思只有超越性的理想而没有现实的正义关怀，但是他们也常常忘记了，在《论犹太人问题》中马克思就曾十分明确地指出，在当今历史条件下，要求犹太人站在人类解放的立场上看待自己的政治权利和自己的宗教是完全不合理的。①

当前我国的社会主义市场经济和民主政治尚处于初建阶段，与其相适应的社会政治规范仍将长期存在。在社会主义初

---

① 参见马克思：《论犹太人问题》，《马克思恩格斯全集》第 3 卷，人民出版社 2002 年版，第 167 页。

级阶段里，用以权利为核心的正义原则对社会生活进行整合和调节，用社会主义民主制度保障这些正义原则的实施和落实，仍将是一个极为漫长的过程。这就必然要求当代马克思主义政治哲学在遵循马克思超越性正义立场的同时，为民主政治的正义性立言，为个人权利的正义性立言，为保障个人自由的市民社会的发展立言。这些曾被贡斯当称为现代人自由的东西①，是市场经济得以存在和发展的基础性条件，当然也是社会主义市场经济存在和发展所必需的。社会主义市场经济与资本主义市场经济的差异之处并不在于是否肯定以权利为核心的正义原则和与之相关的政治制度，而在于是否承认它们只是历史性的正义原则和政治制度。这同时也是马克思主义政治哲学与自由主义政治哲学在理论上的根本差异之处。马克思主义政治哲学从其历史主义出发，在理想性正义原则与现实性正义原则、终极自由与现实自由之间建构起的张力关系，是破解现代人自由密钥。若要既不像宗教和思辨哲学那样将终极自由寄托于某种超验玄设，也不像自由主义那样将现实的自由看作人类自由的终极可能，就需要历史主义地理解政治解放与人类解放的关系，在它们的双重变奏中把握人的自由及其实现条件。在对市场制度保持批判态度的同时发展市场经济，是迈向社会主义理想目标的必经之路，也是建构现实性马克思主义政治哲学的立足点。

三、怎样借鉴当代西方政治哲学研究成果的问题

政治哲学是当代西方哲学中的显学，而马克思主义政治哲

---

① 参见贡斯当：《古代人的自由与现代人的自由》，阎克文、刘满贵译，上海世纪出版集团 2003 年版，第 1 编。

学在当代西方政治哲学中则占有重要的位置。许多当代重要的政治哲学家如罗尔斯、哈贝马斯、吉登斯等人，都将其讨论的问题与马克思的思想相联系或追溯到马克思的思想；许多新出现的"马克思主义流派"如生态主义的马克思主义、女性主义的马克思主义等，也常被视为"具有左翼倾向"的批判性的政治哲学。可以说，在当代西方的马克思主义哲学研究中，政治哲学问题比其他问题受到更多的关注。因此，加强对西方政治哲学特别是西方关于马克思主义政治哲学的研究，将会极大地推动当前我国的马克思主义政治哲学研究。

不过，我们也必须清醒地意识到，近代以来的西方政治哲学始终是以自由主义为价值基点的。在自由主义主导着话语权力的西方学术界，马克思主义政治哲学历来与它对自由主义的批判和自由主义对它的反批判联系在一起。这一背景下的马克思主义政治哲学始终只是自由主义的参照物，要么被视为自由主义的对立面，要么被视为自由主义缺陷的反向补充，其自身的逻辑并未得到独立的呈现。这首先意味着，马克思主义政治哲学的重大问题和重要方法是在与自由主义的对峙与对话中形成的，因此在考察和借鉴西方政治哲学时，我们应当始终把握住马克思主义与自由主义在重大问题、重要观点和方法论上的分野这一主线。这同时意味着，批判性并不是马克思主义政治哲学的唯一功能；为了建构当代形态的马克思主义政治哲学，我们必须超越西方政治哲学的理论和实践语境。

自 19 世纪末叶始，马克思主义与自由主义在涉及平等、自由、民主、权利、国家、阶级等一系列政治哲学问题时，一直未曾停息过争论。20 世纪后半期以来，随着罗尔斯、德沃金等"平等主义的自由主义者"的出现，平等问题愈益成为两种政治哲学争论的核心，而关于平等问题的争论则主要集中在是否应当追求实质平等的问题上。在长期的理论争论中，马克思主义对自由主义平等观的核心批评主要是指出它仅仅肯定形式平等而无视实际的不平等，因而只是虚假地主张了平等。当代西方各种形式的马克思主义政治哲学延续了马克思对自由主义的这一核心批评；所不同的是，它们认为马克思当年对自由主义平等观的这一批评主要是从经济领域展开的，今天则应该拓展马克思的思想，在性别、消费、文化等其他领域中促进实际平等的实现。这也就是为什么在当代西方会形成多种多样的"马克思主义政治哲学"的一个重要原因。作为一支虽然话语庞杂、但却足以与自由主义相对抗的学术力量，这些"左翼政治哲学"将马克思主义发展为一种批判性的激进政治哲学，从而定格了马克思主义在西方政治哲学中的"反对派"形象。正如道格拉斯·拉米斯所说的那样：从 20 世纪 60 年代开始，许多研究政治问题的学者就"一直借重马克思主义对自由主义的国家观和自由主义的经济学的批判力量"，而作为一种政治理论，"马克思主义被解释为和民主左翼有一定的距离，即是说比民主左翼更激进"[①]。

　　平等问题只是一面镜子，通过这一问题我们可以比较清楚地理解西方马克思主义政治哲学的性质和意义。这一问题表明，当代西方语境中的马克思主义政治哲学所面对的主要是当代西方资本主义的社会政治问题。在这种处境下，以"反对派"面貌出现的马克思主义政治哲学，突出强调的是马克思主义的批判性功能，因此马克思主义也就仅仅被理解为超越性的理想。它所发挥的实际作用也不过是通过对现实的批判揭示出资本主义及其以自由主义为主要内容的意识形态的弊端，从而激发资本主义政治制度和政治理念的变革。西方马克思主义政治哲学

---

① 拉米斯：《激进民主》，刘元琪译，中国人民大学出版社 2008 年版，第 1 页。

的这种处境表明：与 19 世纪和 20 世纪相比，在当代世界格局中，马克思主义与自由主义的关系更为复杂，因此对于当代马克思主义政治哲学来说，无论是批判还是建构都将是包含着全新任务和全新内容的理论探索。特别是对于建构现实性马克思主义政治哲学的任务来说，借鉴西方的研究固然是必要的，但中国等国家的社会主义市场经济实践也是一个不能或缺的现实参照点。

值得关注的是，20 世纪后半期以来，马克思主义政治哲学与自由主义之间的争论越来越转向方法论问题，争论的核心则集中在个人自由与历史规律的关系问题上。从自由主义一方看，无论是波普尔、伯林还是其他自由主义者，都力图将马克思的方法归于只强调因果律的机械决定论，进而批判它以历史规律宰制个人，否定个人自由。他们认为，历史决定论将个人置于历史规律的控驭之下，取消了个人对伦理责任的承担，进而否定了个人自由选择的权利，最终导致专制主义的发生。①从马克思主义一方看，在回应这一批判的过程中，各种形式的马克思主义也在方法论上推进了马克思主义政治哲学的研究。哈贝马斯、霍耐特等批判理论家和一些分析马克思主义者关于事实与价值、唯物史观与规范理论的关系等问题的讨论，就是在回应这一批判的过程中形成的重要成果。②

马克思创立唯物史观的过程就是他的哲学方法论形成的过程，这一过程也同样是他的政治哲学及其方法论的形成过程。我们知道，马克思是通过对黑格尔关于"法""市民社会""政

---

① 参见波普[尔]：《历史决定论的贫困》，杜汝楫、邱仁宗译，华夏出版社 1987年版；伯林：《自由论》，胡传胜译，译林出版社 2003 年版。
② 参见哈贝马斯：《在事实与规范之间——关于法律和民主法治国的商谈理论》，童世骏译，上海三联书店 2003 年版；霍耐特：《为承认而斗争》，胡继华译，上海世纪出版集团 2005 年版。

治国家"以及它们之间关系的批判性考察，通过对现实政治制度及其与社会生活之间异化关系的深入分析，才进入到对资本主义经济关系的深刻把握，进而创立了唯物史观的。由于以往人们对马克思在阐释这些问题上所体现的思想方法仅从认知进路的单一维度上加以理解，使得马克思主义哲学的规范性维度总是被当作不成熟时期的人道主义残余而遭到驱逐。这种关于马克思思想的分期与定位，所涉及的最深层次的问题不是哪些理论内容属于唯物史观的问题，而是方法论的问题：马克思究竟以怎样的方式考察社会政治问题和社会历史；他以怎样的方式处理事实与价值、实然与应然、合规律性和合目的性、自由与必然的关系问题，总之，政治哲学与唯物史观的关系究竟是怎样的。如果不深入到方法论的领域，关于这些问题的讨论是不可能取得突破性进展的。

　　正如笔者在本文中力图说明的，在唯物史观中，事实与价值、历史尺度与价值尺度的统一是考察一切问题的方法论基础，因而也是马克思主义政治哲学的方法论基础。只有在这一方法论基础上，马克思主义政治哲学的批判性与建构性、事实性与价值性、理想性与现实性的统一才能得到合理的说明。

协商民主理论研究的基本思路[*]

我们这个研究院成立以来，包括这一次在内，已经举办了三次国际学术研讨会。这对我们的研究工作起到了非常重要的推动作用。我想借此机会向大家简要地介绍一下这个研究院以及我们正在进行的研究工作，以便于大家讨论和批评。

这个研究院是以南开大学哲学院为主要学术依托单位、联合校内外文科各相关学科和实际工作部门的研究力量组建起来的非实体性的研究机构。资金自筹，所有人员都是"志愿者"。这个研究院的研究工作完全是以问题为导向的，是一个名副其实的"问题"研究院。所谓当代中国问题研究，说得更明白点，是当代中国社会实际问题的理论研究。它的旨趣，是对于实际问题的理论研究。从总体上说，理论研究和实证研究是不可截然分开的，但在做具体课题的时候却不能不各有侧重。我们当然也会做一些侧重于实证性的对策研究，但那不是主要的。所以，说它是智库建设也可以，但我们想要做成的，是思想库那样的智库。这一点，大家在会上听我们的代表发言时，就会有明显的感觉的。

我们现在同时进行着三个重大课题的研究。一个是京津冀协同发展研究，已经出版了三部研究性的著作，发表了一些论

* 本文是作者在南开大学当代中国问题研究院主办的 2014 年 11 月和 2015 年 12 月两次协商民主理论讨论会上的发言摘要。

文，这项研究还将继续下去。一个是生态建设研究，主要是天津及其附近地区的雾霾治理的研究。这项研究工作启动不久，但已有了明晰的研究工作方案。第三个就是我们今天要讨论的课题，协商民主理论研究。这是我们投入力量最多、最具规模的一个课题。从 2013 年确立，已两年有余。去年年底决定建设协商民主研究文库，这个选题人民出版社当时就正式确定。这个文库包括四个部分：一套论著丛书，一套译著丛书，几个调研报告以及若干资料性著作。这里，我着重介绍论著丛书的主要内容和研究思路。

论著丛书第一批书目共七本。这七本书的总体构架可以这样简单地描述：七本，三对半，一对作为一组，剩下那半对（一个）也算一组，共四组。我们认为，这四组七本书，是在协商民主研究起始阶段必须写出来、必须写好的书。

第一组是王新生教授和马德普教授主持的两个课题，任务是阐释协商民主的理论基础。王新生主持的"中国特色社会主义协商民主的基本理论"，可以用这样一句话来表述这个课题的基本内容和研究路向：中国特色社会主义协商民主的基本理论是马克思主义民主理论在当今时代条件、中国特殊国情、中国共产党领导的民主政治建设实践这三大背景下的深化和特化，它着重研究中国社会主义协商民主实践中提出的需要从基本理论层面去理解和阐释的理论问题。这个课题研究的着力点或可能做出的亮点，是从其历史基础、现实基础等各个方面，论证社会主义协商民主是一种新的民主实践形态。马德普主持的"从代议民主到协商民主"课题，是从民主史的角度充分阐明协商民主必然兴起的历史理由，理论上的重点是协商民主与代议民主的关系。两个课题都将从各自的理论角度去论证协商民主是对代议民主的超越。但这个超越是在辩证扬弃意义上的超越。

这种扬弃也应视为一个历史过程。例如作为代议民主的一个重要内容的选举民主就将在一个长时期里保存，那是一种历史形式的保留。在协商民主和选举民主这两种形式并存的情况下，哪一种是主导的、哪一种是"补充"的？对这样的问题，我觉得也不宜采取一种凝固化、模式化的理解和表述。随着民主实践的推进，人民对协商的期待超过了对选举的期待，这时候，就可以说协商民主是主导的民主形式。在社会主义的中国，采取何种民主形式，最根本的就是看哪种民主形式更能体现社会主义民主的本质，更适合中国的国情，这就是历史的选择、人民的选择。这一组的两个课题都是围绕这个基本思想展开论述的。

第二组是周德丰教授和李淑梅教授主持的两个课题，任务是阐释协商民主的文化基础。任何一种民主政治形式的生成、发展和发挥作用，都有它的特定的文化土壤、文化根基。探讨中国协商民主政治的文化基础的一个重要前提，是要对中国传统文化的影响有个正确的认识。毛主席在《新民主主义论》里说："清理古代文化的发展过程，剔除其封建性的糟粕，吸取其民主性的精华，是发展民族新文化提高民族自信心的必要条件。"因此，对待传统文化要批判地继承，要坚持继承和变革的统一。这是我们对待传统文化的基本认识和基本态度，不论在中国共产党领导革命的时期还是在革命胜利后的执政时期，这个基本认识和基本态度都是不能改变的。当然，不同时期面临不同的形势和任务，变革和继承这两个方面会各有侧重，但侧重不意味着可以偏废。如果只讲一面不讲另一面，那就或者是虚无主义或者是复古主义，都违背历史事实，违背科学真理。基于这个认识，我们设置了两个研究协商民主文化基础的课题。周德丰领衔的"中国历史上关于协商民主的思想资源"的课题侧重于深入系统地发掘和总结传统政治文化中的民主性的精华，作为我们建立社会主义协商民主理论的宝贵资源，这就是习近平主席讲的中国搞协商民主"有根有源"。传统文化中的封建性的糟粕，表现在政治文化方面，最明显最重要的无疑是长期封建专制制度下形成的臣民文化。它作为一种历史的积淀，仍然在现实的社会政治生活中起着作用，成为我们推进社会主义协商民主的一种文化约束。李淑梅领衔的"协商民主与公民文化建设"，就是主要针对这种情况的，就是讲要靠现代性的公民文化建设来消除臣民文化的影响。中国丰富、生动的协商民主实践就是一个培育公民文化的大学校。可以说，这两个课题是做的一篇文章，是同一篇文章的上篇和下篇。

第三组是朱光磊教授和阎孟伟教授主持的两个课题，任务是研究中国协商民主的实践推进，都是围绕着"广泛多层制度化发展"这个总体要求。按我们的理解，所谓"广泛"主要就是协商民主由政治协商扩展到广泛的社会协商；所谓"多层"，归纳起来也就是三层：国家层面，国家和社会（政府和民间）互动层面和社会（民间）层面；所谓"制度化"就是将协商民主作为一种基本的民主制度在中国确立起来。原来设四个课题时只有朱光磊领衔的课题，涉及内容很多，很庞杂。后来增加了阎孟伟领衔的课题，这两个课题有所分工。大体上，朱光磊的课题侧重于政治协商，侧重于国家层面，阎孟伟的课题则侧重于社会协商，侧重于社会层面。国家层面的政治协商，我们有60多年的历史，如果从抗日战争时期陕甘宁边区的"三三制"算起时间更长，在理论上和制度建设上都比较成熟，我们的任务主要是总结历史经验，依据新的时代条件做出新的理论解释。而社会层面或国家与社会互动层面的社会协商则提出了许多新的问题，如市场经济条件下，国家和社会的关系的变化，社会协商和政治协商的关系，社会协商的政治性质，社会协商和社会治理，等等。理论研究的任务也相对重一点。

第四组，是我谈的三对半里的那个"半对"，即陈建洪教授主持的"当代西方协商民主理论研究"这一个课题。因陈建洪已调离南开和天津，该课题改由齐艳红副教授主持。一个题不能叫一组。如果一定要给它拉一个搭档的话，那就是那套译著丛书，这二者是有某种配合关系的。关于这个课题研究的目的和意义，我想可以从两个方面去说明。一是为了吸收西方协商民主理论研究中的合理思想。近30年来，西方协商民主的理论研究十分活跃，这种研究的兴起是同对于作为主流形态的代议民主的反思分不开的，其中无疑包含了一些积极的成果。另一个方面的意义在于，将西方协商民主理论作为参照，可以更清楚、更深刻地理解中国特色社会主义协商民主的意义。习近平总书记说，协商民主是中国社会主义民主政治的独特的、独有的、独到的形式。中国社会主义协商民主的独特性，也只有在中西协商民主在理论上和实践上的比较中才能鲜明地呈现出来。学界曾经有一种看法，认为中国的协商民主是搬用了西方协商民主的观念和理论。这显然是一种需要澄清的糊涂观念。要澄清这种看法，我想最有效的办法就是将中国的协商民主同西方的协商民主加以比较，把它们的理论和实践表现加以比较。在这种比较中就可以看出，两者在理论基础、文化背景、制度前提和实践状况等方面都存在着巨大的差别，不可混为一谈。

这七个课题研究的进展情况，总的来说还算顺利，但也还是有些困难。我们所有的研究人员都是兼职的。"兼职"这个说法还不到位，应当说他们在研究院担负的研究任务都是附加的。他们都有各自已经承担的教学科研任务。我刚才说了，研究院以南开大学哲学院为学术依托单位，而实际上是十来所高等学

校和研究机构的合作研究。其中，最重要的是 3 个学科。一个
是南开大学哲学院的马克思主义哲学学科。这个学科是以社会
政治哲学为主要研究方向的，前 20 年是社会哲学，近十多年将
社会哲学研究的重点转向政治哲学，协商民主课题的研究也正
是一种社会政治哲学的研究。一个是南开大学周恩来政府管理
学院的政治学学科。再一个是天津师范大学的西方政治文化研
究中心，也是政治学学科。这 3 个学科都是国家重点学科。这
支研究力量是以高等学校的学者为主体的。这样的队伍构成就
表明，我们的研究工作必然是也必须是智库建设和学科建设密
切结合甚至是融为一体的。智库建设和学科建设是相互依赖、
相互促进的。一方面，智库建设需要有学科建设的支撑，有了
学科建设的支撑就是有了学术的支撑，就可以做出深入学理的
研究，建成高水平的智库。也许有人认为，协商民主这类问题
的研究不是学术，不是学问，同学科建设无关，不屑一顾。如
果真有这种认识，那就绝对是一种可笑的误识。以我个人的体
会来说，研究这样的问题不是我懂得的这点理论无用武之地，
不是我的理论水平、学术水平太高了，用不上，而是觉得自己
的理论水平太低了，不够用。显然，要研究协商民主问题，就
要有对于各种民主理论的基本了解，要有对于民主史、民主思
想史的基本了解，要有对于当代中国和世界社会政治状况的基
本了解，要有对于政治和经济、文化等关系的基本理解。这些
都是研究协商民主问题的基本的知识基础、理论准备。而且，
即使有了这些知识基础也还不一定就能把协商民主问题研究
好，写出好书、好文章来。我在做文库的课题设计时，就深感
自己的知识太少了，许多东西都要从头学起。没有学术的支撑，
要建设有用的、合格的、高水平的智库，是完全不可思议的；
另一方面，智库建设对学科建设也有强有力的推动。有了智库

建设的推动，就可以端正学术方向，有利于从现实实践中吸取思想营养，就有可能真正实现高水平的学科建设。许多年来，我一向认为，高校文科的研究应将视野聚焦于中国问题，高校文科教育特别是其理论学科教育的基本任务，就是要教育学生会说中国话，会讲中国故事，会把握中国问题，会探索中华民族自己发展的道路。如果不懂中国的事情，却要在中国的高校里，在哲学社会科学的理论学科里谈什么高水平的学科建设，同样是完全不可思议的。这也是我作为一个文科教师、一个哲学教师热心于当代中国问题研究的一个原因，一个重要的个人原因。总之，我们做这个文库，既是做智库建设，也是在做学科建设。

建立当代中国问题研究院的重要目的之一，就是搭建起一个学者们学术交流合作的平台。希望朋友们一如既往地同我们当代中国问题研究院加强合作，互相支持，协同创新，把协商民主理论的研究做好、做深。

以中国问题为中心
研究社会政治哲学*

　　创新是理论发展的不竭动力。马克思主义哲学向来不是思想的教条，恰如恩格斯指出的："我们的理论是发展着的理论，而不是必须背得烂熟并机械地加以重复的教条。"[①]这启示我们，马克思主义哲学尤其是社会政治哲学的创新，必然是以马克思主义为指导、以中国问题为中心的新的理论探索过程。

哲学的创新在于探寻走向现实生活的通道

　　就马克思主义哲学的创新而言，从比较宽泛的意义上说，能够在新的历史条件下，针对新的情况、新的问题，从新的角度，采用新的方法，运用新的材料，对马克思主义哲学的基本理论做出新的更深入的阐释，以增强其对当代现实问题的解释力，这当然也是一种理论创新。但从严格的意义或本来的意义上说，创新应是一种原创性的研究，是新的观念、新的理论的创造。虽然这两种意义上的创新都有重要的意义，但我们在思想中还是应当有二者的界限，有它们各自的标准。我今天要讲

　　* 本文是根据作者在"第十三届马克思主义哲学创新论坛"所做的主旨发言修改而成的。原载 2017 年 1 月 26 日《中国社会科学报》。
　　① 恩格斯：《致弗·凯利-威士涅威茨基夫人（1887 月 1 月 27 日）》，《马克思恩格斯选集》第 4 卷，人民出版社 1972 年版，第 460 页。

的事情，都是从后一种意义上讲创新的。

后一种意义上的哲学创新，只有一条道可走，那就是关注现实实践，直面时代问题。哲学创新的第一步，是寻找新的生长点。这个生长点不在书本上，不在历史中，不在任何别的地方，而只能存在于我们时代的现实生活的土壤中。学习书本、研究历史都非常重要，但那是占有和积累哲学文化资源，也就是占有和积累解决问题的手段，哲学要解决的问题却只能是时代遇到的问题，那才是新的生长点。只有把握到时代的问题即时代的矛盾，才有可能在谋求问题的理论解决的过程中产生新的观念、新的理论。因此，哲学创新的前提性工作，是探寻哲学走向现实生活的通道。我们认为，包括政治哲学在内的社会哲学就是哲学与现实社会生活会通的最佳渠道之一。马克思主义的社会历史理论是明显地存在着历史哲学和社会哲学这两种哲学维度的。历史哲学是从历史的发展过程中揭示人类历史的一般本质和一般规律，我们所熟悉的唯物史观就是历史哲学的维度，即一般历史观的维度。而社会哲学则是在唯物史观的指导下研究人们的现实社会生活过程。历史哲学和社会哲学这两种哲学维度的关系就是唯物史观与现实历史的关系。哲学研究要面向现实实践，就必须把握住社会哲学的维度。这也是我近三十年来坚持开展社会哲学研究的缘由。

社会转型为社会哲学研究提供了基础和切入点

人们的现实社会生活过程是一个异常庞大的社会体系，因此，社会哲学研究必须找到合适的切入点，而理论研究的切入点，归根到底是由研究者身处其中的社会实践背景所限定的。

当代中国正处于社会转型时期，而且它不同于西方"先发"国家那种自发的、相对缓慢的转型过程，而是通过中国共产党领导的社会改革自觉地推进的，在其体制转轨时期是一种急速的社会变化过程。因此，在这个转型过程中，矛盾和问题会集中快速地发生和显露出来，亟须依靠哲学和各种社会科学的共同努力去把握。其中，社会哲学有着不可替代的重要作用，因为社会哲学更具综合性，它能在综合各学科研究成果的基础上提出新的观念，实现对于社会转型过程的观念引导。依据上述理解，在过去的二十年间，我们选择了目前我国社会转型过程中提出的一些重要问题进行系统的哲学研究，并推出了一套"社会哲学研究丛书"。通过这些问题的研究，对中国社会转型过程中遇到的问题做了全方位的考察，为人们观察当代中国社会转型提供一个初步的却是必要的观念框架。

社会转型时期，新的问题是层出不穷的。随着改革的深化和社会转型过程的推进，社会哲学的研究也会不断地拓展和深化。20世纪末、21世纪初，政治生活中的问题以及它对整个社会转型的影响越来越重要，成为迫切需要理论回答的问题，我们便把社会哲学研究的重点转向了政治哲学。在广义上，即在同历史哲学维度相对应、相区分的意义上，社会哲学当然包括政治哲学。因此，政治哲学研究仍是社会哲学研究的继续。事实上，在重点转移以前，在20世纪90年代中期以后，我们已经在"社会哲学"的名义下，做了若干政治哲学课题的研究，如市民社会、公共领域、公共政策、权力规范、协商民主、市场经济和政治民主化、公平和效率等，这极大地推动了学术对现实问题的观照。

社会哲学与政治哲学的内在关联

把政治哲学归属于广义的社会哲学范畴，在学理上也是说得通的。一方面，政治哲学的研究必须有社会的维度。所谓社会维度就是社会结构分析的维度，政治与经济、文化诸方面的关系考察的维度。失去社会维度，就政治谈政治，是揭示不了政治事物的本质，做不好"政治哲学"研究的。例如，在研究协商民主问题，论证政治协商扩展到广泛的社会协商何以必要、何以可能时，就必须从当代中国社会结构的变化入手。在计划经济体制下是"国家和社会一体"，在社会主义市场经济体制的建构过程中，逐渐形成了相对独立于国家的私人自主的社会生活空间，也就逐渐形成了"国家与社会相对分离"的社会结构状态。在这种社会结构状态下，为保障和有序增强社会的自主性，国家（政府）便必须逐步地把一部分社会管理职能让渡给社会，以逐渐实现社会的自我管理，而推进民主的社会协商便是实现这一目标的最佳方式。另一方面，许多社会问题的研究又必须有政治哲学的视角。随着历史条件的变化，社会政治生活也会有新的内容和形式，一些原本似乎与政治无涉的问题也具有了政治的性质。因此，政治哲学的研究者应当更新"政治"观念，超越过去长时期接受的那种狭隘的"政治"观念。例如，马克思关于"自由王国"的理论是在《资本论》里论述的，马克思说："事实上，自由王国只是在由必需和外在目的规定要做的劳动终止的地方才开始；因而按照事物的本性来说，它存在于真正物质生产领域的彼岸。"物质生产领域始终是一个必然王国。"在这个必然王国的彼岸，作为目的本身的人类能力的发展，真正的自由王国就开始了。"①但过去政治经济学的研究却很少关注（更谈不上政治哲学的关注），觉得它不是地道的"经济"问题，同"政治"也离得较远，往往把它作为一般的社会发展理论放过去了。可实际上，这正是一个地道的政治哲学问题，甚至可以说是马克思主义政治哲学的总体性问题。马克思所说的"自由王国"指的是一种社会状态，其基本内涵是人类能力的发展成为目的本身，即人的全面自由的发展。人的全面自由的发展正是所谓"人类解放"的实在内容，而马克思创立的政治哲学正是以人类解放为价值目标的政治哲学。

破解社会现实问题
需要哲学和社会科学的共同努力

上述这些，其实都不是什么新观念、新方法，都是马克思教导我们的，马克思就是这样做政治哲学的研究的。把政治哲学归属于广义的社会哲学范畴，在政治哲学的研究中把握社会的维度，又在考察一些应当运用政治哲学视角的社会问题时自觉地运用政治哲学的视角，这不但没有模糊政治哲学的学科性质，而且有助于打破过去长期形成的学科分立的局面，将有助于政治哲学研究的深化和拓展。我们强调政治哲学的研究以现实问题为中心，就尤其需要采用这种研究方法。社会生活中的实际问题都不是按学科发生的，对于稍微复杂一点的问题，都需要哲学和各种社会科学的合作研究、综合研究。我们正在做的民主问题和社会正义问题的研究，就是遵循上述的思路和方法进行的。

---

① 马克思：《资本论》第 3 卷，人民出版社 1975 年版，第 926—927 页。

研究民主问题就是要在理论上回答中国社会主义民主政治建设走什么道路的问题。结合总结中国共产党半个多世纪以来实行群众路线和民主集中制、推行民主政治协商的丰富经验，研究社会主义市场经济条件下中国社会的新情况新变化，我们认为，推进社会主义协商民主是最适合中国国情的民主政治建设的新路向。因此，我们把民主问题的研究集中到对于协商民主的研究。这是一个很大的课题，需要较为系统地探讨和阐述中国社会主义协商民主的理论基础、文化基础、实践基础，以及协商民主在"广泛、多层、制度化发展"实践推进中涉及的重要理论问题，同时研究和阐述西方民主理论由代议民主到协商民主的演进、中西协商民主理论的比较等，对协商民主理论问题做出全方位的探讨。仅就研究者应有的理论准备、知识准备来说，就涉及众多学科，因此，对于社会主义协商民主的深层理论研究固然是一种政治哲学的研究，但必须有哲学和政治学、经济学、社会学、历史学等多个学科的合作才能有效完成。

社会正义问题是政治哲学的核心问题，也是当前实践中呼声最高的问题。对于正义问题，一方面要做好基础理论的研究，全面正确地阐述马克思主义的正义理论，这方面我们已经取得了重要的成果。另一方面，也是更重要的方面，要对实际生活中发生的公平正义问题进行理论的研究。实际生活中的公平正义问题涉及社会生活的方方面面，也应当首先找寻恰当的切入点或突破点，例如，公平和效率这两种价值追求的关系就可以作为切入点。计划经济模式把公平放在首位（这里说的公平指实质上的公平，而不是指形式上的公平），而市场经济模式看重的则是效率。市场经济本身不能解决公平问题，按它自身的逻辑只能造成不公平。解决公平问题要依靠国家（政府）干预即由政府从市场外部对其自发作用给予必要的矫正。这种干预或矫正，是现代市场经济国家都会做的，中国是实行社会主义市场经济的国家，更应当这样做。因此，曾经有过的所谓"效率优先，兼顾公平"之类的提法，在一定条件下是可以成立的，但关键是把握住效率与公平合理的结合点。这个结合点是历史的、变动的。把握好这个合理的结合点需要高超的政治智慧，需要政治哲学与经济学、政治学、社会学等学科的合作研究提供理论和智慧的支持。为了防止空洞、抽象的研究，我们已着手建立"中国政治指数"，"协商民主指数"已初步完成，下一步准备做"公平正义指数"。

中国社会正经历着前无古人的大变动，新的问题层出不穷。社会政治哲学的研究遵循马克思开辟的道路，坚持以中国问题为中心，必将更好地发挥哲学的探索功能和批判功能，为推进中国的社会主义现代化事业做出重要贡献，也会为马克思主义哲学的发展打开新局面。